民國滬上初版書·復制版

近代中國教育思想史

舒新城 編

上海三聯書店

图书在版编目(CIP)数据

近代中国教育思想史 / 舒新城著. ——上海:上海三联书店,2014.3
(民国沪上初版书·复制版)
ISBN 978-7-5426-4607-1
Ⅰ.①近… Ⅱ.①舒… Ⅲ.①教育思想—思想史—研究—中国—近代
Ⅳ.①G40-092.5
中国版本图书馆 CIP 数据核字(2014)第 033705 号

近代中国教育思想史

著　　者 / 舒新城
责任编辑 / 陈启甸 王倩怡
封面设计 / 清风
策　　划 / 赵炬
执　　行 / 取映文化
加工整理 / 嘎拉 江岩 牵牛 莉娜
监　　制 / 吴昊
责任校对 / 笑然

出版发行 / 上海三联书店
(201199)中国上海市闵行区都市路 4855 号 2 座 10 楼
网　　址 / http://www.sjpc1932.com
邮购电话 / 021-24175971
印刷装订 / 常熟市人民印刷厂

版　　次 / 2014 年 3 月第 1 版
印　　次 / 2014 年 3 月第 1 次印刷
开　　本 / 650×900　1/16
字　　数 / 360 千字
印　　张 / 30
书　　号 / ISBN 978-7-5426-4607-1/G·1318
定　　价 / 138.00 元

民国沪上初版书·复制版

出版人的话

如今的沪上，也只有上海三联书店还会使人联想起民国时期的沪上出版。因为那时活跃在沪上的新知书店、生活书店和读书出版社，以至后来结合成为的三联书店，始终是中国进步出版的代表。我们有责任将那时沪上的出版做些梳理，使曾经推动和影响了那个时代中国文化的书籍拂尘再现。出版“民国沪上初版书·复制版”，便是其中的实践。

民国的“初版书”或称“初版本”，体现了民国时期中国新文化的兴起与前行的创作倾向，表现了出版者选题的与时俱进。

民国的某一时段出现了春秋战国以后的又一次百家争鸣的盛况，这使得社会的各种思想、思潮、主义、主张、学科、学术等等得以充分地著书立说并传播。那时的许多初版书是中国现代学科和学术的开山之作，乃至今天仍是中国学科和学术发展的基本命题。重温那一时期的初版书，对应现时相关的研究与探讨，真是会有许多联想和启示。再现初版书的意义在于温故而知新。

初版之后的重版、再版、修订版等等，尽管会使作品的内容及形式趋于完善，但却不是原创的初始形态，再受到社会变动施加的某些影响，多少会有别于最初的表达。这也是选定初版书的原因。

民国版的图书大多为纸皮书，精装（洋装）书不多，而且初版的印量不大，一般在两三千册之间，加之那时印制技术和纸张条件的局限，几十年过来，得以留存下来的有不少成为了善本甚或孤本，能保存完好无损的就更稀缺了。因而在编制这套书时，只能依据辗转找到的初版书复制，尽可能保持初版时的面貌。对于原书的破损和字迹不清之处，尽可能加以技术修复，使之达到不影响阅读的效果。还需说明的是，复制出版的效果，必然会受所用底本的情形所限，不易达到现今书籍制作的某些水准。

民国时期初版的各种图书大约十余万种，并且以沪上最为集中。文化的创作与出版是一个不断筛选、淘汰、积累的过程，我们将尽力使那时初版的精品佳作得以重现。

我们将严格依照《著作权法》的规则，妥善处理出版的相关事务。

感谢上海图书馆和版本收藏者提供了珍贵的版本文献，使“民国沪上初版书·复制版”得以与公众见面。

相信民国初版书的复制出版，不仅可以满足社会阅读与研究的需要，还可以使民国初版书的内容与形态得以更持久地留存。

2014年1月1日

近代中國教育思想史

舒 新 城 編

中華民國十八年四月印行

近代中國教育思想史序

本書是我研究近代中國教育史副產物之二——第一種是近代中國留學史。

我初不想著此書。十六年一月某日，趙叔愚君介紹某君來談中國近代教育史問題，來意固在研究教育政策，將有大欲於中國教育改造者；但談數小時，而所問的都是些極不相干的瑣細事情，始終不曾注意到現在中國教育所以如此的歷史，更不曾注意到所以搆成此歷史的原因。他去後，我思所以助之者累日，結果遂費兩個月的時日寫成此書。

此書並無何種創見，不過將中國教育上六十年的往事爲回憶式的思考，而尋出若干支配的動力而已。但是在現在，我還相信，對於教育政治家，或「中國教育」研究者，尙不無俾益。

此書成後，我自己對於改革中國現教育的意見亦因而較爲確定。這種意見曾在本書末章略爲提及，更將在中國教育建設、近代中國教育史兩書中詳述；雖然不一定被人贊許，但結論係從經濟制度、歷史背景中研求而出，自信尚可受時間的洗滌，更望讀者不吝賜教，共同努力於「中國的」新教育之建設。

我作此敍時，趙叔愚君已逝兩週月；此書得其提示而成，他獨不及閱讀而死，人生之無常如此。追憶故人，感慨萬端，謹在此誌悼！

舒新城十七年十一月十一日杭州

近代中國教育思想史目次

（頁數）

索引

近代中國教育思想史

第一章　導論

1. 思想與思想史

思想原是人類心意中的一種覺識作用，這種作用雖然爲人所同具，但因所覺識的對象或覺識的主體不同，其結果常不一致，甚至於互成反比。例如張三生於富貴之家，物質生活上根本不生問題，對於貧民底疾苦也許因同情而有所感覺，但與原來貧苦的李四比較，所感的程度便大不相同；倘若張三先貧而後富或先富而後貧，他對於現在貧民疾苦的感覺也不一樣；又如張三一生不曾遇困苦的事情，李四所過的生活無時不與貧窮奮鬬，因平日各人所接觸的對象之不同，也許張三認爲苦痛的事而李四却以爲是最愉快的。換句話說，一切人都能思想，但所思想的則因時因地因人而異。

思想既是因時因地因人而異，嚴格講來，宇宙間决無同一的思想。但因爲思想爲「人」所同具，而「人」有人的共相，故在不同的思想中亦可求出其共相。此共相或以人分，或以地域分，或以時代分；若以某人某地或某時代的思想爲研究的對象，則稱之爲某人某地或某時代的思想研究，如將其思想變遷之綫索聯絡而研究之，則稱爲某人某地或某時代的思想史。故思想史最簡單的定義是對於某種思想的進程爲連貫的紀述。

思想雖然爲人所同具，但牠是內在的，無論何人對於他人底思想都不能直接考察；而且牠底本質又是極自由的，不論外部的壓力如何，都可在人底心意之中自由往來。要對於這無形的不可捉摸的思想爲系統的研究，似乎在事實上爲不可能。然而一切思想都有其對象的實體，哲學上雖然也有純粹思想（Pure thought）的名詞，實際上却只是一個抽象的符號，若要追問內容，這名詞便不能存在。因爲無論何種思想，無不有其所以構成的物質原素。這些原素雖然有屬於自然界的，有屬於人事界的，但都是實在的，而不是虛玄的。所以思想底本體我們雖無從直接考驗，但由其構成的原素上却可以推知牠底功能。

心理學者常謂思想爲行爲之母，無論何種思想都可以發生行爲，而一切行爲也都有思想在後背支配着。我們對於他人底思想，雖無從直接體驗；但由其行爲上的種種表現却可以推證其思想的趨向。行爲之直接可以供我們研究的，有當時的各種活動，其間接之可以供我們研究的，有歷史上遺留下來的種種遺物與種種紀載，若能把這些東西加以分析綜合的研究，便可發見各時代或各個人底思想進程；便可成爲各時代或各個人底思想史。

可是思想史底重要決不在此：倘若只就各種行爲中推證出各個孤立的思想、或某個思想底連續關係，其結果不過是些流水賬簿和分類賬簿而已，在人類社會的總賬上不發生何種關係；思想史之所以重要是在牠底本質是一種決算，使人由此決算可以進行製定未來的預算。換句話說：思想史之研究第一要注意思想所以產生之原由，第二要注意牠在實際上所發生的效果。

宇宙間一切現象都須受因果律底支配，一種思想的產生也自然有牠底原因。此種原因分析起來雖然很複雜，但有一條通則可應用於說明一切思想之由來，就是思想是應付環境的。因之各人因所處的環境不同，而有各種不同的思想，一人又因先後所處環境有差異，亦有各種不同的思想。思想史底材料雖然是集合各個人底思想而成的，但一切人底思想却未必一一可以作思想史底材料。因爲思想史底功用在於說明各種思想在社會上的影響，若是某人底思想與社會生活完全不生關係，便不能讓其攔入。譬如說：王甲看得他所畜的母牛生了犢，想另外弄得嫩草來給犢吃，這也是一種應付環境的思想，然而牠底影響最多也只能使他家底犢好好長成罷了，與別人沒有什麼關係，所以這樣的思想，思想史家是不採取的；倘若王甲底母牛是在嚴冬產犢，那時積雪極尺，一切草木都已凍殭了，他却因爲母牛產犢而想出一種製造嫩草的方法，使社會上畜牧的人都能自由製造嫩草增加畜產，他這思想却是畜牧思想史中一件最重要的材料。換句話說：各種思想之可否爲搆成思想史的材料，就看他對於社會上所發生的影響如何。以這樣的眼光去治思想史，自然不免要受「功利之見」的譏諷，然而人事界的一切活動又有什麼能超越於「功利之見」以上的。而且一種思想不以當時的社會背景為根據就是能產生，對於社會上也不會發生什麼效果，牠也因而不能存在，我們就要去研究也無從研究起。所以思想史的材料不僅要有選擇，並且不當離開社會生活的實際問題。更簡單說：思想史的研究，應當從各時代底社會活動中求因果，不當專在思想本身上討生活。

2. 教育思想史與教育實際

思想的產生是由於應付環境，故其本質可視為一種工具，教育思想也就是應付教育環境的一種工具。一切思想都不能離開實際活動而獨立，故凡可以當得起教育思想的名稱的，牠在教育實際上必定已經或將來必要發生效果。因而我們研究教育思想必得注意於教育實際的各種事象。

論歷史，教育活動是與人類共悠久的，論範圍也是「無遠弗屆」的，然而牠決不能離他種社會活動而獨立自存。而且因為牠底歷史悠久與範圍廣大，對於其他各種社會活動底影響也特別受得大：第一是牠與現實政治的關係太密切，第二社會風習對於牠的拘束力太大，第三牠不能反抗時代思潮。從理論上講，人是富有政治活動的動物，一切事業都不能不受現實政治的支配，然而二十世紀的時代，除去少數的國家經營極少數的大企業外，其餘的事業都可由人民自由經營，教育則一律由國家直接經營之，管理之——尤其是義務教育。故立憲政治的教育異於君主專制的教育不同，蘇維埃政制的教育異於其他各種政制的教育，就是一國之中，甲黨執政必得貫澈該黨底教育政策，而有甲黨的教育，乙黨執政亦復如之；於是教育設施便不能隨執政者底意見隨時更改。民國十六年北京政府與國民政府的教育方針，完全立於兩極端，然而中華民國的人民，卻不能不因所處的地方之不同而受兩端的教育——但兩方的實業社會決不聞要立即改組——就是最顯著的實例。其次教育是一種最普遍最平常的事業，無論什麼人都得受教育，無論什麼人也都可以干與教育事業；而一般民衆底習慣都是好逸惡勞，憚於改革；所以各種改革必在其他方面樹有堅强的基礎，深厚的勢力，逼迫着教育不能不改弦更張時，教育是不輕易改革的。我國清末之改行新教育制度，在表面上似乎是教育界的自動，實則當時的外交內政四處都碰着此路不通的釘子非變法無以圖存，教育不過在此種「不得已」的情境之下偶然被動而已。可是教育制度改革之後，人民思想不能跟着走，牠又不能如政治般用强力督促着人民跟着走，所以興學數十年，形式上什麼東西都模倣着歐美日本，而科舉思想仍然潛藏在一般人底骨子裏，以阻礙教育的進步。第三，教育底本身是溫和的改良的，無論何時都得顧及一般民衆底現實利益，尊重一般民衆底習慣，不使改良的進程發生障礙，所謂「因勢利導」「潛移默化」都是形容教育功能的良好字而，也就是教育不能革命的見證。所以某種時代潮流發生之後，文學美術可以獨立反抗，教育便只有望風而靡。這樣看來，一切教育活動其性質都是被動的；倘若只在教育的現象中追求教育問題，必失之狹隘、偏私而不能有眞切綜括的結論，故研究教育思想史，固然要注意教育實際上的種種問題而研究教育上的實際問題，又得注意各問題所以產生的他種社會現象。換言之：我們研究教育思想史第一要知變，第二要明因。這就是說：各種教育思想都是解決當前教育問題的工具；某時代有某種教育思想是那時社會上的種種需要——原因——有以搆成之，而此種思想在實際上是否發生效果，其效果的大小若何，又各受其環境底種種限制，故同樣的軍國民教育思想，在中國與在日本的結果完全不同，就是由於環境有差異。因之我們更可以說：教育思想雖然是應付環境的工具，但都是一種臨時的假定，牠誠然可以解決當前的許多問題，然而決不是「放諸四海皆準」的法則；我們研究思想史的目的是在根據歷史的事實求得教育思想教育制度沿革變遷的線索與所以變化的原因，從其中抽出若干公例來作應付現時及未來教育問題的南針。

3. 本書底範圍及目的

教育的歷史既是與人類共悠久，則一切人類史中均有教育思想史。中國是四千餘年的古國，教育制度之有史册可考者自虞夏而後已數千年。倘若我們從二十四史中尋出其教育思想沿革變遷的綫索便可成一部中國教育思想史；這樣的工作在現在還沒有人作的時候，自然是值得幹的，我現在不作這樣的工作，第一是由於力有不逮，第二是由牠的需要不及近代中國教育思想史的迫切。

此處所謂「近代」，時間斷自清同治元年至今，何以將近代中國敎育斷自同治初元？是因爲那年北京創立京師同文館。若僅就其事蹟的本身講，同文館的設立，不過敎育上一種尋常的舉動，並無何種重大的價値。但自此而後，數千年中國歷史上傳衍而來的敎育制度逐漸爲西洋的敎育制度所替代，而社會上的傳統思想亦逐漸破壞無餘。倘若我們把同文館設立以後六十年之敎育事象與其未設立以前六十年的相較，不僅在形式上截然兩途，卽內容上亦完全不同。換言之，同治元年之創設京師同文館是我國敎育制度因外力逼迫而逐漸破壞之始，也是中國逐漸將固有的農業社會的敎育制度變而採用西洋的工商業社會的敎育制度之始。故近代的時間卽以斯年爲斷。

近代中國敎育思想史的研究何以比古代的重要？第一因爲時間近，現在的敎育進行，易於取法資戒；第二因爲自同文館設立而後，所有各種敎育制度的採用與更張均爲偶然的議論所左右，倡者和者均無確切的見解，非從歷史的實證中建立明確的方案，無以袪這朝三暮四的習慣；第三因爲六十年來的敎育思想雖無重心，但每種思想都能使社會上發生影響，使社會上感覺不安，非從史實上尋求因果詳爲論列，則中國教育將永爲混亂無系統的思想所攪擾，而得不着一個正果；第四因爲中國改行新教育制度的方法完全爲移殖的——即將他國教育制照本宣科地移過來——在各國教育史很少前例，但在中國行之已數十年，雖然其結果不如人意，但仍不失爲教育改革的一種手段，則此問題的研究且可以其結論供普通教育史的參考。

中國六十年的新教育，眞可謂在昏天黑地的沙漠中「走道兒，」雖然費了若干人力、若干金錢，切實地在那裏求出路，但至今還沒有找着一條坦蕩的康莊。我們爲「近代中國教育思想史的研究」雖然有探討「光明之路」的希冀，然而不敢必此希冀實現：因爲教育思想史中所含的問題太複雜，非「棉力」所能一一理得清楚；就是能理得清楚，教育不是一種獨立社會活動，一切都須受他種社會活動底限制，縱有盡善盡美的方案，也不是教育本身所能實現。所以我們底目的：

(1)想用歷史的進化的觀念，證明種種教育思想，都是當時應付環境解決問題的假設並不是天經地義人人可以創造並不一定要抄襲外國的。
(2)想用物觀的事實證明教育思想是由於教育實際產生出來的社會上的實際情境是思想的源泉，研究思想史不可丟開事實空爲玄談。
(3)想從歷史的實證中求出近代中國教育思想底因果供給一點創造中國新（適宜之意）教育的資料。
(4)想從歷史上尋求實證來證明教育不是一種獨立的社會活動常常受制於他種現象使教育者於教育之外努力改造社會。
這些目的雖然是卑之無甚高論但作者還不敢必其能到——因爲缺少史家底才學識三要素——不過懸之爲的努力前進而已。

第二章 鳥瞰

4. 近代中國教育的背景

倘若中國在八十年前沒有一場鴉片戰爭，就是和外國人通商，我想最多也不過在國際上作些公平交易而已，中國底社會現象決不會像現在，更說不到新式教育；又若中國在鴉片戰爭而後國勢便振興起來而列爲世界强國之一，中日之戰不被日本打敗，或義和團眞能把「洋人」殺退，我想現在的中國教育制度一定還是遵行千餘年流傳下來的科舉制和書院制，也許世界上的某國慕中國教育制度之優良而毅然採用之。

我這議論或許有人以爲太重視國際勢力而漠視教育制度本身的價值了；實在一切制度之搆成都不能離開環境的驅策，而中國新教育制度之採用，更完全爲外力所逼成，中國舊日的科舉制與書院制其方法誠然有許多不合理的地方，但制度底本身却不至於壞到不能存在。（後詳）然而清光緒二十八年張百熙奏訂學堂章程時竟一筆鈎銷，而完全將西洋工業社會的教育制度移殖過來，其根本原因可以「勢迫處此」四字包括之。

中國自昔以華夏自居，對他國則夷狄禽獸之，故歷史上雖有他族入主中夏，但中國的文化却不與之同化。鴉片戰爭以前雖亦曾與葡萄牙、西班牙、荷蘭諸國通商，但彼此除貿易上之關係外，文化上絕無接觸；歐洲各國亦以中國爲地大物博立國最古的國家平日無緣深入內地探知內情，亦不知中國究爲何物而不敢輕視。及十八世紀後半英國工業革命以後生產率驟進，勢不得不向國外覓廣大商場，於是中國爲英人所特別注意。一七九二年英政府以通商問題遣使奉聘，清廷雖然待以使者之禮，但不過懷柔政策的一種手段而已，對於英政府所希望解決的通商問題則完全置之不理，其使館亦於翊年禁止設立。他如法、美、葡、西各國雖亦曾通商遣使，但其結果與英國等。蓋此時國人對於外國文物制度的觀念一秉歷史上輕視蠻夷的習慣而視爲不值一顧，所以遇事不加審慮而自由處理之。然而英人內因工業發達的要求，外因東印度會社底成功終不因形式上之受挫而放棄其東方商場的經營，於是一八三八年（道光十八年）竟因鴉片烟售賣問題而以兵戎相見，中國復不幸而戰敗，並於一八四三年（道光二十三年）訂南京條約，割香港，開福州、廈門、寧波、廣州、上海五處爲商埠，償軍費二千一百萬兩。自此而後，國人輕視蠻夷的觀念雖然不曾盡變，但對於西人底堅甲利兵已有相當的認識。此後平定太平軍時曾借重於外兵，執政者對於歐西底軍備更多一層認識。及經英法聯軍，中日戰爭與義和團事變諸役而後，割地賠款而外，乃至皇帝蒙塵，爲中國數千年歷史上僅有之奇創。其時國人一面深感歐西各國軍備之可畏，一面極力圖謀自强；加以日本變法而强的種種事實，又日日詔示於前，於是明達者知各國稱霸中原絕不只有軍事，軍事而外另有其立國要件，乃取法日本而將國內一切政制澈底予以改革，中國的新教育制度也於此大改革之中而由日本輸入。總括說來，中國新教育制度是由逼於外力的一種反動所產生的；雖然此種反動是以「圖强」爲主要原素，但當時之改行新教育制度而將舊的——書院制私塾制考試制——一筆鈎銷，並不是主持者眞正明白新教育制度底優點與洞悉舊者底缺點（光緒二十四年以後的改革教育論者並無一人對於書院制等有詳密的攻擊或批評，）不過眼見得外力日逼，國勢日弱，特運用「以其人之道還治其人之身」的推證而極力摸倣其種種設施。所以教育改制數十年，形式方面力求歐化，實質則仍保持科舉思想、封建思想於不敝。一切教育思想也脫不了此種圈套。

5. 敎育思想與各種思想的關係

敎育不是一種獨立的社會活動，故敎育思想也不能獨立支配着牠的勢力。首推政治思想，次爲社會思想，第三爲世界思潮，第四爲學術思想。近數十年的敎育思想大概都可在此四方面尋得出淵源。

敎育是直接受政治支配的：政體改革固然可以供敎育思想發生大變動，就是政體不變而政策有更改亦可以使敎育思想起變化。民國以前，政體爲專制，故敎育宗旨以尊君爲第一條，而當時之所謂敎育思潮亦無非在忠君愛國底範圍兜圈子，決未見有敎育大同與獨立的思潮澎湃一時。民國而後，政體共和，雖然有宗社黨，但在敎育上決不會蔚成一種忠君的思潮；而自由平等的精神則爲各種敎育思想底普通原素，國民黨政府統治之下，並搆成一種黨化敎育思潮。

政治雖能直接支配敎育，但除政體上之更改外，各種政策之時效甚暫，雖然消極方面能阻止與政策相反的敎育思想表現於外，但積極方面因爲時間關係很難直接蔚成一種敎育思想；至於社會的需要，其本質並不因政體或政策之變更而變更，常能自然發育，故對於敎育思想的影響亦較久遠。民國前資本帝國主義底壓迫與軍閥底橫暴尙未如民國以後之甚，一般人民尙多數能安居樂業，生活上之要求尙未迫切，故敎育思想未有職業問題，而一以自强爲本。民國後因資本帝國主義與軍閥的兩重壓迫，致民不聊生，故民六而後職業敎育思潮盛極一時；卽國民政府下之黨化敎育亦以提倡生產敎育爲其主要方針。

自海通以後，世界上的任何國家均不能孤立存在，一國之政治社會經濟諸方面，無不直接間接受他國底影響。中國立國雖古，但在物質文明上與歐美列强較確爲後進；而且中國新敎育制度的改革由外力逼成，對於世界思潮所受之影響尤大。民國四五年之間，歐戰方烈，軍國主義的思潮瀰漫世界，國內敎育界亦傾向於軍國主義；民八歐戰停止，威爾遜底國際和平高唱入雲，大同敎育思想於是盛倡。此爲國內敎育思想受世界思潮之影響的顯徵。

敎育雖係一種社會活動，但就其活動底種種現象爲抽象的、系統的研究，仍爲一種社會科學，故學術思想對於敎育思想之影響亦甚大：如科學思想盛極一時而有科學的教育思想，文學解放的思想當位時而有自由的教育思想。此爲民國八年以後可爲左證的往事。

教育家常以養成生徒獨往獨來的精神爲口頭禪，可是在事實上教育思想最不能自由產生、獨立進行。六十年來的中國教育思想，雖然不一一爲政治、社會、世界學術的四種思潮所搆成，但最少亦有一種爲其特殊的背景。故我們研究近代教育思想史，必得將六十年政治、社會、世界、學術上各方面的情形有綜合的了解，始可明白各種思想底因果。

6. 六十年來教育思想概況

六十年來中國因國際資本帝國主義壓迫，社會上民窮財盡，政治上四分五裂，學術上因循抄襲，幾於無事可滿人意。然而在各種不滿意的現象之中，仍有其潛在的進步。這進步就是自覺。現在社會與政治及學術有若干部分誠然與數十年前無異，甚至比數十年前還壞，但是五四運動、五卅運動決不是清末所能夢想得到的，而現在全國一致推倒軍閥的心理與口號亦不是十餘二十年前所能有。

這就是在國際上有種族的自覺；覺得中國的事情應由中國人自己負責，不容外人干涉；在內政上有政權的自覺：覺得政治是全國人民底責任，不容由少數特殊階級的分子包辦。至於社會生活的不安，無人不覺到是國際資本帝國主義底壓迫與不平等條約底束縛而時時圖謀解放。在學術上則由中學爲體西學爲用的思想進而爲有決擇地葆揚固有文化，有決擇地採用西洋文化。這種普遍的自覺實是近數十年進化的特徵，中國之所以不亡，也就賴有此自覺。六十年來的敎育思想，雖因環境的變遷，而有種種變化，但細究起來，仍然是一脈相承地在自覺中進行，此爲近代中國敎育思想的總綱。

　近代敎育思想雖然向自覺的方向走，但在程度上却很有差別：最初爲被動的、模倣的，現則爲自動的、創造的；若以時間爲綱，則清季的敎育思想爲模倣的，民國以來爲自覺的，每期之中又分爲若干小節，茲表列如下：

方言思想
軍備思想

近代中國教育思想變遷史

- 模倣期（清代）
  - 西學思想
  - 西藝思想
  - 西政思想
- 自覺期（民國）
  - 軍國民與軍事教育思想
  - 實利與實用思想
  - 美感思想
  - 大同思想
  - 職業思想
  - 民治思想
  - 獨立思想
  - 科學思想
  - 非宗教思想
  - 國家思想

公民思想
黨化思想
女子教育思想

上表所列各種思想，雖時有起伏，但常爲交錯的，並不爲直綫地進行。在時間上有久有暫，在實際上所發生的影響亦有大有小；不過今日的教育現象與將來的教育前途，都不能不受各種思想底影響，則爲普遍的事實。我們固不可以其時間之久暫與影響之大小而意爲軒輕。

此外因爲社會上對於女子教育的觀念變遷特快，女子教育思想常單獨自成一個系統，雖然亦曾受上述各種思想底影響，但不能比列在各種思想之中，故爲之獨立一類。

以下分章詳述之。

第三章　方言教育思想

7. 背景

鴉片戰後，中國底種種弱點暴露於世，英法各國便以其可欺，而與之訂立種種不平等條約；領事裁判，利益均霑，傳教遊歷自由建造等事無不由條件規定。外人既可深入內地自由行動，於是中西人民的交際日多。而外人持不平等條約上的權利，常有欺侮官吏凌辱人民之舉，遂致交涉日多。地方無深通外國語言文字之吏員，遇有中西人民之糾紛，固無從持平辦理，而當時訂約國日多，國際往來上之種種儀文無人司理，更感苦痛。故咸豐十年（一八六〇）英法聯軍入北京，驅帝避熱河，焚燬圓明園，迫訂和約於北京之後，上諭辦理通商善後章程，其第一事即建立總理各國通商事務衙門。總理衙門底性質，約等於今之外交部，據大清會典所載，其職務如下：

「總理各國事務衙門、親郡王、貝勒、大臣、大臣上行走，掌各國盟約，昭布朝廷德信：凡水陸出入之事，舟車互市之制，書幣聘饗之宜，中外疆域之限，文譯傳達之事，民敎交涉之端，王大臣率屬定議大事上之，小事則行。每日集公廨以治庶務，奏事日則直朝房以待召見。凡各國使臣入覲……導使臣行禮……凡各國使臣……期會……來賀……接以賓禮……』

當時除英法外訂約通商者尚有俄、美、瑞典、挪威諸國，交涉禮節之事自然很多，需要熟悉外國語言文字的人員也很多。故於同治元年（一八六二）由總理衙門倡議，設立京師同文館於北京，方言教育的思想也卽由此而始。

北京同文館初創時僅集十餘人習英文而已。次年設法文、俄文兩館，倂乾隆時內閣所設俄羅斯文館於其內。五年更添天文、算學、化學、格致、公法各科。同治二年李鴻章奏設廣方言館於上海，三年瑞麟等奏設廣東同文館於廣州，均以教授語言文字爲主，幷以京師同文館爲總機關，滬粵兩館學生之畢業者均送入京師肄業。

光緒二十八年以前，三館實爲中國新教育的高等教育機關，而以京師同文館爲總樞紐。當時的外交人材，西學介紹都取給於該三館，故學習語言，翻譯西籍竟蔚成爲一種思潮。戊戌變政前後之言新政者，無不以方言爲言。光緒十九年張之洞在湖北創設自强學堂，共分四齋，而以方言居首。光緒二十八年以後，中等以上學校特重外國語，亦以此爲源泉。

8. 變遷

京師同文館等之設雖然說是以教授方言，養成交涉人材爲目的，但主持還另有一種見解，以爲方言是一種基本學問，若國內有人通各國方言，西洋國情可以瞭解，西洋學術卽可以完全輸入中國，中國卽可以富强。總理衙門奏設北京同文館疏說：

『……欲悉各國情形，必諳其語言文字，方不受人欺蒙，各國皆以重資聘請中國人講解文藝，而中國迄無熟悉外國語言文字之人，恐無以悉其底蘊。』

李鴻章奏請添設外國語言文學館疏說：

『中國與洋人交接，必先通其志、達其欲、周知其虛實誠僞，而後有稱物平施之效。互市二十年來，彼酋之習我語言文字者不少，其尤者能讀我經史，於朝章、憲典、吏治、民情、言之歷歷。而我官員紳士中絕少通習外國語言文學之人，各國在滬均設立翻譯官二員。遇中外大臣會商之事，皆憑外國翻譯官傳述，亦難保無偏袒捏架情弊。中國能通洋語者，僅恃通事。凡關局軍營交涉事務，無非僱覓通事往來傳話，而其人遂爲洋務之大害。查上海通事一途，獲利最厚，於士農工商之外別成一業。其人不外兩種：一廣東寧波商夥子弟，佻達遊閒，別無轉移執事之路者，輒以學習通事爲逋逃藪；一英法等國設立義學，招本地貧苦童穉與以衣食而教肄之，市兒村豎，來歷難知，無不染洋涇習氣，亦無不傳習彼教。此兩種人者，類皆資性蠢愚，心術卑鄙，貨利聲色之外不知其他，且其僅通洋語者十之八九，兼識洋字者十之一二。所識洋字不過貨名價目與俚淺文理，不特於彼中兵刑食貨張弛治忽之大，曹焉無知；即遇有交涉事宜，詞氣輕重緩急，往往失其本旨。惟知藉洋人勢力播弄挑唆以遂其利欲，蔑視官長，欺壓貧民，無所忌憚。即如會辦防堵一節，間與通習漢語之大酋晤談，尚不遠乎情理；而瑣屑事件，勢不能一一面商，因而通事假手其間，勾結洋兵爲分肥之計。誅求之無厭，排斥之無理，支銷之無藝，欺我聾喑，逞其簧鼓，或遂以小嫌釀大衅，洋務爲國家懷遠招攜之要政，乃以樞紐付若輩之手，遂至彼己之不知，情僞之莫辨，操縱進退，迄不得其要領，此非細故也。京師同文館之設，實爲良法，行之既久，必有正人君子奇尤異敏之士出乎其中，然後盡得西人之要領，而思所以駕馭之，綏靖邊陲之原本，實在於此。』(1)

以上爲同文館及廣方言館設立的普遍目的。李氏所言，尤能繪聲繪色，將當時官吏不識外國語言的弊端，及不得不由國家設立專校培植方言人材的理由和盤托出。不過方言的學習還有更遠大的目的，就是要由語言以達文字而譯述科學。所以李氏又說：

『通商綱領，固在總理衙門；而中外交涉事件，則兩口轉多，勢不能以八旗學生兼顧，惟多途以取之，隨地以求之，則習其語言文字者必多，人數既多，人才斯出，彼西人所擅長者推算之學，格物之理，制器尙象之法，無不專精務實，泐有成書，經譯者十纔一二；必能盡閱其未譯之書，方可探賾索隱，由精顯而入精微。我中華智巧聰明，豈出西人之下，果有精熟西文者，轉相傳習，一切輪船火器等巧技，當可由漸通曉。於中國自强之道，似有裨助。』(2)學習方言最後的目的在於讀西書譯西籍以圖自强，所以館中課程除以洋文洋語爲主外，其他屬於西學的數學理科與翻譯基礎的中國文學亦同時兼習，而算學尤爲重要。廣方言館章程第四條說：

『西人制器尙象之法，皆從算學出；若不通算學，卽精熟西文亦難施諸實用。凡肄業者，算學與西文並須逐日講習。其餘經史各類，隨其資稟所近分習之。專習算學者聽從其便。』(3)

對於翻譯更爲重視，平日既有英漢漢英互譯的功課，畢業時更以能否翻譯全帙爲獎勵職官的標準。嗣後同治六年江南製造局設翻譯館，專以翻譯西籍爲務。譯書成績雖有可觀，但尙不能應社會的需要，故光緒十九年張之洞奏設自强學堂於武昌，分方言、算學、格致、商務四齋，而尤注重方言。他說：

『自强之道，貴乎周知情僞，取人所長，若非精曉洋文，卽不能自讀西書，

1. 2. 3. 均見京師同文館學友會報告奏設上海廣方言館原案

必無從會通博采……其格致商務兩門，中國既少專書，津滬諸局西人學館譯出諸編不過略舉大概，教者學者無從深求。現將格致商務兩門停課，先行統課方言以爲一切西學之階梯，將來格致商務，即可自行誦譯探討……本部堂意在造就通材，所期遠大，欲使學者皆能自讀西書，自研西法，則可深窺立法之本源，並可曲鬯旁通之新義，既不必讀輾轉傳翻之書，致得粗而遺精，亦不至墨守西師一人之法，致所知之有限。將來學成以後，通殊方之學，察隣國之政，功用甚宏，實基於此。』(1)

當時執政者固以學習方言爲自强要務，在野者亦多以通西文譯西書爲言。光緒二十年，馬建忠建議設立翻譯書院說：

『竊謂今日之中國，其見欺於外人也甚矣。道光季年以來，彼與我所立約款稅則，則以向欺東方諸國者，轉而欺我。於是其公使傲睨於京師，以陵我政府。其領事强梁於口岸，以抵我官長。其大小商賈，盤踞於租界，以剝我工商。其諸色教士散布於腹地，以惑我子民。夫彼之所以悍然不顧，敢於爲此者，欺我不知其情僞，不知其虛實也。然而其情僞虛實，非不予我以可知也。外洋各國，其政令之張馳，國勢之强弱，民情之順逆，與其上下一心，相維相繫，有以成風俗而禦外侮者，率皆以本國語言文字，不憚煩瑣而筆之於書，彼國人人得而知之，並無一毫隱匿於其間。中國士大夫，其泥古守舊者無論已；而一二在位有志之士，又苦於語言不達，文字不通，不能遍覽其書，遂不能遍知其風尙，欲其不受欺也得乎？雖然，前車之覆，後車之鑒也。然則欲使吾士大夫之在位者，盡知其情實，盡通其壅蔽，因而參觀互證，盡得其剛柔操縱之所以然，則譯書一事，非當今之急務與？語云：「知己知彼，百戰百勝。」戰勝於疆場則然，戰勝於廟堂亦何獨不然！』(2)

光緒二十三年，梁啟超更主張多從日文迻譯西籍以强國。他以爲中國效西法三十年而敗，是由於不知敵之所以强，故謂：

1. 舒新城編：近代中國教育史料第一冊頁14（中華書局出版）
2. 同上第四冊頁135

「欲救斯敝，厥有二義：其一使天下學子，自幼咸習西文；其二取西人有用之書，悉譯成華字。斯二者不可缺一。而由前之說，其收效必在十年之後。由後之說，則一書既出，盡天下有志之士，皆受其益；數年之間，流風沾被，可以大成。今之中國汲汲顧影，深惟治標之義，不得不先取中學成材之士而教之；養其大器，以爲救焚拯溺之用。且學校貢舉之議既倡，舉國喁喁嚮風；而一切要籍，不備萬一，則將何所挾持以教士取士耶？故譯書實本原之本原也！」

他恐事無先例，爲人懷疑，更舉清太祖太宗及泰西各國譯書之成績說：

「大哉聖人乎！太祖高皇帝，命子弟近臣，肄唐古忒文，誦蒙古記載，遂以撫蒙古。太宗文皇帝受命建國，首以國書譯史鑑，悉知九州扼塞及古今用兵之道，遂以屋明社。聖祖仁皇帝萬幾之暇，日以二小時，就西士習拉體諾文，任南懷仁等至卿貳，採其書以定歷法。高宗純皇帝開四庫館，譯出西書四十一家，悉予箸錄。宣宗成皇帝，俄羅斯獻書三百五十餘號，有詔庋秘府，擇要譯布，然則祖宗之世，邊患未形，外侮未亟，猶重之也如此；苟其處今日之天下，則必以譯書爲强國第一義，昭昭然也！且論者亦知泰西諸國，其强盛果何自耶？泰西格致性理之學，原於希腊，法律政治之學，原於羅馬。歐洲諸國各以其國之今文，譯希臘羅馬之古籍，譯成各書，立於學官，列於科目；舉國習之，得以神明其法，而損益其制，故文明之效，極於今日。俄羅斯崎嶇窮北，受轄蒙古，垂數百年，典章蕩盡；大彼得自遊列國，盡收其書，譯爲俄文，以教其民，俄强至今。日本自彬田翼等始以和文譯荷蘭書；洎尼虛曼子身逃美，歸而大暢斯旨，至今日本書會，凡西人致用之籍，靡不有譯本，故其變法灼見本原，一發卽中，遂成雄圖，斯豈非其明效大驗耶？彼族知其然也，故每成一書，展轉互譯，英著朝脫稿，而法文之本夕陳於巴黎之肆矣。法籍昨汗青，而德文之編今庋於柏林之庫矣。世之守舊者，徒以讀人之書，師人之法爲可恥；寧知人之所以有今日者，未有不自讀人之書，師人之法而來也」。

當時天津水師學堂，上海製造局等處亦譯有西籍若干，不過猶未足以言學術，故他又說：

「問者曰：「中國自通商以來，京師譯署天津水師學堂，上海製造局，福州船政局及西國教會醫院，凡譯出之書，不下數百種，使天下有志之士，盡此數百種而讀之，所聞不已多乎？」曰：此眞學究一孔之論，而吾向者所謂知而不知之，不知而自謂知焉者也！有人於此，挾其節本儀禮左傳，而自命經術；抱其綱鑑易知錄，廿一史彈詞，而自詡史才。稍有識者，未嘗不嗤其非也。今以西人每年每國新著之書動數萬卷，舉吾所譯之區區，置於其間，其視一蟁一蝱不如矣！況所譯者未必其彼中之善本也；即善本矣，而彼中羣學日新月異，新法一出而舊論輒廢，其有吾方視爲懷寶，而彼久吐棄不屑道者，比比然也。」

最後則主張從日文譯西籍以爲捷徑說：

「日本與我爲同文之國，自昔行用漢文，自和文肇興，而平假名片假名等，始與漢文相雜厠，然漢文猶居十六七。日本自維新以後，銳意西學，所翻譯之書，要者略備，其本國新著之書，亦多可觀；今誠能習日文以譯日書，用力甚尠，而獲益甚鉅。計日文之易成，約有數端，音少一也；音皆中國之所有，無棘刺扞格之音，二也；文法疏闊，三也；各物象事，多與中土相同，四也；漢文居十六七，五也。故黃君公度，謂可不學而能，苟能強記，半歲無不盡通者，以此視西文，抑又事半功倍也！』(1)

當時大僚如張之洞，亦極力主張迻譯東籍。其勸學篇之廣譯一篇專論譯書。他說：

『王仲任之言曰：知古不知今，謂之陸沈，知今不知古，謂之聾瞽，吾請易之曰：知外不知中，謂之失心，知中不知外，謂之聾瞽。夫不通西語，不識西文，不譯西書，人勝我而不信，人謀我而不聞，人規我而不納，人吞我而不知，人殘我而不見，非聾瞽而何哉？學西文者，效遲而用博，爲少年未仕者計也。譯西書者功近而效速，爲中年已仕者計也。若學東洋文，譯東洋書，則速而又速者也。是故從洋師不如通洋文，譯西書不如譯東書。』(2)

自李鴻章而後，雖然大僚學者多主張以學習方言翻譯西籍爲強國的要件，

1. 蔣翼振：編翻譯學通論

2. 張之洞：勸學篇外篇頁14—5

子而後，大吏競言新政，亦莫不以廣譯西籍爲言。(3)但因各學校設立甚少，其思想尙未普及於敎育。光緒二十九年，張之洞、榮慶、張百熙等改訂學堂章程，規定中學堂以上各學堂必勤習洋文，此思想更普及於一般敎育界。他們規定這條的理由，說：

『今日時勢，不通洋文者於交涉、遊歷、遊學，無不窒礙，而粗通洋文者往往以洋文居奇，其猾黠悖謬者，則專採外國書報之大異乎中國禮法不合乎中國政體者截頭去尾而翻譯之，更或附會以一己之私意，故爲增損以求自圓其說。譬如日本福澤諭吉，維新之志士也，其著述數十百種，精理名言，不可勝紀，而中國譯者則專取其男女平權等編譯之，而其談敎育之本，談政治之原者，則略之。如此之類，不勝枚舉。其故有二一則翻譯之日少，印刷之貲輕，可以易售而罔利，一則因中國通洋文者少，故摘取其單詞片語以冀欺世而惑人，鄙險甚矣。假令中國通洋文者多，則此種荒謬悖誕之翻譯，決無所施其伎倆。故中學堂以上各學堂必全勤習洋文，而大學堂經學理學中國文學史學

各科，尤必深通洋文而後其用乃爲最大。斯實通中外、消亂賊、息邪說、距詖行之窾要也。』(4)

從上面所述的情形看來，方言教育思想底內容可分爲三大類：第一是培植交涉人材，第二是翻譯西籍，第三是中等以上各學校多習外國語；其時間則數十年綿延不斷。

9．影響

方言教育思想因爲社會急切的需要與提倡者底權能，在實際上很發生影響。就交涉人才講，數十年來之中國外交人物多出於三館之門，陸徵祥、唐在禮、唐在復、胡維德、劉鏡人、戴陳霖、劉式訓、吳宗濂、周自齊、畢桂芳等其尤著者。他們雖不曾爲國家建過頂天立地的功勞，但也少賣國劣蹟，而數十年來的外交事務，他們努力於折衝之間者亦復不少。至於翻譯方面，在光緒二十二年以前，同文館、江南

3. 參閱教育史料第一冊維新教育項（本書多引舒新城編輯近代中國教育史料原文，以後凡註教育史料四字，即指此書。）

4. 同上第二冊頁15—16

製造局，已很有成績，梁啟超說：

『……海禁既開，外侮日亟。曾文正開府江南，設製造局，首以譯西書為第一義，數年之間，成者百種，而同文館及西方之設教會於中國，相繼譯錄，至今二十餘年，可讀之書約三百種……』

『譯出各書都可三類：一曰學，二曰政，三曰教。今除教類之書不錄外，其餘諸書分為三卷：上卷為西學諸書，其目曰算學、曰重學、曰電學、曰化學、曰聲學、曰光學、曰汽學、曰天學、曰地學、曰全體學、曰動物學、曰醫學、曰圖學；中卷為西政諸書，其目曰史志、曰官制、曰學制、曰法律、曰農政、曰礦政、曰工政、曰商政、曰兵政、曰船政；下卷為雜類之書，其目曰游記、曰報章、曰格致，總曰西人議論之書，曰無可歸類之書。』(1)

就上面所記的分類看來，科學政治各方面的書籍均有迻譯，就其書目所載已印者固三百餘種，未印者亦百數種，在數量方面固然各科顧到，在程度方面亦深淺有序，可見當事者之進行為有計劃的，非如現時譯學界之漫無標準。戊戌以前中國新知識之傳授，這些譯籍底功勞却不小；戊戌以後，一般志士多赴日本，鑒於日本以採用西政而强，乃多迻譯日籍，惟雜亂無章耳。梁啟超說：

「戊戌政變，繼以庚子拳禍，清室衰微益暴露。青年學子，相率海外求學；而日本以接境故，赴者尤衆。壬寅癸卯間譯述之業特盛，定期出版之雜誌不下數十種，日本每一新書出，譯者動數家；新思想之輸入如火如荼矣。然皆所謂『梁啟超式』的輸入，無組織、無選擇、本末不具，派別不明，惟以多爲貴。而社會亦歡迎之；蓋如久處災區之民，草根木皮，凍雀腐鼠，罔不甘之，朶頤大嚼；其能消化與否不問，能無召病與否更不問也。而亦無衞生良品足以爲代。」

(2)

斯時的譯品雖然雜亂無章，但中國教育上的影響，不獨專論學理的著作係由日籍譯來，即學校所用之教科書以及教育上之設施，亦最大部分從日本轉販

1. 梁啟超：西學書目表序例

2. 梁啟超：清代學術概論頁161—2

而來。而在學術有貢獻的譯品則首推嚴復。嚴爲福建船政學校學生，去英習海軍。庚子拳匪亂後，避居上海七年，專事譯述，其所譯天演論、原富、穆勒名學、羣己權界論、法意、羣學肄言等很能介紹一些西洋科學上、哲學上、政治上的新觀念，物競天擇等名詞在當時很能支配許多人底思想。此外林紓所譯歐洲小說極多，他雖不識西文，譯本無選擇，少名著，但西洋文學之輸入中國，他却有不可湮滅的勞績。民國以來，執政者雖亦有由公家設立翻譯機關之議，（四年湯化龍十四年章士釗長教育部時均議由國家設立編譯館）但均不曾實行，故翻譯上無有系統之鉅製。五四運動而後，國人對於西洋學術的狂藝，與光緒壬寅癸卯間對於日本學術之情形相似，故譯品陡增，書賈如商務印書館之共學社叢書，世界叢書，中華書局之新文化叢書，均經營不遺餘力；學術團體如尙志學會、科學社、學藝社、教育改進社等亦努力於編譯事業。可是爲經濟與人力之限制，終無良好成績，數年來其足以供大學學生參考的專著爲數極少，而品質之雜劣，恐較壬癸之間猶過之。蓋國家既無專設機關經理其事，一切由私人及書賈代辦，私人每爲生計所迫，而不肯譯高深難銷之書，書賈則更惟利是圖，名義上雖說要提高文化，實際上則不問在文化上有何種重大貢獻的作品，倘不能獲利，他們還是絕對不印的（此種事例極多，凡專門研究者其所研究之科目不普通而有專著向書賈交涉付印者都可有此經驗）。遂致各科系統與譯品質量均無適當的配置。至於中等以上學校多習外國語一項，則自光緒二十九年改行新教育制度以後，一脈相承，無論學制系統，課程標準有何種變更，中等以上學校的外國語均爲主要科目。不過當時的目的在於讀西文以通西學，習西文係達通西學的一種手段，後來因教會學校的提倡與留學生之推波助瀾，竟將手段變成目的，而以講西語用西書爲榮，遂致語言學習的成績雖有進步，而學術界仍未受其實益。

第四章　軍備教育思想

10. 背景

自南京條約而後，幾乎諸事受外人底拘束，謀國者知外人之戰勝我國，決非偶然，自有其堅甲利兵爲後盾，我國眞欲自強，亦決非折衝的交涉人才所能奏效，必得以其人之道還治其人之身。所以於同文館等設立之後而有軍備思想之產生。

南京條約雖足以產生此種思想，但使此思想之成為一種潮流而勃然莫禦，則尚有他種外交問題。最重要者為日本於同治十年夷琉球為冲繩縣，及十三年侵台灣兩事。薛福成說：

『……日本之海濱亦多事矣。數年之中，一入台灣，再議朝鮮，三滅琉球，今其兵船已游歷至福建，既有耀武之意：彼蓋自謂富强之術遠勝中國，故欲迫中國以所難堪，使我怒而啟釁而彼乃得一試其技。幸而獲勝，彼固可任其取求，萬一不勝，彼恃西人為排解，決無虧損於其國。其為謀亦狡矣。故此時琉球之廢非謂其地足食、兵足用也，彼特以此嘗中國也。中國而力與之校，固藉為開釁之端；中國而不與之校，亦愈顯中國之弱，漸且南犯台灣，北攻朝鮮，浸尋達於內地，殆必至之勢矣。……日本倣行西法，頗能力排衆議，凡火車輪船電報及一切製造貿易之法，稍有規模，又得西人之助，此其自謂勝於中國也。

……中國於自强之術，不宜僅托空言，不可阻於浮議，一旦奮然有爲，而決之以果課之以實固旋至而立有效者也。』(1)

這是說日本以改行西法而强，中國不自强，便有爲日本凌併之虞。但自强的具體方法如何，都未明說。李鴻章則更明白指出鐵甲船爲自强必要的方法，他說：

『日本有鐵甲船三艘，遽敢藐視中國，耀武海濱，至有台灣之役，琉球之廢；彼既挾所有以相陵，我亦當覓所無以求自强。……中國永無購鐵甲之日，卽永無自强之日。』(2)

當時謀國者既人人有自强之念，而對於東西洋各國之認識，又只從戰蹟推知其有堅甲利兵，故軍備思想遂爲教育思想的中心，無論國外留學或國內設校，都無不以整軍經武爲目的。

11. 變遷

1. 薛福成：籌洋芻議鄰交篇
2. 李文忠公全書奏稿，卷三十七，頁三

因欲圖自强而改行新制度，而圖强之原因又因受外人武力的逼迫，故軍備教育思想發達亦甚早。同治五年，總理衙門擬招考天文、算學人員奏疏即說：

『洋人製造機器火器等事，以及行船行車，無一不自算學中來。現在上海、浙江等處講求輪船各項，若不從根本用著實功夫，即學習皮毛，仍無裨於實用。臣等公同商酌，現擬添設一館，招取滿漢舉人以及恩拔歲副優貢，漢文業已通順，年在二十以外者……入館學習……延聘西人在館教習，務期天文算學均能洞徹根源。斯道同於上，即藝成於下。數年以來，必有成效。現在已設之三館，仍照舊辦理。誠如取進之途一經推廣，必有奇技異能之士出乎其中。華人之智巧聰明不在西人以下，舉凡推算之學、格致之理、製器尚象之法、鈎河摘洛之方，倘能專精務盡得其妙，則中國自强之道在此矣。』(1)

這是說招人學習天算的目的在圖自强，而自强之基礎，在於能製造機器火車等事。同治十一年，曾國藩、李鴻章因容閎底建議，奏派幼童赴美國肄業，更明白以各種科學都是軍事的工具。他們說：

『竊謂自斌椿、志剛、孫家穀、兩次奉命遊歷各國，於海外情形，亦已窺其要領：如輿圖、算法、步天、測海、造船、製器等事，無一不與用兵相表裏，凡遊學他國，得有長技者，歸卽延入書院，分科傳授，精益求精，其軍政船政，直視爲身心性命之學，今中國欲倣效其意而精通其法，當此風氣旣開，似宜亟選聰穎子弟攜往外國肄業，實力講求，以仰副我皇上作育人材力圖自强之至意。』(2)

光緒二年，李鴻章奏派武弁卞長勝等赴德國學習陸軍，此思想乃集中於軍事研究方面，他說：

『籌布海防，迭經籌款，定購西洋新式後膛槍礮，分發各營督飭操練，並轉托德國克鹿卜礮廠代雇德國都司李勱協來津訂立合同，議明三年爲期，教習克鹿卜後膛鋼礮，現屆期滿消差回國，……商令李勱協帶同花翎遊擊卞長勝等七人赴該國武院講習水陸軍械技藝，俟學成回華，再分撥各營教

1. 教育史料第一冊頁185——6
2. 約章成案滙覽乙篇卷三十二，上

練，以期漸開風氣。……竊維外交之道，與自固之謀相爲表裏，德國近年發奮爲雄，其軍政修明，船械精利，實與英俄各邦並峙，……該國素敦友誼，亟應及時聯絡，師彼長技，助我軍謀。』(1)

光緒六年，他奏請購鐵甲船時，卽注意於人才之培植。他說：

『造就人才，尤爲急務。駕駛雖有學生肄習，而司軍火、司帆纜，司機器及管事舵水等人，亟宜由練船學堂認眞教導挑選，源源濟用，萬不可以生手充額。』(2)

上諭准他購船，他感造就人才的必要，故於六年七月奏請飭派吳贊誠駐天津督辦水師學堂練船事宜。第二年七月成立。據光緒政要所載，校中內容如下：

『其時北方風氣未開，學生入學之初，非惟於西語西學咸所未聞，卽中國文字亦僅粗通，經李鴻章飭監督各員嚴加約束，各員認眞課導。欲其於泰西書志能知尋譯，於是授以英國語言翻譯文法。欲其於凡諸算學，洞見源流，於是授以幾何代數平弧三角八線。欲其於輪機礮火，備諳理法，於是授以級數重學，欲其於大洋駕舟，測日候星，積算晷刻，以知方向道里，於是授以天文推步地輿測量，其於駕駛諸學，庶乎明體達用矣。然後以升降嫻其技藝，卽以練其筋力。猶慮其或隣浮薄也，敎之經俾明大義，課以文俾知論人，瀹其靈明，卽以培其根本，爲之信賞必罰，以策其倦怠，爲之月校季考，以稽其知能，蓋自開堂以來，一日間中學西學文字武事，量晷分時，兼程併課，數更寒燠，經季考諸生課業，月異而歲不同，實開北方風氣之先，立中國兵船之本云。』(3)

光緒二年，他與沈葆楨派遣福建船廠學生赴英法學習駕駛製造，更詳述所以派遣的目的及原因。他們說：

『竊謂西洋製造之精，實本於測算格致之學，奇才迭出，月異日新，卽如造船一事，近時輪機鐵脅一變前模，船身愈堅，用煤愈省，而行駛愈速，若不前

1. 李鴻章選華弁出洋習藝幷洋弁給奬片（約章成案匯覽卷三十二上）
2. 李文忠公全集奏稿卷三十六，頁6
3. 光緒政要卷七，頁15

赴西廠觀摩考索，終難探製作之源。至如駕駛之法，近日華員亦能自行管駕，涉歷風濤惟測量天文沙線，遇風保險等事，仍未得其深際。其駕駛鐵甲兵船於大洋狂風巨浪中，布陣應敵離合變化之奇，華員皆未經見，自非日接身親，斷難窺其秘鑰。』

『查製造各廠，法爲最盛，而水師操練，英爲最精。閩廠前堂本習法國語言文字，應卽令赴法國官廠學習製造，務令通船之新式輪機器具，無一不能自製方爲成效。後堂學生本習英國語言文字，應卽令赴英國水師大學堂及鐵甲兵船學習駕駛，務令精通該國水師兵法，能自駕鐵船於大洋操戰方爲成效。』(1)

以上所述軍備的整備特重水師方面，是因爲當時有感於日本之滅琉球而然。但中國爲大陸的國家，要圖强決非專恃水師所能濟事。他於光緒十一年更奏請在天津設立武備學堂，以冀在國內自己培養陸軍人材。他說：

『泰西各國，講求軍事，精益求精，其兵船將弁必由水師學堂，陸營將弁必由武備書院造就而出，故韜略皆所素裕，性習使然。聞其武備書院，學舍林立，規模閎廓，讀書、繪圖有所，習藝、練技有所，專選世家子弟年少敏幹童而習之，長則調入營伍，由隊目薦充將領，非可一蹴幾也。當其肄業之初，生徒比屋而居，分科傳授，其於戰陣攻守之宜，直視爲身心性命之學，朝夕研究，不遺餘力，而槍礮之運用理法，步伍之整齊靈變，尤爲獨擅勝場。我非盡敵之長不能制敵之命，故居今日而言武備，當以其人之道還治其人，……臣與津道關周馥等籌商，暫就天津水師公所安置生徒，名曰武備學堂，……妥立章程，認眞訓迪，……數年以後，敎學相長，觀摩盡善，北洋各營，必全曉西洋近日行軍制勝之方矣。』(2)

光緒二十一年，張之洞奏請在湖北設立陸軍學堂亦同此意。他說：

『整軍禦侮，將材爲先，德國陸軍之所以甲於泰西者，固由其全國上下，

1. 敎育史料第一册頁266——7
2. 同上頁12

無一不兵之人；而其要尤在將領營哨各官，無一不由學堂出身，故將材稱盛。今欲倣照德制，練成勁旅；非廣設學堂，實力教練，不足以造就將才。』(1)李鴻章、沈葆楨、張之洞等派遣學生武弁去國外學習武備，在天津武昌等處設立武備學堂，培植將才，固屬以軍事預備爲惟一目的，但在光緒二十一年天津頭等二等未設立以前，除北京廣東同文館及上海廣方言館外，其稱爲新式教育機關者惟水師及武備學堂而已。其他各種學堂均未設立，而獨急急於水師武備學堂，其重視軍備可知。因而在戊戌前後，便成爲一種思潮。張之洞鼓吹尤力。他底勸學篇有兵學一篇，專論軍校軍制，而歸根於師西洋設學堂以造軍事人材。說：

『今日朝野皆知練兵爲第一大事，然不教之於學堂，技藝不能精也。不學之於外洋，藝雖精習不化也。在上無發憤求戰之心，以倡導之，兵雖可用，將必不力也。或曰，使古之孫、吳、韓、岳、戚，近今之江、塔、羅、李、多，與西人戰，能勝否乎。曰能，亦學西法否乎。曰必學。夫師出以律，聖之明訓也。知己知彼，軍之善經也。後起者勝，古今之通義也。兵事爲儒學之至精，胡文忠閱歷有得之格言也。』

(2)

光緒二十七年拳匪之亂而後，上諭大吏條陳新政，當時之應詔者幾無不以設立武備學堂爲整軍經武的要圖，言之最切者爲袁世凱，他說：

「各國士農工商兵均有專學，而兵學尤重。蓋以諸強國犬牙交錯，勢均力敵，各懷吞併，欲謀自立，不得不競修武備，往往竭通國之全力，殫數十年之經營，竭千萬人之智巧，以切究而精求之；又互相師法，絜長棄短，日新月異，幾無止境，故能出奇制勝，美備聿津。攷其兵事之根源，大都植基於學校，凡軍中應用之物，應有之義，應知之理，無不逐一講求。將皆知學，士皆素練，此其所以強也。中國兵事本無專學，應試之士，向取弓矢刀石，用之今日，既非所宜，而營兵之操鎗礮者，不知運用理法。將弁半起民家，卒伍但憑血氣，絕少謀略，斯其所以弱也。似宜通飭各省，多設武備學堂，廣儲將材，凡中外兵法、戰法、天算、輿

1. 光緒政要卷二十一頁35
2. 張之洞：勸學篇外篇37

地、測繪、器械以及技藝工程各學，均宜切實講求。」(1)

光緒二十八年，他派員赴日本學習陸軍，又說：

「當今時局以講求武備爲先，整頓戎行以遴選人才爲急，查歐美東洋各國於行軍練士之法，悉心考究，日新月異，而歲不同，故能迭爲長雄，潛消外侮。今中國兵制，徒守湘淮成規，間有改習洋操，大抵襲其皮毛，未能得其奧妙，欲求因時制宜以收折衝之效，自非派員出洋肄習不爲功。」(2)

不過此種思想，仍只限於武備學堂，光緒二十九年以後，則更普及於一般學校。張之洞、榮慶、張百熙等訂定學堂章程，其學務綱要中有各堂兼習兵學一條說：

「中國素習士不知兵，積弱之由，良非無故，揆諸三代學校兼習射御之義，實有不合。除京師應設海陸軍大學堂，各省應設高等普通專門各武學堂外，惟海陸軍大學堂暫難舉辦。茲於各學堂一體練習兵式體操，以肄武事，并於文高等學堂中講授軍制、戰史、戰術等要義。大學堂政治專門添講各國海陸軍政學，俾文科學生稍嫻戎略，此等學生入仕後既能通曉武備大要，卽可爲開辦武備學堂之員，兼可爲考察營務將卒之員。』

就上述各種變遷的情形看來，軍備教育思想的進展可以分爲數期：自同文館設立之始至派遣幼童留美，可稱爲萌芽期，其內容以軍器爲主，所有學習天算，派人出洋均以製造爲目的。自光緒二年李鴻章派卞長勝等赴德習陸軍，至七年派閩廠學生赴英法習藝之數年間，則軍器與人材並重，而尤注重於海軍人材的培養，可稱爲第二期。自十一年天津武備學堂至二十一年武昌武備學堂成立，特重陸軍人材的培植，可稱爲第三期。二十一年而後至二十八年，此思想已曾及於多數大吏，可稱爲極盛期，其內容則注重兵學。自二十九年改訂學堂章程而後，普及於一般學校，但以後即逐漸衰落而不再盛。

12. 影響

---

1. 敎育史料第一冊頁96
2. 約章成案滙覽卷三十二下，
3. 敎育史料第二冊頁22——3

軍備教育思想自同治初元至清末，綿延了四十餘年，實際上自然要發生許多影響。第一件値得我們注意的就是上海、廣東、漢陽、成都各處兵工廠，這些兵工廠底出品和德國克虜伯廠底東西比，雖然算不得什麼，但是中國竟有這麼一件東西，而且中國底內戰，沒有牠們也不會延得這麼長久，卻是歷史上値得大書特書的一件事。其次是光緒初年的譯品，那些書籍自然有方言教育思想爲背景，但那時一般人都認天算格致等等爲造軍器的工具，譯者底目的也大半在藉以改良軍備，而不是純粹的學術介紹；所以軍備教育思想，也很有力量——那些書籍在現在看來，雖然不算什麼，但那時中國人底一點不完備的科學知識卻全靠牠們。第三是甲午之敗：這件事似乎是與軍備教育思想沒有關係，但其實不然；因爲中國不於日本滅琉球後自購鐵甲船、設水師、武備學堂，努力於整軍經武的工作，是不會與日本開戰的，甲午不敗，中國底內政也不會急於改革。故甲午之敗，在軍備教育的本身講，雖是失敗，但對於全國的改革卻很有影響。第四是光緒三十年以後，中國派遣許多學生去日本習陸軍，回國改練新軍，促滿清速亡；而在民國時代則造成許多軍閥夥同外國帝國主義壓搾人民，使國內民不聊生，社會秩序紊亂。第五是使一般學校都添了木槍的兵式操。第六是在近代中國教育思想上爲軍國民教育的先驅。

第五章　西學教育思想

13. 背景

自天津、北京條約而後，國人既感於外國堅甲利兵之可畏，復因日本變法而強與遣使出洋，更知『西洋立國自有本末，誠得其道則相輔以致富強，由此而保國千年可也；不得其道，其禍亦反是。』（郭嵩燾語，見使西紀程）故當時號稱識洋務者多言西學。同文館、船政廠、製造局等均所謂講究西學的機關也。光緒初年，外患之來，相續不絕，日奪琉球，俄割伊犂，法奪安南，英取緬甸，國勢日危，謀國者以改行西法提倡西學爲言，但倡者少而阻者多(1)故自同治初至光緒中葉，學術界雖有西學之名而無其實。甲午之敗，受創過甚，舉國上下都以圖強爲務，西學之風盛極一時。庚子而後，實行改行新教育制度，西學思想已普及一般教育界。但追溯此思想發展之由來，則仍以外患爲唯一原因。張之洞說：

「道光之季，其時西國之勢愈强，中國人才愈陋，雖被鉅創，罕有儆悟，又有髮匪之亂，不暇及。……一儆於台灣生番，再儆於琉球，三儆於伊犂，四儆於朝鮮，五儆於越南緬甸，六儆於日本，禍機急矣，而士大夫之茫昧如故，驕玩如故。……夫政刑兵食，國勢邦交，士之智也；種宜土化，農具糞料，農之智也；機器之用，物化之學，工之智也；訪新地，創新貨，察人國之好惡，較各國之息耗，商之智也；船械營壘，測繪工程，兵之智也。……華人於此數者，皆主其故常，不肯殫心力以求之，若循此不改，西智益智，中愚益愚，不待有吞噬之憂，卽相忍相持，通商如故，而失利損權，得粗遺精，將冥冥之中，舉中國之民，已盡爲西人之所役矣，役之不已，吸之朘之不已，則其究必歸於吞噬而後快。」

張之洞這些議論，雖然是策論式的文章，但他底勸學篇在當時却發生了很大的影響。牠底外篇底全部，都可以說是以提倡西學爲目的，上面的話，就是外篇第一篇益智中來的。照他底意思，國勢既已如此，除了改行西法，力倡西學，無辦法。

所以他以吞噬來儆惕國人。西學教育思想雖有種種變遷，但其源泉却不外乎此。

14. 變遷

同治元年設立同文館雖然只以養成交涉人材爲主要目的，但因僅恃交涉人材不能致國家於富强，故同治五年又添招天文算學人員而研究西學。故同文館底天算館實爲研究西學的元始機關。惟當時之所謂西學只以天文算學爲限，而學習西學的目的，在於製洋器以自强。恭親王等奏設同文館天算館疏說：『臣等伏查此次招考天文算學之議，並非務奇好異，震於西人術數之

---

1. 光緒三年李鴻章復郭筠僊（嵩燾）書謂：『西洋政教規模，身雖未至其地，留心考究諮訪幾二十年，亦略聞梗概。自同治十三年海防議起，鴻章卽歷陳煤鐵鑛必須開挖，電線鐵路必應仿設，各海口必應添設洋學格致書館以造就人材。其時文和目笑存之，廷臣會議皆不置可否。是年冬晤恭邸極陳鐵路利益，請先試造淸江至京，以便南北轉輸，邸意亦以爲然，謂無人敢主持；復請其乘間爲兩宮言之，渠謂兩宮亦不能定此大計。從此遂絕口不談矣』。（李文忠朋僚函稿卷十七）

學也。蓋以西人製器之法無不由度數而生，今中國議欲講求製造輪船機器諸法，苟不藉西士爲先導，俾講明機巧之原，製作之本，竊恐師心自用，枉費錢糧，仍無裨於實際。……夫中國之宜謀自強，至今日而已亟矣。識時務者莫不以采西學製洋器爲自強之道，疆臣如左宗棠李鴻章等皆深明其理，堅持其說，時於奏牘中詳陳之，上年李鴻章在上海設立機器局，由京營揀派兵弁前往學習，近日左宗棠亦請在閩設立藝局，選少年頴悟子弟，延聘洋人，教以語言、文字、算法、畫法，以爲將來造輪船機器之本。由此以觀，是西學之不可不急爲肄習也，固非臣等數人之私見矣。』

這段話不獨把學西學的目的說出，且引疆臣之言以自重，其爲同僚所不以爲然，亦顯然見於言外，故下文又再引清聖祖注重西學的往事，與日本改行西法的成績以疏解之說：

『且西人之術，我聖祖仁皇帝深韙之矣。當時列在臺官，爲時憲兼容並包，智周無外，本朝掌故，亦不宜數典而忘；況六藝之中數居其一？古者農夫成卒，皆識天文，後世設爲厲禁，知者始鮮。我朝康熙年間，除私習天文之禁，由是人文蔚起，天學盛行，治經之儒，皆兼治數各家著述，考證俱精。語曰：一物不知，儒者之恥，士子出戶，舉目見天，顧不解列宿爲何物，亦足羞也。卽今日不設此館，猶當肄業及之，況乎懸的以招哉？……查西洋各國數十年來講求輪船之制，互相師法，製造日新，東洋日本近亦遣人赴英國學其文字，究其象數，爲仿造輪船張本，不數年亦必有成。西洋各國雄長海邦，各不相下者無論矣。若夫日本蕞爾國耳，尙知發憤爲雄，獨中國狃於因循積習，不思振作，恥孰甚焉。』

他們雖知西學當提倡，但是「士者治人」的觀念，猶未能破除，所以又說：

『或謂製造乃工匠之事，儒者不屑爲之，臣等尤有說焉，查周禮考工一記，所載皆梓匠輪輿之事，數千百年黌序奉爲經術，其故何也？蓋匠人習其事，儒者明其禮理明而用宏焉。今日之學，學其理也，乃儒者格物致知之事，並非强學士大夫以親執藝事，又何疑焉。』(1)

1. 教育史料第一冊頁8—9

其時號稱理學者如倭仁之流雖極力反對，⑴但因時勢之需要，同文館終於實行招考滿漢之正途出身，五品以下京外各官入館肄習天文算學。

光緒初年，西學底範圍已由天文算學擴充至於宗教、法律、理科、醫藥，即其學校制度亦認爲西學之一部分。王之春說：

『西學規例極爲詳備，國中男女無論貴賤，自王子以至於庶人至七八歲皆入學，在鄉爲鄉學，每人七日內出學費一本納；在城爲城學，每人一月出學費一喜林，如或不足地方官捐補。其曰鄉曰城者特就地而言之，其實即鄉塾也。塾中分十餘班，考勤惰以爲升降，其不能超升首班者不得出塾學藝。鄉塾之上有羣學院，再上有實學院，再進爲仕學院，然後入大學院。學分四科：曰經學、法學、智學、醫學。經學者，第論其教中之事，各學所學，道其所道，無足羨也。法學者，考論古今政事利弊及出使通商之事；智學者講求格物性理，各國言語文字之事；醫學者先考周身內外部位，次論經絡表裏功用，然後論病源製藥品以至於胎產等事。更有技藝院、格物院，均學習汽機電報織造採礦等事；

又有算學、化學考驗極精；算學兼天文地球句股測量之法，化學則格金石植物動胎溼卵化之理；再有船政院、武學院、通商院、農政學、丹青院、律樂院、師道院、宣道院、女學院、訓瞽院、訓聾瘖院、訓孤子院、養廢疾院、訓罪童院，餘有文會、印書會；別有大書院數處，書籍甚富，任人進觀。總之造就人才各因所長，無論何學，必期實事求是，誠法之至善者也。』

2. 倭仁反對同文館設天算館奏疏說：『立國之道，尙禮義不尙權謀，根本之圖在人心不在技藝。今求諸一藝之末，又奉夷人爲師，無論所學未必果精，卽使敎者誠敎，學者誠學，其所成就不過術數之士。未聞有恃術數而能起衰振靡者也。自耶穌之敎盛行，愚民半爲所惑，所恃讀書明理之儒，或可維持人心。今復舉聰明雋秀國家所培養而儲以有用者，使之奉夷人爲師，恐所習未必能精，而讀書人已爲所惑。夫術爲六藝之一，本儒者所當知，非歧途可比。然天文算學爲益甚微，西人敎習正途所損甚大。伏望立罷前議，以維大局而弭隱患。』上文見匡輔之：倭文端公別傳。據所載，天算館因此疏而止。但據畢桂芳京師同文館學友會序則謂五年創天文算學、化學、格致、公法各科，七年以滿漢正途出身學子及京外正途各官一體與考。

上文見於光緒八年發表的各國通商始末記卷十九蠡測危言十三篇的廣學校篇中。書爲王之春所編，由彭玉麟鑒定。王『以文人兼武事，馳驅江海間，防北塘、駐京口、遊歷日本長崎、橫濱、於中外交涉事見聞周洽』。（皆彭語見通商始末記敘文）其言固非侏儒之見可比，而玉麟爲兩江總督，更可以代表當時大僚底思想。其所謂西學底內容爲此，固非俗人泛談也。

光緒十三年三月御史陳秀瑩奏請以算學取士，則以算學爲西學，他說：

『中外交涉以來，言西學者，機器船政等局，同文方言等館其淵藪也。……邇者詔各部院奏保出洋習藝，竊意正途人員，宜可藉此練習洋務，而遷延三月，保送未聞，則留心西學者之難其選也。臣愚以爲西法雖名目繁多，皆權輿於算學；洋務從算學入，於泰西諸學雖不必身兼數器之能，而測算既明，不難按圖以索驥。』(1)

但當時總理衙門却以爲西學不只是算學而已，於議陳奏中說：

『……卽以西學而論，其人材半出於格致書院，以理法擴其聰明；亦半

出於水師練船，以閱歷堅其膽識……三角、幾何、代數誠爲西學根本，然西學以測算始實未以測算止……』(2)

甲午而後，西學已成爲一種時代思潮，談時務者輒言西學，因而西學底含義，亦漸趨紛岐；有以自然科學爲西學者。梁啟超說：

『西學之屬先虛而後實，蓋有形有質之學皆從無形無質而生也。故算學重學爲首，電、化、聲、光、汽等次之，天、地、人物等次之，醫學、圖學全屬人事，故居末焉。』(3)

有以算學、格致、商務、方言爲西學，而以算學爲西學之根本者，湘鄉東山精舍章程說：

『入舍肄業者，算學爲先。目前經費不敷，祇能先聘算學山長，蓋三角、八綫、幾何、代數實爲西學根本，不獨製造須探源於算術也；將來經費既足，可爲

1.2. 光緒政要卷十三頁19

3. 西學書目志敍例頁1

推廣，如格致、商務、方言皆各有專門，專而後可以精益求精，但中西當會其通，諸生於四書五經宜專一經以爲根柢，矯除章句小儒之習，庶幾蔚成經濟有用之材。』(1)

有以數學、機械、工程、電鑛、方言、法律爲西學者，盛宣懷於光緒二十一年奏定天津中西學堂章程頭等學堂功課條說：

歷史課程分四次第

第一年　幾何學，三角勾股學，格物學，筆繪圖，各國史鑑，作英文論，繙譯英文，

第二年　駕駛并量地法，重學，微分學，格物學，化學，筆繪圖并機器繪圖，作英文論，繙譯英文。

第三年　天文工程初學，化學，花草學，筆繪圖并機器繪圖，作英文論，繙譯英文。

第四年　金石學，地學，考究禽獸學，萬國公法，理財富國學，作英文論，繙譯英文。

專門學分五門

一、工程學　專教演習工程機器，測量地學，重學，汽水學，材料性質學，橋樑房頂學，開洞挖地學，水力機器學。

一、電學　深究電理學，講究用電機理，傳電力學，電報幷德律風學，電房演試。

一、礦務學　深奧金石學，化學，礦務房演試，測量礦苗，礦務路，兼機器工程學。

一、機器學　深奧重學，材料勢力學，機器汽水機器，繪機器圖，機器房演試。

一、律例學　大淸律例，各國通商條約，萬國公法等。(2)

有以自然科學，社會科學，應用科學統稱西學者，官書局議覆開辦京師大學堂摺說：

『京外同文方言各館，西學所教，亦有算學格致諸端，徒以志趣太卑，淺嘗輒止，歷年既久，成就甚稀，不立專門，終無心得也。今擬分立十科，一曰天學

1. 教育史料第一冊頁17
2. 同上頁28——9

科，算學附焉。二曰地學科，礦學附焉。三曰道學科，各教源流附焉。四曰政學科，西國政治及律例附焉。五曰文學科，各國語言文字附焉。六曰武學科，水師附焉。七曰農學科，種植水利附焉。八曰工學科，製造格致各學附焉。九曰商學科，輪舟鐵路電報附焉。十曰醫學科，地產植物各化學附焉。』(1)

有以方言、機械、船政、公法、軍事等爲西學者。張之洞說：

『開同文方言館教譯也，設製造局教械也，設船政衙門教船也。遣學生出洋赴英、美、法、德學公法礦學水師陸師礮臺鐵路也，總署編刊公法格致化學諸書，滬局譯刊西學七十餘種，教各種西學也。』(2)

有以爲西學須包括西藝西政者，光緒二十四年六月張之洞、陳寶箴奏請改定文科新章中說：

『……二場試以時務策五道，專問五洲各國之政，專門之藝；政如各國地理、學校、財賦、商務、刑律等類，藝如格致、製造、聲光電化等類，分門發題考試，此爲西學經濟。』(3)

光緒二十七年張之洞榮慶張百熙改訂學堂章程則更將範圍擴充，而以經學中國文學以外的各科統稱西學。(4)

西學教育思想在前淸數十年間綿延不斷，並有「禮失求野，」與「中體西用」的兩種思想相伴而行。第一種延時甚長，自同治初元至戊戌變政，第二種自戊戌至淸末。

所謂「禮失求野」卽西學爲中國所固有，就是對於西洋學術，都須從中國歷史上查出根據，而附會其原爲中國古聖賢明王所創造。恭親王奏請在同文館設天算館，雖然謂天算是中國所急需的，但爲執反對者之口起見，除了盛述「列

1. 時務報第二十冊頁6
2. 勸學篇外篇頁4
3. 光緒政要卷二十四頁25
4. 光緒二十九年張等奏定學堂章程之學務綱要中有一條題爲經學課程簡要並不妨礙西學意卽如此

聖」採納之西學往蹟與日本變法的成績而外，還得在歷史上求出一些典證來。他說：

『查西術之借根實本於中術之天元，彼中猶目爲東來法，特其人性情縝密，善於運思，遂能推陳出新，擅名海外耳。其實法固中國之法也。天文算法如此，其餘亦無不如此，中國創其法，西人襲之，中國儻能駕而上之，則在我既已洞悉根源，遇事不必外求，其利益正非淺鮮』。(1)

王之春更附會得完備。他說：

『西學者非僅西人之學也，名爲西學則儒者以非類爲恥，知其本出於中國之學則儒者當以不知爲恥。即以文字論古之制字者本三人下行者爲蒼頡，從左至右而旁行者爲佉盧，從右至左而旁行者爲沮誦。泰西之字實本於佉盧也。天文歷算，本蓋天宣夜之術，周髀經春秋元命苞等書言之詳矣。墨子曰：化徵易若鼃爲鶉，五合，水火土離，然鑠金腐水離木，同、重體合類，異、二體不合不類。此化學之祖也。均髮均縣輕重而髮絕，不均也均，其絕也莫絕。此重學之祖也。臨鑑立景，二光夾一光足被下光故成景，以上首被上光故成景於下，鑒者近中則所鑒大景亦大，遠中則所見小景亦小：此光學之祖也。亢倉子云：蜺地之謂水，蜺水之謂氣；汽學之祖也。禮經言地載神氣，神氣風霆，風霆流形，百物露生：電汽之祖也。關尹子言：石擊石生光，雷電緣氣以生，可以爲之。淮南子言黃埃、青曾、赤丹、白礐、玄砥、歷歲生澒，其泉之埃上爲雲，陰陽相薄爲雷，激揚爲電，鍊土生木，鍊木生火，鍊火生雲，鍊雲生水，鍊水反土，中國之言電氣詳矣。至於圜一中同長，方柱隅四讙，圜規寫交，方柱見久，重其前，弦其軲，法意規圓三，神機陰開，剞劂無迹，城守舟戰之具，蛾傳羊玲之篇，機器兵法，皆有淵源，墨言理氣與管子、關尹子、列子、莊子互相出入，韓非子呂氏春秋備言墨翟之技，削鵲能飛，巧輓拙鳶，班班可考。泰西智士從而推衍其緒，而精理名言奇技淫巧，本不能出中國載籍之外。儒生於百家之書，歷代之事，未能博考，乍見異物，詫爲新奇，亦可哂矣』。(2)

1. 教育史料第一冊頁８
2. 各國通商始末記卷十九

照他所說：世界上的一切學問，中國古代都有，而且西洋的各種科學，都是西人從中國由學問中推闡而來。他所以要這樣附會，爲的是當時儒者以西學爲可恥，所以他首先標明其立言之旨。

甲午以後，因國勢危弱與日本改行西法種種事實映射過來，大家都以爲西學當學而不以爲恥，但還是不願明白說西學比中學好，並且要將西學以中學比附之，而謂學西學卽所以創中學。東山精舍章程有一條說：

『西學之精，莫非原本中國。其立敎實源於墨子，尙同兼愛，事天明鬼，尤顯然者。至通商練兵之法，大半本乎管子。而設官多類乎周禮，用法亦類乎申韓。重學、光學、汽學、化學、電學諸大端，散見於周秦各書，尤不可殫數。然則泰西格致之學，未有能出吾書者也。今精舍方言、格致兩齋，通其言語文字以造就譯才，兼考求新理新物爲制器利用之助，是乃昌明中國實學，將以西學化爲中學，非棄其學而從西學也。山長平日宜講明此理以曉學者。』(1)

戊戌而後，此種思想又漸變而爲「中體西用」，卽中學爲體，西學爲用。光緒二十二年七月孫家鼐奏辦京師大學堂摺說：

『中國五千年來，聖神相繼，政教昌明，決不能效日本之舍己芸人，盡棄其學而學西法。今中國京師剏立大學堂，自應以中學爲主，西學爲輔，中學爲體，西學爲用，中學有未備者以西學補之，中學有失傳者以西學還之，以中學包羅西學，不能以西學凌駕中學。此是立學宗旨，日後分科設教及推廣各省一切，均應抱定此意，千變萬化，語不離宗。』(2)

二十四年五月，總理衙門覆議遵辦京師大學堂章程亦本此意，其第二章第一節中說：

『考東西各國無論何等學校，斷未有盡舍本國之學而能講他國之學者；亦未有絕不通本國之學而能講他國之學者。中國學人之大弊，治中學者則絕口不言西學，治西學者亦絕口不言中學；此兩學所以終不能合，徒互相

1. 教育史料第一冊頁19
2. 時務報冊二十，頁6

詬病若水火不相入也。夫中學體也，西學用也，二者相需，缺一不可，體用不備，安能成才。且既不講義理，絕無根柢，則浮慕西學，必無心得，祇增習氣。前者各學堂之不能成就人材，其弊皆由於此。』(1)

張之洞主之尤力。他說：

『……學堂之法約有五要：一曰新舊兼學，四書五經，中國史事政書地圖爲舊學，西政、西藝、西史爲新學，舊學爲體，新學爲用……』(2)

他雖主張中學爲體西學爲用，但不以爲西學爲中國所已具不必學習，且詳摘當時言西法者之種種弊端而主張以中學治身心，以西學應世事。說：

『今惡西法者，見六經古史之無明文，不察其是非損益而概屏之，如詆洋操爲非，而不能用古法練必勝之兵，詆鐵艦爲費，而不能用民船樹海防之策，是自塞也。自塞者，令人固蔽傲慢，自陷危亡。略知西法者，又概取經典所言而傅會之，以爲此皆中學所已有，如但詡借根方爲東來法，而不習算學，但矜火器爲元太祖征西域所遺，而不講製造槍礮：是自欺也。自欺者，令人空言爭勝，不求實事，溺於西法者，其或取中西之學而糅雜，以爲中西無別，如謂春秋即是公法，孔教合於耶穌；是自擾也。自擾者，令人眩惑狂易，喪其所守，綜此三蔽，皆由不觀其通，不通之害，口說紛呶，務言而不務行，論未定而兵渡江矣。』

『然則如之何？曰：中學爲內學，西學爲外學，中學治身心，西學應世事，不必盡索之於經文，而必無悖於經義，如其心聖人之心，行聖人之行，以孝弟忠信爲德，以尊主庇民爲政，雖朝運汽機，夕馳鐵路，無害爲聖人之徒也。如其昏惰無志，空言無用，孤陋不通，傲很不改，坐使國家顚隮，聖教滅絕，則雖弟佗其冠，神禫其辭，手注疏而口性理，天下萬世皆將怨之詈之，曰：此堯舜孔孟之罪人而已矣。』(3)

上文第一段痛詆當時言西法者之通弊，第二段則明白提出其主張。光緒二

1. 教育史料第一冊頁139
2. 勸學篇外篇頁8
3. 勸學篇外篇頁46—7

十九年他與榮慶、張百熙改訂學堂章程，更將他底主張明白發揮。在重訂學堂章程摺中說：

『……立學宗旨，無論何等學堂均以忠孝爲本，以中國經史之學爲基，俾學生心術壹歸於純正，而後以西學瀹其智識，練其藝能，務期他日成材，各適實用，以仰副國家造就通才，愼防流弊之意。』(1)

民國而後，此種思想猶未盡去，不過形式上改爲中國文化以精神勝，西洋文化以物質勝，可以梁啟超與梁漱溟爲代表。梁啟超於民國八年從歐洲遊歷回來，對於科學萬能發生疑問，對於西洋的物質文明生厭，而對於中國的精神文明起敬。他說：

「……從前西洋文明總不免將理想實際分爲兩橛，唯心唯物，各走極端；宗教家偏重來生，唯心哲學高譚玄妙，離人生問題都是很遠。科學一個反動，唯物法席捲天下，把高尚的理想又丟掉了。所以我從前說：『頂時髦的社會主義，結果也不過搶麪包吃；』這算得人類最高目的麼？所以最近提倡的實用哲學，創化哲學，都是要把理想納到實際裏頭，圖個心物調和。我想我們先秦學術，正是從這條路上發展出來。孔、老、墨三位大聖雖然學派各殊，求「理想與實用一致」，却是他們共同的歸着點。……我們若是跟着三聖所走的路，求「現代理想與實用一致」，我想不知有多少境界可以闢得出來哩。……我們可愛的青年啊！立正！開步走！大海那邊有好幾萬萬人，愁着物質文明破產，哀哀欲絕的喊救命，等着你來超拔他哩。我們在天的祖宗三大聖和許多前輩，眼巴巴盼望你完成他底事業，正在拿他底精神來加佑你哩。』(2)

梁漱溟以研究東西文化著稱，他對於西洋文化雖然主張全盤承受，但却可憐西洋人底物質疲敝而主張以孔子底人生救濟之。他說：

『……我又看着西洋人可憐，他們當此物質的疲敝，要想得精神的恢復，而他們所謂精神，又不過是希伯來那點東西，左衝右突，不出此圈，眞所謂

1. 教育史料第二冊頁4
2. 乙丑重編飲冰室文集卷七十二頁30—1

未聞大道。我不應導他們於孔子這一條路嗎！』(1)

因此他於民國十三年在山東辦曹州中學也完全不採現在通行的教育制度而以「親師取友」的方式出之：——學生可量家之有無繳納學費，校事由師生共同處理，教師與學生爲友，力求免除隔閡，對於學生生活上之知識行爲方面都懇切負責。(2)

與此思想相反者可以吳稚暉爲代表，他說：

『假如我國近時受美人衞西琴氏新教育論之影響，致年來教育部遣派學生，取限制主義。衞氏所謂「必須成年之人年在二十五歲以上，曾於本國受有完全教育者，始可出洋留學；蓋留學目的，端在極深研究或特別調査，彼英、德、法、美諸國學子之互相遊學，莫不如是。」此與日本派遣留學，限定卒業大學，曾任助教，且限額五十餘人，其旨趣合。然吾不必多下斷語，卽以衞氏「英、德、法、美諸國莫不如是」一語反詰之，中國今日之國情，及學界之程度，得比英乎法乎美乎？卽退一步言之，得比日本乎？當無不以爲甚滑稽者也。衞氏之新教育論。趨重力役，吾五體投地崇拜之。至於所論派遣留學法，若作爲教育部方面挑選出洋學生時之鵠的，於此一部分，亦至爲切當；年來成年而受過比較完全教育之人日多一日，教育部取其僅少之學額，多選此等人，自亦在情理之中。若儒氏又謂「採取彼之方法，則派遣學生出洋留學之舉，直無所用」此實謬說、……終之吾敢爲大前提而斷言者：

「今之新教育，皆有覺悟，當趨重力役。

「卽力役之教育而論，是世界的，非一國的。

「力役之智識，是世界的，故交通愈廣博，而成就者愈多。

「我國力役之教育，既已發達，尚不可忽於交通，當其未發達，尤應多設交通之法，促此教育而進之。

「移家就學亦爲交通諸法內之一種。」

1. 東西文化及其哲學自敍

2. 詳見辦學意見述略（教育與人生週刊第三十七期）

他主張移家就學的理由說：

『今日中國之所缺者，學校教育，與所謂力役教育內之高等能力，皆知出國而求之矣。其實與人類相關之事物，有待乎增進智識，逐一改良者，實爲千端萬緒；非僅講學之一事，必事事能多換智識於世界，而後適宜於時勢之俗尙，乃得優存於人羣。移家之事，取吾一部分人之家庭生活，生活於世界改良之城邑，取吾一部分人之起居習慣，習慣於世界進取之社會。卽無子弟就學問題，已覺移家之重要。況就子弟就學而論，我國學校之驟難完備，尤於高等力役之能力，一時決不能取諸宮中而足；而又因社會上四圍現狀之無所補助，故卽在學校中成績最優之子弟，往往不比於留學普通畢業之學生。（所謂普通畢業學生者，乃指實地學習，特成績非優者耳；決非指頂一留學招牌之「麪筋學生」也）卽因一則於學校外無聞見，一則聞見於學校之外者甚多耳。』(1)

上文見於朏盦客座談話中，最初發表於上海中華新報，轉載於新青年四卷二號，其時歐戰方酣（民國六年），法人正招華工，吳與李石曾等極力鼓吹勤工儉學，此文雖以提倡勤工儉學為目的，但其後段云云則明白說中國各種學術都不足以獨立自存，必得藉解西洋的文化以補助之。民國十二年，因張君勱在清華學校講演人生觀，國內學術界發生科學玄學之爭，時延數月，加入者數十人，在名義上雖為科學玄學之爭，實際上則以西洋文化與東方文化（卽清代的西學中學）為背景。吳氏曾作一個新信仰的宇宙觀與人生觀投之太平洋雜誌，長至七萬餘言，其根本精神在全盤承受西洋文化而特重唯物主義。他說：

『梁【漱溟】先生書中已把往事詳述，說我們對於西化，初但注意極可笑的物質，後乃得到了賽先生【Science科學】，台先生【Democracy 民治主義】，就得了歸宿，所以斷定他倘擱淺於第一路。……我順便要向陳仲甫胡適之諸位先生商量，這是梁漱溟先生提醒的功德，我們中國已迎受到兩位先生——賽先生台先生——迎之固極是矣，但現在清清楚楚還少私得

1. 吳稚暉全集卷五頁260—63

的迎受……這是什麽東西呢？就是……穆勒兒（Moral）……所以迎受了穆姑娘治內，賽先生請他興學理財，台先生請他經國惠民。如此，庶幾全盤承受。如此專心在第一路上向前進，開步走，是爲正理。何可折回半途。（持中）』民國以來主張接引西洋文化的人還有錢玄同，（疑古玄同）陳獨秀（仲甫）胡適（適之）諸人，不過不及他主張這樣地全盤承受而已。故西學教育思想，至吳氏而終極而最澈底。

從上面的變遷看來，西學底範圍最不確定：最初認天文數學爲西學，自同治初元至光緒初年，可稱西學萌芽期。自光緒初年至甲午之役，西學底範圍已擴充及於政教及理科醫學，可稱第二期。甲午而後西學底含義最爲紛歧，其範圍狹到僅指自然科學，廣到泛指西洋一切文化，直至清末而止，可稱爲第三期。民國以來，西學的名詞漸不習見，而爲「西洋文化」四字所替代，但「中學爲體西學爲用」的思想，猶深存於一部分人底心意之中，不過力量不及主張全盤承受西洋文化者之大耳，可稱爲第四期。

15 影響

西學教育思想，在時間上綿延六十年，此六十年中國政治學術上各種事情無不直接間接受其影響。影響最顯著者第一是同治五年京師同文館天文算學館的添設，第二是戊戌而後庚子以前的各種中西學堂，第三是改行新教育制度以後各級學校底科學的科目，第四是西洋文化的吸收。

就六十年經過的事實看來，中國教育誠然因西學教育思想而建設許多具體的事情，社會上也因之有許多的進步，但因爲「禮失求野」與「中體西用」的兩種思想爲此思想的前驅，所以不能獲得其應得的結果：因爲當初採用西學的時候人人都懷着「禮失而求諸野」的觀念，對於所謂西學的條目及其內容，固然隨意增減，隨意附會，使西學底含義混淆，效用減少；根本上還有一種頂大的缺點就是輕視西學；以爲所謂西學者也不過是那麼一回事，除了奇技淫巧以外，實在沒有什麼東西，中國之所以要倡西學，也不過是爲偶然的事勢所迫，並不眞正知道西學底優點在何處。就是後來「中體西用」思想發達，對於西學底內容雖不如從前的附會，但輕視西學與對於西學之優點不瞭解仍與從前無異。此兩種思想潛在地支配中國的所謂西學教育六十年，故所得的成績只是些表面的文章。即以學校的課程說，二十八年以前的所謂中西學堂固然以提倡西學爲職志，二十八年以後的各種學校亦無不有數理方言的學科，然而各學校的設備何嘗因其爲提倡西學或有西學課程而特別注意於科學方面的設置；社會上的種種迷信，偷惰的思想，何嘗因採西學而有所改變；就是號稱受過西學教育的先生，亦何嘗學得西洋人治事治學的良好習慣。從另一方面講，因爲這種糢糊不徹底的思想，只注意西洋文明外形的模倣而產生現代教育界虛浮的風氣；凡號稱受過諸教育的人物，物質生活方面務力求西洋化，而骨子裏完全未脫去昔日「士者食人治人」的習氣。遂致高等教育於學術上無貢獻，普通教育於個人生計上無補益，人民對於新教育的無信仰：民國十年以前各省省議會常有阻止增加教育經費的議案，還可以說是選舉不良，被選的省議員不足以代表人民，而八年以後全國各省地域不分東西，統轄的政府不分南北，都莫不拖欠教育經費至數月或數十月之久，教育者每求與其他行政官吏受同等待遇（指經費言）而不可得，也就可以知道全國人民對於新教育漠視的態度了。這種漠視的態度與那偷惰的思想，都是不曾徹底瞭解所謂西學底特質與其優點所構成的。當初提倡西學原以强國爲目的，誰知數十年後，西學的教育竟少見功效，又是提倡者底始料所及嗎！

第六章　西藝教育思想

16. 背景

西藝原爲西學底一部分，同治初元西學思想倡始時，西藝思想亦暗寓於其中；蓋恭親王奏請添設同文館天算館疏中所謂製造輪船機器諸法，天文數學諸科以及左宗棠亦請在閩設立藝局云云，就是後來的西藝之意，不過沒有「西藝」的名詞而已。同治十一年曾國藩李鴻章奏請派遣聽頴子弟赴美學習章程謂『選聽頴幼童赴泰西各國書院學習軍政、船政、步算、製造諸學，約計十餘年而歸，使西人擅長之技，中國皆能諳悉。』亦卽西藝之意。只因其目的在兵工，故以軍備思想括之，但追隨西藝教育思想的根源，却要以此二事爲起點。

自同治至光緒初年有西藝的事實而無西藝的名詞，是因爲那時的人對於西洋的文物制度，只有一種模糊的概念，學與藝並無區別。琉球之役，國人漸知日人之勝我，係由於採用西法，西法之內容如何固不直接考察過，只憑日人所以勝我之堅甲利兵上而推知西人之長惟有技藝。王之春彭玉麟底通商始末記附編之精藝術篇第一句卽說『西人之所長者技藝耳，』就是明證。

甲午而後，因日人之屢欺我而對於其變法自强的情形有較深的了解，西藝思想又進一步，乃以自然科學及應用科學爲西藝；西藝的名詞亦逐漸通行，不過技藝在中國歷來視爲末技，加以當時國人之言維新者在於急圖自强，而技藝的收效甚緩，於是有「西藝非要，西政爲要」之思想。但因自同治以來，國內國外之學習方言者無補時艱，而甲午戰爭而後，戰費與賠款之負擔陡增，國內經濟日見虧竭，富國理財實爲當務之急，故言新政者莫不以發達實業爲主要題。於是西藝思想在光緒二十五年至二十九年之間卽隱然爲一種重要的教育思潮；牠底勢力雖然不能敵西政思想，但從前糢糊不清的西學思想，至此也漸有重心。及光緒三十三年，因日本速成生與普通生特多，所謂新政的人才既已多於過江之鯽，而無法消納，西藝思想遂代西政而興，直至清末而猶未衰。民國以來則遞嬗而爲職業教育思想。故西藝教育思想的產生，由於外力的堅甲利兵所反映，而其發展則由於清末新教育之無裨實用。

17. 變遷

同文館設天文算學館，其內容雖與後來之所謂西藝相似，但並無西藝之名；即光緒初王之春、彭玉麟底通商始末記，薛福成底籌洋芻議雖力言變法，力言西人長於技藝，但亦只泛言西法西學，而不專指西藝。光緒二十一年，因先年中日戰爭敗績，國人急圖自強，康祖詒（有爲）集衆千三百餘人於禮闈試畢之後，擊登聞鼓，聯名上書，世稱爲公車上書。他們主張廢武科，設藝學；其所謂藝學，係專指西洋學術，實爲西藝之首倡者。他們說：

『泰西之所以富強不在礮械軍兵，而在窮理勸學，彼自七八歲人皆入學，有不學者責其父母，故鄉塾甚多。其各國讀書識字者百人中率有七十人……同治元年前督臣沈葆楨請廢武科，近年詞臣潘衍桐請開藝學，今宜改武科爲藝科，令各省州縣，徧開藝學書院，凡天文、地礦、醫律、光重、化電、機器、武備、駕駛，分立學堂，而測量、圖繪、語言、文字皆學之。』

他們雖然主張開藝學書院教授西藝，但範圍實與當時之所謂西學者無大差異。光緒二十三年總理衙門會議御史陳秀瑩請算學取士摺，則以軍備爲西藝，其言如下：

『……近來南北洋船政各處設立製造管駕武備水師學堂，擇其藝成者入練船習學，又拔其尤者，充補水師員弁，以造就人材，有裨實用。良以西藝亦非算學一端可盡。』(1)

西藝之見於公牘者實以此爲始。光緒二十四年正月貴州學政嚴修奏請開經濟物科，其所試科目，『約以六事：一曰內政，凡考求方輿險要、郡國利病、民情風俗者隸之；二曰外交，凡考求各國政事、條約、公法、律例、章程者隸之；三曰理財，凡考求稅則、礦產、農工商務者隸之；四曰經武，凡考求行軍布陣、管駕測量者隸之；五曰格物，凡考求中西算學、聲光、電化者隸之；六曰考工，凡考求名物象數、製造工程者隸之。』(1) 他所分的事項實質上與當時所謂西學底範圍無別，但總理衙門議覆的時候，則把牠們括爲算學藝學兩類而謂每屆鄉試年分，由各省學政調取新增算學藝學各書院學堂高等生監，錄送鄉試：初場試專門題，次場試時務題，三場仍試四書題。中式者名曰經濟科舉人。就其文義言，除第五類格致中的算學外，餘均屬藝學。

張之洞則把政與藝分開說：

『……學校地理，度支賦稅，武備律例，勸工通商，西政也；算繪鑛醫，聲光化電，西藝也。才識遠大而年長者宜西政，心思精敏而年少者宜西藝。小學堂先藝而後政，大中學堂先政而後藝。西藝必專門，非十年不成；西政可兼通數

1. 教育史料第四冊頁80

2. 光緒政要卷二十四，頁2

事，三年可得要領。大抵救時之計，謀國之方，政尤急於藝。然講西政者亦宜略考西藝之功用，始知西政之用意。』(1)

據他底意思西藝只以自然科學及應用科學爲限，而將社會科學列入西政之中。不過他鑒於西藝不能立見功效，而變法又急需新人才，故又主張「西藝非要，西政爲要。」換句話說他雖把西藝西政劃分爲二，但其主旨卻不在於專倡西藝教育。

實學說： 光緒二十五年七月因歷來出洋學生只注意語言文字無補時艱，諭令改習實學說：

『向來出洋學生學習水陸武備外，大抵專意語言文字，其餘各種學問，均未能涉及。即如農、工、商、礦等項，泰西各國講求有素，夙擅專長，中國風氣未開，絕少精於各種學問之人。嗣後出洋學生，應如何分入各國農、工、商等各學堂，專門肄業，以備回華傳授。』

當時總理衙門議覆說：

『英德有農政公會，美國有農政書院，最爲講求耕墾收穫之務。近日英、愛爾蘭，新立勸農勸工章程，至商礦學堂，各國多有之，其名物器具象數之繁，分門記載，各有專書，非精通西文翻譯，無由入門而悉其體用利病。歷派出洋學生，每屆三年回華，爲時旣暫，誠有如聖諭專攻語言文字，肄習水陸武備而於各國農、工、商務、礦務，未有專門精肄回華傳授者，誠宜變通出洋肄業章程，使各就其才性之所近，分門研究，以收布帛菽粟與物前民之用，以殖民生而裨國計，非此不能爲之推輪嚆矢也』。(2)

他們本着「强本利用之根基」議訂章程六條，大致以派遣學生出國肄習專門學問爲本，以選譯農礦等書爲輔。惟因此議未曾主張大批遣留學生，不久又值庚子之亂，故在實際上未曾發生何種效力；但留學教育由方言軍備思想而改爲趨重實業技藝，却以此爲始。

1. 勸學篇外篇頁8
2. 教育史料第一册頁164

自此而後政與藝更區而爲二，不再混合；而當時具報章性質之彙書如政藝叢書，具考證性質之彙書如萬國政治藝學全書均以政與藝對立。前書發刊於光緒二十七年，主持爲順德鄧實。其敍例說：

『下篇言藝之目四：曰藝學文編，載本館撰述，外間來稿，名人論著，以通考古今中外藝學之原，以闡明近日各國藝學之用；曰藝書通輯，採奏議文牘章程規則之屬藝而有精意者；曰藝事通紀，排比中國各報言與藝之事，翻譯東西各報言新藝之理：凡農工商兵各務屬焉；曰西藝叢抄，取舊譯新譯中八自著名言西藝之書，先錄其精要有用者，次及其深奧難明者。』

藝底內容到底是些什麽？他曾作西藝徵經、西藝徵史、西藝徵子三文，謂西藝均爲中國古時所有，其內含有算學、天學、測量、化學、電學、光學、聲學、礦學、農學、學堂、賽會、重學、汽學、力學、畫圖學、輪車、輪舟、火器、自鳴鐘、儀器、機巧、鑄象、照像、鑄器等類。

第二書之藝學叢考編輯大意說：

『談西學者以算化爲兩綱，考算學第一，化學第二。格物博物亦西學之兩綱也：格物學者，電、氣、光、聲諸學是也：考電學第三，氣學第四，光學第五，聲學第六，重學第七。不能盡者以格物學總括之：考格物學第八。博物學者，天地人物諸學是也，考天學第九，地學第十，身理學第十一，動物學第十二，植物學第十三，礦物學第十四。括之以圖學、考圖學第十五。普通諸學而別成專門以名家者有五：醫兵農工商是也；考醫學第十六，兵學第十七，農學第十八，工學第十九，商學第二十。

『二十種之外，尙有多種，則附於其近者而各以類從焉：如步天學則附於算學，汽學、地學及汽機諸學則附於氣學，力學則附於重學，質學及其中所兼之動學、力學、流水學、靜水學、聲學、光學、熱學、磁氣學、電氣學則附於格物學，測繪學則附於圖學，戰艦、軍械、火藥諸學則附於兵學，蠶學則附於農學，道路河渠及各種工程製造諸學則附於工學，計學則附於商學。此外尙有史學一種，乃最要之學而不可謂之藝學，然必左圖右史，始盡互證參稽之用，故特以史學附於圖學之後。』

此書爲內閣中書淩賡颺商同朱大文所輯，正續共七百卷，五百餘萬言，江南分巡蘇松太兵備道袁某曾於光緒二十八年五月出示嚴禁翻印，在當時銷行甚廣，此兩書所謂西藝，雖曾涉及社會科學，但均以自然科學及應用科學爲本位，故當時所謂西藝者實自然科學與應用科學也。

當時社會上對於西藝之內含既蔚成一種時論，教育實施上當然要受其影響，由京師大學堂分科的變遷上可以知之。

京師大學堂倡議於光緒二十二年，主其事者爲工部尚書孫家鼐，只分天、地、道、政、文、武、農、工、商、醫十科而無藝學之名，二十四年，軍機大臣與總理衙門所訂的京師大學堂章程則分爲溥通、專門二類：溥通學爲經學、理學、中外掌故學、諸子學、初級算學、初級格致學、初級政治學、初級地理學、文學、體操學、及英、法、俄、德、日五國語言文字，專門學爲高等算學、高等格致學、高等政治學、高等地理學、農學、礦學、工程學、商學、兵學、衛生學十門，亦無西藝之名。及光緒二十八年張百熙奏訂學堂章程，則將大學分爲政藝二科，以聲、光、電、化、農、工、醫、算等事隸藝科，並規定大學分政治、文學、格致、農業、工藝、商務、醫術七科，在預科屬政科者，畢業後升政、文、商三科，其習藝科者則入農、工、醫、格致四科。換句話說：分科大學的格致、農、工、醫四科亦屬藝科。此四科底課程內容，屬於格致者有天文、地質、高等算學、物理、動植物；屬於農業科者有農藝、農業化學、林學、獸醫學；屬於工藝科者有土木工學、機器工學、造船學、造兵器學、電氣工學、建築學、應用化學、采礦冶金學；屬於藝術科者有醫學、藥學。所謂藝科底內含，實與萬國政治藝學全書及政藝叢書所舉者無甚出入。

光緒二十九年張之洞等改訂學堂章程，不分西政西藝，但主張各省速設實業學堂，謂「農工商各項實業學堂以學成後各得治生之計爲主，最有益於邦本，」則已改昔日「西藝非要，西政爲要」的思想，而傾向於政藝兼重。惟因張以職官獎勵爲提倡日本遊學之手段，二十四年而後，去日本習速成與師範者特多，所謂新政人材，既有供過於求之勢，而社會經濟因與世界交通及本國工業落後和爲不平等條約所拘束的種種原因，亦逐漸動搖而感生產增加之重要。在國內既各種實業學堂與普通學堂同時進行，對於國外留學生，實因此種思想底支配而極力責其在東西各國學習工藝。

光緒三十三年，因日本留學生習速成與普通者一萬餘人，入高等專門及大學者僅百分之四五，特與日本第一高等、東京高師、東京高工、山口高商、千葉醫專五校約年收中國學生一百六十五人。五校之中，除第一高等為大學的普通預備科外，其餘均為專業性質，已不復如從前之以專習速成法政、速成師範為本位了。

三十四年七月，御史俾壽奏請選派子弟分送各國學習工業摺謂：「工藝為富強之要圖，近來創辦學堂者頗不乏人，惟工藝一科，仍多未能講求。機器、軍械、船政、電報各局委員多係未經學習，卽或涉躐，亦難洞達。擬請……選送滿漢子弟……分赴東西各國學習製造駕船鎗礮商務礦務農政，各專一藝，庶可較有把握。」他底原意，不過要東西各國的留學生多習工藝而已。學部議覆，則更推廣其意，而限制非習農工格致三科者不給官費說：

「……臣等竊為造就人材，必因乎時勢，欲救貧弱，在圖富強，欲圖富強，在重實業。從前張之洞會同前學務大臣奏陳重訂學堂章程摺內，卽聲明國民生計，莫要於農、工、商、實業，趣辦實業學堂，有百利而無一弊，最宜注重等語。頻年以來，農工商部於京師設立高等實業學堂，郵傳部於上海設立高等實業學堂，唐山設立路礦學堂，蓋冀人才之日出而圖實業之振興。臣等夙夜孜孜，已非一日。惟此種專門之學，皆以普通學爲始基，非先於普通之算學理化博物圖畫等已具根柢者，不能得門而入。近來各省派往東西洋之遊學生亦已不少，然以未經中學堂畢業，普通學不完備，出洋以後，見夫法政等科可不必習普通學而躐等以進，於是避難就易，紛紛請習法政，以致實業人才愈見其少。今該御史所奏工藝爲富强之要圖，選派子弟，分送東西洋，使專一藝，洵爲扼要之論。擬如所請，自本年爲始，嗣京師及各省中學堂以上畢業之學生，擇其普通學完備，外國語能直接聽講者，酌送出洋學習實業，並令此後凡官費出洋學生，概學習農工格致各項專科，不得改習他科。又以前自費出洋之學生，非入高等學堂以上學習農工格致三科者，不得改給官費，其認習實業已給官費之學生，亦不准中途改習他科。如此量爲限制，庶幾實業人才可以

日出，而富强之效可覩矣。』(1)

宣統元年因美國國會於先年議決退還庚子賠款一部分爲興學之用，特在國內設立預備學校（卽淸華學校）按照各省攤派賠款數目的多寡招收學生入校，施以去美留學之預備教育，而對於去美學習科目之規定則以十分之八習農工商礦等科，十分之二習法政理財師範諸學，此後該校考取校外專科生亦以習工藝科目爲限。淸華遊學的全部政策亦爲西藝的教育思想所支配也。

西藝教育思想，雖然與方言軍備西學各思想發源於同文館，但在甲午以前完全混合於西學思想之中，可稱爲潛伏期。甲午而後賠款之負擔旣多，西洋資本帝國主義之侵略亦逐漸及於內地，而社會經濟發生變動，於是西藝思想漸脫西學而獨立。至戊戌變政，則西藝與西政顯然對立，可稱爲萌芽期。自庚子至癸卯，國內經濟旣大有變動，而當時因爲西政思想之激動，西藝更盛極一時：可稱爲極盛時期。自此而後，西藝在國內教育界已不復爲人重視，惟隱存於留學教育界，而支配留學生底學習科目而已，可稱爲衰落期。民國而後則逐漸脫化爲職業教育思想。

18. 影響

西藝教育思想持續的時間很短，不過自甲午至清末之十餘年而已，其當位時代只庚子至癸卯的四五年間，在教育實際上所生的影響不大。但也不是全無影響，最顯著的事實第一是西洋物質文明原動力之認識：當軍備與西學教育思想當位時，對於西洋物質的文明固已早有認識，不過所識者只是些船政，製造等等陳列於外的皮毛而已，西藝教育思想當位，則進一步而認識西洋物質文明之所以發達，是由於他們底工藝發達，故當時謀國者對國內主張多設實業學堂，對留學生則限制其專習實業。第二，因爲認識西洋物質文明的發達由於工藝而來，故光緒二十九年之奏定學堂章程，除專章規定實業學堂的辦法，專條提出各地應速設實業學堂而外，並在普通教育之小學中加手工課程（欽定章程無之），而當時各地的實業學堂反較普通教育先爲發達。第三，「爲仕而學」的觀念逐

1. 學部奏學輯要第一編

漸打破！中國舊教育的主要目的，在於造成治人的官吏，人民入學也以求官爲主要目的，所以仕與學成爲聯帶的名詞。自西藝教育思想發達而後，始知西洋各國與日本之農工商礦等等職業都須受教育，而且要受專門的教育，清末以科名的手段奬勵新教育，雖然也有「牙科翰林」「獸醫舉人」的笑話，但各種職業界人士之應受專業教育的訓練，則已逐漸爲人所認識，實業學堂的學生亦逐漸增加。第四，從認識西洋工藝底優點中更推而重視西洋技藝，在商場上固然爲舶來品推廣銷場不少，而中國種種新式工業的設施亦相繼產生！今日中國的新式工藝雖然遠不及歐美日本，倘使對於西藝始終不曾認識，即求如今日的現象亦不可得。但從另一方面講，因爲「西藝徵古」與「士大夫不親藝事」的傳統思想在背後作祟，對於西藝雖然有若干認識，然而不肯徹底做西人身體力行地去幹，所謂實業學堂遊學習藝等之設施，大半是些紙上文章，所以數十年來中國的工藝，仍不因西藝教育的思想而有長足的進步。

第七章　西政教育思想

19. 背景

清同治以來因外交之失敗而力求圖強，方言教育無效而改重軍備教育，又無效而改倡西學教育。及甲午而後，受了日本變法的反映，大家知道西學中所含的東西很複雜，於是將其屬於藝能者予以西藝之名，其屬於政治者則稱之曰西政。

西政與西藝底價值到底孰大，本是一個不易解決的問題，但在甲午至庚子間的時代需要上則西政底價值遠過於西藝。因爲中國自昔是閉關自守的國家，而社會組織又是小農的，無論在那方面都和歐美工商業國家底情形不同；而國勢衰弱，既不能以武力勝人，又不能如昔日之閉關自守，對內對外均非改行西法不可。要採用西法，科舉時代訓練出來的人材既不適用，便不得不培植新人材；若僅就人材的缺乏講，西政西藝並無二致，但是藝難成而需時久，雖爲立國基礎，不過與政治相較在時間上則可稍緩，所以西政西藝一經分開而後，西政教育卽特別爲國人所重視；因爲變法之初，百端待舉，非先培植政治人才，一切都不能舉辦，技藝更無從說起。故西政教育思想，隨變法思潮以起，亦隨變法思潮而落，爲時不過自甲午至淸末之十餘年耳。

20. 變遷

甲午以前，並無西政的名詞，講時務者雖曾常有主張倣照西洋政制，但名義上則叫做西法。薛福成於光緒十一年發表籌洋芻議，其變法篇說：

「……若夫西洋諸國，恃智力以相競，我中國與之並峙；商政礦務宜籌也，不變則彼富而我貧；考工製器宜精也，不變則彼巧而我拙；火輪舟車電報宜興也，不變則彼捷而我遲；約章之利病，使人之優絀，兵制陣法之變化宜講也，不變則彼協而我孤，彼堅而我脆。」

琉球之役而後，變法的思想雖然充滿了言時務者底腦筋，但是還沒有人主張徹底廢科舉興學校；而且其時對於西洋的認識還只限於表而上的軍備製造等項。甲午而後國人始知西洋諸國不獨以技藝勝人，卽政治亦有其特點而可爲師法，於是西政兩字漸脫離西學而獨立。梁啟超光緒二十二年所發表的西學書目表序例說：

『西學各書，分類最難；凡一切政皆出於學，則政與學不能分；非通群學不能成一學，非合庶政不能舉一政，則某學某政之門不能分……西政之屬以通知四國爲第一義，故史志居首；官制學校政所自出，故先之；法律所以治天下，故次之；能富而後能强，故農工商礦次之，而兵居末焉。農者地面之產，礦者地中之產，工以作之，作此二者也，商以行之，行此三者也：此四端之先後也。船政與海軍相關，故附其後。』(1)

二十三年盛宣懷奏在上海開辦南洋公學其第一章第二節說：

『公學所敎以通達中國經史大義厚植根柢爲基礎，以西國政治家日本法部文部爲指歸，略做西國政學堂之意。』(2)

上述二段雖曾提出西政的名詞，但其內容尙含糊不定。二十四年張之洞發

1. 西學書目表頁2,3
2. 敎育史料第一冊頁38

表勸學篇，則將西藝西政劃分爲二，以度支賦稅，武備律例，勸工通商爲西政，算繪礦醫，聲光化電爲西藝。其論遊學並極力描繪日本諸國變法自强的往蹟，鼓勵國人去日本遊學改行新政。他說：

「日本小國耳，何興之暴也？伊藤、山縣、榎本、陸奥諸人皆二十年前出洋之學生也。憤其國爲西洋所脅，率其徒百餘人分詣德、法、英諸國，或學政治工商，或學水陸兵法，學成而歸，用爲將相，政事一變，雄視東方。不特此也，俄之前主大彼得憤彼國之不强，親到英吉利荷蘭兩國船廠，爲工役十餘年，盡得其水師輪機駕駛之法，並學其各廠製造，歸國之後，諸事丕變，今日遂爲四海第一大國。不特此也，暹羅久爲法國涎伺，於光緒二十年與法有衅，行將吞併矣，暹王感憤，國內毅然變法，一切更始，遣其世子遊英國學水師，去年暹王遊歐洲，駕火船出紅海來迎者，卽其學成之世子也；暹王亦自通西文西學，各國敬禮有加，暹羅遂以不亡。上爲俄，中爲日本，下爲暹羅，中國獨不能比其中者乎。」(1)

二十七年他與劉坤一會議變法自强第三疏則更明認西方政體學術爲研究經驗之結果，值得倣效說：

『方今環球各國日新月盛，大者兼擅富强，次者亦不至貧弱，究其政體學術，大率皆累數百年之研究，經數千百人之修改，成效既彰，轉相倣傚，美洲則采之歐洲，東洋復采之西洋，此如藥有經驗之方劑，路有熟遊之途徑，正可相我病證，以爲服藥之重輕，度我筋力，以爲行程之遲速，蓋無有便於此者。……今日育才强國之道，自以多派士人出洋遊歷爲第一義，惟遊學費繁年久，其數不能過多，且有年齒較長不能入學者，有已經出仕不願入學堂者，欲求急救之方，惟有廣派遊歷之一法。觀其國勢，考其政事學術，察其與我國關涉之大端，與各國離合之情事，回華後將其身經目覩者告語親知，展轉傳說，自然羣迷頓覺，急思變計。』(2)

1. 教育史料第四册頁1—2
2. 變法自强奏議卷十八

這些話自然以鼓勵遊學爲目的，可是西政的價值由此漸爲國人所了解，推行新政的阻力亦因而減少，而且有認西政教育爲當務之急的。陶模說：

「考泰西日本諸學堂，科目繁多，今之所急莫如政治，宜專重政治一科。內分兩門：一曰內政，所以學理事親民之官也；一曰外政，所以學爲交涉專對之官也。學中頒發應用書籍，內政以中國性理、掌故、歷代賢哲所論修齊治平之道，及現行典律爲綱，而參考各國政治諸書；外政以各國政體武備之法，條約、地志、史乘爲綱，而參以中國古今學術政令。若夫天文、地輿、算學、測繪、各國語言文字，未易一一編習，無論內外政，皆許自認一項兼習之。」(1)

陶氏此疏與張等之變法奏議同爲光緒二十七年的應詔言事，當然不能說他爲此言是受他們底影響，但當時西政教育之蔚爲時代思潮，却可於此概見。光緒二十八年張百熙奏訂學堂章程竟將大學預備科分爲政藝兩科，以經史政治法律通商理財等事隸政科，由政科畢業者升入政治、文學、商務三分科，而政治科之科目爲政治學與法律學，文學科之科目爲經學、史學、理學、諸子學、掌故學、詞章學、外國語言文字商務科之科目爲簿記學、產業製造學、商業語言學、商法學、商業史學、商業地理。由此可知當時所謂西政之內容底大概。

光緒二十九年張之洞等改訂學堂章程雖有政法科，科目極爲詳備，但無西政之名；蓋此次章程係從日本抄來，一切都已日本化，而前次之大學章程則完全爲中西雜揉之素樸的見解也。張等改訂的學堂章程雖無西政之名，但因實際上的需要，赴日本習政法的人特別多，宣統年間國內的法政學校林立，此種教育思想固未自此而斬。

西政教育爲時雖暫，但在乙未至癸卯之間却極爲人重視。自西政西藝於甲午後從西學兩字中分立而後，西藝在形式上雖然與西政對立，但實際上則一般人莫不重政而輕藝。張之洞勸學篇自序中固然說「西藝非要，西政爲要，」而當時最負時望的時務報記者梁啟超更極力鼓吹。他說：

『今日之學，當以政學爲主義，以藝學爲附庸，政學之成較易，藝學之成

1. 教育史料第一冊頁100

較難，政學之用較廣，藝學之用較狹，使其國有政才而無藝才也，則行政之人振興藝事，直易易耳。即不爾而借才異地，用客卿而操縱之，無所不可也。使其國有藝才而無政才也，則絕技雖多，執政者不知所以用之，其終也，必爲他人所用。今之中國，其習專門之業，稍有成就，散而處於歐墨各國者，固不乏人，獨其講求古今中外治天下之道，深知其意者，殆不多見，此所以雖有一二藝才，而卒無用也。抑欲爲藝才者，奉一專門名家之西人以爲師，雖於中國之學不識一字可也。欲爲政學者，必於中國前古之積弊，知其所以然，近今之情勢，知其所終極，故非深於中學者，不能治此業，彼夫西人之著書爲我借箸者，與今世所謂洋務中人，介於達官市儈之間，而日日攘臂言新法者，其於西政非不少有所知也。而於吾中國之情勢政俗，未嘗通習，則其言也，必窒礙不可行，非不可行也，行之而不知其本，不以其道也。於是有志經世者，或取其言，而試行之，一行而不效，則反以爲新法之罪。近今之大局，未始不壞於此也。」

這是說政學所以較藝學重之原因。他更舉西洋與日本各國興政學而強之陳熾說：

「求之西域，則彼中政治學院之制，略以公理公法之書爲經，以希臘羅馬古史爲緯，以近政近事爲用。其學焉而成者，則於治天下之道，及古人治天下之法，與夫治今日之天下所當有事，若集兩造而辨曲直，陳緇素而指白黑，故入官以後，敷政優優，所謂學其所用，用其所學，以故縫掖之間無棄才，而國家收養士之效，日本之當路知此義，變法則獨先學校，學校則首重政治，采歐洲之法，而行之以日本之道，是以不三十年而崛起於東瀛也。今中國而不思自强則已，苟猶思之，其必自興政學始。」

他對於藝學之意見如下：

「問者曰，子偏重政學，子薄藝學乎？藝學者，西人所以致富强之原也。釋之曰，予烏敢薄藝學，顧欲治藝學者，必廣備諸器以藉試驗；歷履諸地以資測勘，教習必分請顓門，學生必儲之綺歲，吾度今者諸學生經費之所入，尚未足以語於此也。若治政學者，則坐一室可以知四海，陳羣籍可以得折衷，雖十室之邑，中人之產猶能舉之，故吾謂政學之成較易，藝學之成較難也。若夫有大力者，能捌博物之院，開比較之廠，聚其才俊以前民用，此又國之命脈也，夫烏得而薄之！吾直異夫今之言學堂者，上焉於政無所達，下焉於藝無所成，而徒考績於口舌之間，自畫於同文方言之義，而欲以天下之才望之於其徒也。』

以上三段首見於光緒二十二年的時務報，總題曰變法通議，此篇之分題曰學校餘論（現錄入乙丑重編飲冰室文集卷二）。他所以主張政學為主藝學為輔：一因當時極力鼓吹變法，需要政治人材；二因執政者不明西政；三因藝不易成。戊戌以前時務報是鼓吹中國變法惟一有勢力的刊物。他底文章在當時號稱新學家者幾於人手一編，奉為圭臬。戊戌變政，他雖然不獲成功而亡命海外，但這種政學為主的思想，却已深入人心。二十八年以後的教育制度教育實際莫不受其影響。所以他這種議論，實可視為當時言西政教育者代表。

21. 影響

我們曾經說過：教育常常受政治的支配。西政教育雖然只是一種教育思想，但牠入手的方法係從改變政治的制度起，所以牠底進程是政教混合的，不只是單純的教育因而牠在實際上的影響也最大。

普泛地講來，中國政治社會之成爲今日，無不是西政教育之賜因爲當時沒有西政教育，教育制度上固不能爲全般的改造，其他各種政治制度更不會有全般的改造：自同治以來，方言、軍備、西學、西藝等教育思想亦未嘗不都曾當位一時，然而在實際上竟無何種足以波及全體的大影響：就是方言、軍備、西學、西藝等等，都是部分問題，而且在性質上都是宜於緩進的，所以倡來倡去，其結果也不過是若有若無的那麼一回事。而政治底影響是全般的，並且非急進不可，所以一言西政教育便波及政治制度與社會組織的全體。在此種牽一髮而動全身的大波浪中，首先受其影響者爲科舉制度。

在積極方面科舉制度與西政教育風馬牛不相及，但在消極方面，科舉制度不廢，決不能推行新教育，更不能推行新政。梁啓超說：

「今內之有同文方言之館舍，外之有出洋學習之生徒，行之數十年而國家不獲人才之用蓋有由也。昔俄主大彼得躬游列國，擇國中俊秀子弟，使受業蕭法之都，歸而貴顯之，布在朝邑，俄遂以强。日本維新之始，選高才生就學歐洲，學成反國，因才委任，今之伊藤、榎本之徒，皆昔日之學生也。而中國所謂洋務學生者，竭其精力，廢其生業，離井去邑，逾幼涉壯，以從事於西學，幸薄有成就，謂可致身通顯，光寵族遊。及貿貿然歸，乃置散投閑，匏落不用，往往棲遲十載，未獲一官，上不足盡所學，下不足以救飢寒，千里屠龍，成亦無益。嗚呼！人亦何樂而爲此勞勞哉！』

這種現象，他以爲都是不變科舉所致，故說：

『故欲興學校養人才以强中國，惟變科舉爲第一義。大變則大效，小變則小效。』(1)

張之洞也說：

『……於是詔設學堂以造明習時務之人才，又開特科以蒐羅之。夫學堂雖立，無進身之階，人不樂爲也。……雖日討國人而申儆之，告以禍至無日，

戒以識時務求通才，救危局，而朝野之汶闇如故，空疏亦如故矣。故救時必自變法始，變法必自變科舉始』(2)

光緒二十九年二月他與袁世凱奏請遞減科舉說：

『近今東西洋各國，其文明愈著者，其學校必愈多，自通都大邑以逮窮鄉僻壤，幾於無地無學，自文事武備，以逮薄技片長，幾於無事無學。……其患之深切著明，足以爲學校之的而阻礙之者，實莫甚於科舉。……科舉一日不廢，卽學校一日不能大興；將士子永遠無實在之學問，國家永遠無救時之人才；中國永久不能進於富强，卽永遠不能爭衡於各國，臣等誠私心痛之。』(3)

同年十一月他與張百熙、榮慶改訂學堂章程附片中又說：

『竊惟奉旨興辦學堂，已及兩年有餘，而至今各省學堂仍未能多設者，經費難籌，累之也。公款有限，全賴民間籌捐，然經費所以不能捐集者，由科舉

1. 飲冰室文集卷二頁5
2. 教育史料第四冊頁117—9

未停，天下士林謂朝廷之意，並未專重學堂也。然則科舉若不變通裁減，則人情不免觀望，紳富孰肯籌捐，經費斷不能籌，學堂斷不能多。入學堂者，恃有科舉一途爲退步，既不肯專心嚮學，且不肯恪守學規。況科舉文字，每多剽竊；學堂功課，務在實修。科舉止憑一日之短長，學堂必盡累年之研究；科舉但取詞章，其品誼無從考見，學堂兼重行檢，其心術尤可灼知，彼此相衡，難易迥別。……當此時勢阽危，非人莫濟，除興學堂外，更無養才濟時之術，若長此因循，坐糜歲月，國事急矣，何以支持。』(1)

三十一年八月張之洞、袁世凱、趙爾巽、周馥、岑春萱、端方會銜奏請立停科舉以廣學校說：

『默觀大局，熟察時趨，覺現在危迫情形，更甚曩日。竭力振作，實同一刻千金，而科舉一日不停，士人皆有僥倖得第之心，以分其砥礪實修之志，民間更相率觀望，私立學堂絕少，又斷非公家財力所能普及，學堂決無大興之望。……近數年來，各國盼我維新，勸我變法，每疑我拘牽舊習，譏我首鼠兩端，羣懷不信之心，未改輕侮之意，轉瞬日俄和議一定，中國大局益危，斯時必有殊常之舉動，方足化羣疑而消積憤，科舉夙爲外人詬病，學堂最爲新政大端，一旦毅然決然，舍其舊而新是謀，則風聲所樹，觀聽一新，羣且刮目相看，推誠相與，而中國士子之留學外洋者，亦知進身之路，歸重學堂一途，益將勵志潛修，不爲邪說浮言所惑，顯收有用之才，俊隱戢不虞之詭謀，所關甚宏，收效甚鉅。

『且設立學堂者，並非專爲儲才，乃以開通民智爲主，使人人獲有普及之教育，且有普通之知能，上能效忠於國，下得自謀其生，其才高者，固足以佐治理，次者亦不失爲合資之國民，兵農工商各完其義務，而分任其事業，婦人孺子，亦不使逸處而興教於家庭。無地無學，無人不學，以此致富，奚不富，以此圖强，奚不强。故不獨普之勝法，日之勝俄，識者皆歸其功於小學校教師，卽其他文明之邦，强盛之源，亦孰不基於學校。而我國獨相形見絀者，則以科舉不停，學校不廣，士心既莫能堅定，民智復無由大開，求其進化日新也難矣。故欲

1. 教育史料第四冊頁121

補救時艱，必自推廣學校始；而欲推廣學校必先停科舉始。』(1)

上面種種言論，莫不以興學校爲變法的唯一要圖，也莫不以科舉爲妨礙學校的唯一障礙物，而異口同聲地要去掉牠。所以張之洞等一而再，再而三的奏請停止，究於光緒三十年八月得請而由上諭立卽停止。——科舉所以要停止，就是因爲牠與西政教育有妨礙，故科舉之廢止爲西政教育思想最先而最大的影響。

科舉廢止了，雖然牠遺傳下來的科第精神，仍然借屍還魂而附在學堂獎勵章程中間復活了近十年，（自光緒二十九年至宣統三年）然而八股文底束縛去了，西洋的文物制度也囫圇吞棗地接收過來了。當時學校的種種辦法與其課程，自然是移殖的而不合中國社會的需要，但西方文化的逐漸認識，社會組織的逐漸變更却都植基於那時；又因爲西政底公共特點爲民權之伸張，當時倡議者雖爲現行政制的限制而不能明白提倡民權，但民權的知識，却由政法講義與新聞事實中傳入中國，革命之宣傳亦因而易爲民衆承受，革命進行亦無形受其助長。所以西政教育積極方面最大的影響，第一是西洋文化之吸收，第二是中華民國之建立。

西政教育思想雖然在近代中國底各方面上發生重大的影響，但其流弊亦最大：因爲倡議西政教育的根本不了解西洋政治上民治與專業的精神，而懷着「易成兼通」的觀念；以爲政治的改革不過在求形式的類似，而不注意於所以搆成此形式的原因，遂致光緖二十九年以後，演成社會上對於學生萬能的風尙，學與用完全截爲兩途，「電科知縣，」「牙科同知，」在當時固然釀成種種笑柄，而數十年來各種學校畢業生羣趨於政治一途與政治種種紊亂的現象，也大半是這種「易成兼通」的不徹底的西政教育思想底遺毒。所以西政教育思想在實際上的影響最大，其對於近數十年中國政治社會上種種不良的現象所負的責任也特多。

第八章　軍國民教育思想與軍事教育思想

22. 背景

1. 教育史料第四冊頁124—5

清末新教育制度未全部建立以前卽有軍備教育的思想，而且綿延的時間很長。自甲午以後，對外戰爭屢次失敗，於是進而爲軍國民教育思想。軍備與軍國民的教育思想，雖然都是以强兵爲目的，但二者底範圍却有很大的差異：因爲前者只求培植一些特殊的軍事人材，統率軍旅之事，而後者則須使國民的全體受軍事訓練，有事均能執干戈以衞社稷。中國自漢武帝創募兵制而後，數千年未嘗徵兵，社會上且有「好鐵不打釘，好漢不當兵」的成訓，全國皆兵的軍國民教育思想，其不能發源於本國，自無疑義。但中國自與歐美日本交通至清末已數百年，往者只能產生軍備教育思想，何以甲午以後便進而爲軍國民教育？則由於世界潮流與國勢危迫的兩重原因，有以搆成之。十九世紀末，德國宰相俾斯馬克以鐵血政策相號召，常言「天下所可恃者非公法，黑鐵而已，赤血而已」，且在國內竭力整軍經武，以實現其德意志統一世界之夢，流風所及，各國爭效其政策；與我隣近的日本，自維新而後，亦日以擴充軍備爲事，結果則屢次勝我與俄，稱雄世界。中國處此環境之下，自不能不受其影響；而當時的國勢，亦非有能戰的資格不能言和，所以軍國民教育思想竟於庚子而後盛倡一時。梁啟超於新民叢報上發表新民說，其尚武篇（癸卯）述中國應尚武之原因甚詳，茲錄其一段於後：

『今日之世界，固所謂「武裝和平」之世界也。列强會議日言弭兵，然左訂媾和修好之條約，右修擴張軍備之議案，蓋强權之世惟能戰者乃能和。故美國對於他洲，素不與聞外事者也。然近年以來，日增軍備，且盡易其門羅主義，一變而爲帝國主義；蓋歐洲霸氣橫決四溢，苟渡大西洋而西注，則美國難保其和平，故不能不先事預防，厚內力以禦之境外。夫歐洲諸國，勢均力敵，歐洲以內既無用武之地矣。然內力膨脹，鬱勃磅礴而必求一洩，挾其民族帝國主義，日求灌而洩之他洲，我以膏腴沃壤，適當其衝，於是萬馬齊足，萬流匯力，一洩其尾閭於亞東大陸。今日羣盜入室，白刃環門，我不一易其文弱之舊習，奮其勇力，以固其國防，則立羸羊於羣虎之間，更何術以免其吞噬也！』

他雖然不明言軍國民教育，但外侮之可怖，國勢之危弱，都可於此見之；而他在此篇之前部，歷擧斯巴達、德意志、俄羅斯、日本諸國舉國皆兵及在小學校灌輸武教的往蹟。所謂尙武，其含義固與提倡軍國民教育無甚出入也。

23. 變遷

首以軍國民教育爲言者，當推奮翮生，他於壬寅的新民叢報上發表軍國民篇一文，謂『軍者國民之負債也軍人之智識，軍人之精神，軍人之本領，不獨限之從戎者，凡全國國民皆宜具有之。』他這幾句話可稱爲軍國民教育底界說。同年蔣百里發表軍國民之教育一文，論軍人精神教育有四大綱，卽愛國心、公德、名譽心、及質責與忍耐力；更謂推行軍國民教育的方策有兩項：

『1. 學校的軍國民教育——或擴充軍人教育於學校爲體操，體操外之活動遊戲如行軍、野外演習、射的、擊劍、旅行、競舟、登山等及普及軍事智識。或軍隊與學校聯絡變學校爲軍隊：第一，小學校以小隊教練爲極度，期五年。其教授爲學校正教員及下士。第二，中學師範學校以中隊教練爲極度。其教授以休職將校及下士任之。第三，高等學校高等師範學校以演習至大隊爲止。且教兵制，軍制，戰術戰略等之一部及國防各要防。

2. 社會的軍國民教育——分三項：(1)以軍隊的組織組織社會；(2)尙勤苦以振作社會的風俗；(3)以新聞、演劇、文學、美術、等引起國民激昂慷慨的精神。』

蔣本習軍事者，其所論軍國民教育的方法，不爲無見，新民叢報在當時並具極大的勢力，但爲西政教育的思想所掩，在光緒三十二年以前，無人再爲提倡。光緒三十二年三月學部奏請宣示教育宗旨議定忠君、尊孔、尙公、尙武、尙實五綱，其尙武一綱，完全爲軍國民教育說法。原文說：

『所謂尙武者何也？東西各國全國皆兵。自元首之子以至庶人皆有當兵之義務，與我中國天子元子齒於太學之義亦相符合。各國謂兵爲民之血稅，而天子乃與庶人同之，眞可謂上下同心矣。觀其師團以練兵，海陸軍學校以練將，無論在校在營在操場，時時如臨大敵，號令一出，雖崎嶇險阻，冰雪嚴寒，不敢息也；雖飢凍漂溺，顚墜一死，不敢避也。然而老幼男女徧國之人，無不以充兵爲樂，戰死爲榮，每徵兵令下，得中選者。骨肉親戚鄉里歡舞送迎，懸綵誌慶，則又何也？豈皆逼於生事而樂於戰鬭耶？抑懾於國法而不敢違耶？實由全國學校隱寓軍律童稚之時已養成剛健耐苦之質地，由是風氣鼓盪而不能自已耳！今朝廷銳意武備，以練兵爲第一要務，然欲薄海之民，咸知捐一生以赴萬死，則尤恐有不能深恃者：何也？餉糈之心厚，而忠義之氣薄，性命之慮重，而國家之念輕也。欲救其弊，必以教育爲挽回風氣之具，凡中小學堂各種教科書，必寓軍國民主義，俾兒童熟見而習聞之，國文、歷史、地理等科，宜詳述海陸戰爭之事跡，繪畫礮臺、兵艦、旗幟之圖形，叙列戍窮邊、使絕域之勳業；於音樂一科，則恭緝國朝之武功戰事演爲詩歌，其後先死綏諸臣，尤宜鼓吹扢揚，以勵其百折不回、視死如歸之志。體操一科，幼稚者以遊戲體操發育其身體，稍長者以兵式體操嚴整其紀律，而尤時時勗以守秩序、養威重以造成完全之人格。語云：行步而有强國之容，記云：禮者所以固人肌膚之會、筋骸之束，非虛語也。臣等嘗詢查日本小學校矣；休息之時，任意嬉戲，所以養其活潑之因也。口號一呼，行列立定，出入教室，肅若軍容，所以養其守法之性也。又嘗詢查日本師範學校矣；師範爲規制最肅約束最嚴之地，而擲球角力，習爲常課，運動競走，特設大會，其國家且宣法令以鼓勵之，其命意可知矣。中國如采取此義，極力行之，日月漸染，習與性成，我三代以前人盡知兵之義，庶幾可復乎！」(1)

這段文章，論中小學校實施軍國民教育之方可謂詳盡。前面雖然泛稱東西各國軍國民教育的情形，但根本上還是取法日本，詢之日本小學校、師範學校云云，固然足以表示其思想之由來，而當時國內之新教育制度與實施新教育的人員，亦莫不由日本而來，其思想之受其影響，自是事理之常，所謂東西各國云云，不過列爲陪襯語而已。

宣統三年，預備立憲之憲法大綱有「臣民有當兵之義務」一條，斯年四月各省教育總會議決定軍國民教育主義案，更詳論實施方法。他們說：

「一、奏請特頒諭旨宣布軍國民教育主義。二、通飭高等小學及與之同

1. 教育史料第二冊頁99—100

等以上之學堂，一律注重兵式體操。三、通飭中學及與之同等以上之學堂，一律實習打靶，（儲子彈與巡警局或防營，由該堂監督報明用數，定期具領。）並講授武學。四、通飭私立學堂，凡呈報督學局或提學使有案者，准照前二項辦理。五、通飭各種學堂體操科一律列爲主課。

『以上各條，呈請學部施行。

『一、各地方應設體育會。二、初級師範學堂，應注重各種體操方法，並勵行關於軍國民敎育主義之訓練。三、各學堂均應勵行關於軍國民敎育主義之訓練，並設運動部，以敎員之長於體育者爲部長，監督學生之運動。四、初等小學應注重游戲運動。五、高等小學以上應兼習拳術。

『以上各條各地方應自行舉辦。』(1)

辛亥革命，軍國民敎育思想正因各省敎育總會底提倡而深入人心，故民國元年敎育部徵集敎育宗旨意見時，敎育者多以軍國民敎育爲言，斯年公布的敎育宗旨，遂有軍國民敎育一項，但其用意則與前此不同，蔡元培說：

『軍國民教育者，與社會主義僢馳，在他國已有道消之兆。然在我國則有强隣交逼，亟圖自衞，而歷年喪失之國權，非憑藉武力，勢難恢復。且軍人革命以後，難保無軍人執政之一時期，非行舉國皆兵之制，將使軍人社會永爲全國中特別之階級，而無以平均其勢力，則如所謂軍國民教育者，誠今日所不能不採者也。』(2)

軍國民教育之以明令宣布爲教育宗旨的一端，雖然以此爲始，但其用意則與從前尙武中之所謂軍國民教育不同。第一，光緒三十二年之所謂尙武是對於軍國民教育全然肯定其爲是，而用全力以提倡之，此次則爲有條件的：卽因中國當前的國勢不得不如此，乃權宜問題，並不認此種教育有絕對的價值。第二，前此之提倡軍國民教育，目的專在對外，此次則兼重對內；「革命以後難保無軍人執政之一時期」，在現在看來，好似他是一位預言家，但這實是各國革命史上所常

1. 教育史料第三冊頁201—2
2. 蔡子民先生言行錄頁189

有的事情。不過他能見得到而且主張以毒攻毒的辦法，却不是中國數十年來講軍國民教育者所能及。

民國四年歐戰方酣，德國底軍國民教育在當時看來很像收效，袁世凱又正在作武力統一的迷夢，故於斯年一月特定教育綱要，申明教育宗旨注重道德、實利、尙武、並運之以實用。二月再根據綱要特定教育宗旨，其尙武一條說：

『國何以强，强於民，民何以强，强於民之身；民之身何以强，强於尙武。尙武之道分之爲二：曰衞身，曰衞國；……故今之言國民教育者，於德育智育外，並重體育；使幼稚從事遊戲，活潑其精神，稍長進習兵操，鍛鍊其體格，極至擲球角力，習爲常課，運動競走，時開大會，凡所以圖國民之發育者，無所不至，此民之所以能衞其身也。何謂衞國？吾國古者寓兵於農，有事爲兵，無事爲農，蒐苗獮狩，乘農隙以講武事，已隱寓全國皆兵之意。近世東西各國，尤通行徵兵之制，凡爲國民皆應服當兵之義務，平時按年充役，年滿退伍，各自營業，戰時召集外侮，無民不兵，無兵非民，風聲所樹，徧國中莫不以充兵爲樂，戰死爲榮。

推原其故，因其幼在學校，已習聞忠勇愛國之訓；長入社會，又養成堅忍耐勞之風，所謂少成若天性，習慣成自然，非一朝一夕之故，其由來者漸，此民之所以能衞其國也。』(1)

這段議論在方法上不及光緒三十二年教育宗旨中的尙武篇，在理論上更遠不及蔡元培，並無什麼精采，不過由這段議論，卻引出全國教育聯合會於斯年開會時議決軍國教育實施方法的議案。原文說：

『(一)關於教授者：

(甲)小學校學生宜注重作戰之遊戲。(乙)各學校應添授中國舊有武技；此項教員於各師範學校養成之。(丙)各學校教科書宜揭舉古今尙武之人物及關於國恥之事項，特別指示提醒之。(丁)各學校樂歌宜選授雄武之詞曲，以激厲其志氣。(戊)師範學校及各中等學校之體操學科時間內，宜於最後學年加授軍事學大要，此項教本由教育部會商陸軍部編定頒行。(己)中等學校以上之兵

1. 教育史料第二冊頁106—7

式槍操最後學年，宜實行射擊，其實施辦法，由教育部會商陸軍部規定頒布之。（庚）中等以上學校體操教授，應取嚴格鍛鍊主義，每學期並酌行野外運動。（辛）各科教授材料與軍國民主義有關係者，應隨時聯絡，以輸入勇武之精神。（壬）遇有特別材料與本主義有重大之關係者，得特設時間講授之。

（二）關於訓練者

（甲）小學校學生宜養成軍國民之性質及軍人之志趣。（乙）中等以上學校學生宜具有充當兵役之能力。（丙）各學校須注意學生體格檢查。（丁）高等小學以上學生應一律穿制服。（戊）中等以上各學校管理，參用軍用規則。（己）各學校應養成勤勞之習慣，如洗掃整理設備等，均督率學生之團體或個人爲之。（庚）各學校應規定禮儀作法之形式，以嚴正爲準，教員學生一律遵守，養成雄健齊整之校風。（辛）各學校應養成粗衣淡食之習慣，施行忍耐寒暑之操作，並獎勵海水浴或冷水浴。（壬）各學校宜由職教員率同學生勵行各種運動游技。（癸）各學校宜特設體育會。（子）各學校應搜集或製作國恥紀念物特表示之，以促警省。

（我國國恥衆多，不可漫無區別，教育上須以國家將來利害爲前提，特別注重。）（丑各學校應表彰歷代武士之遺像，隨時講述其功績。』(1)

民國八年，歐戰告終，國際聯盟盛倡世界主義，國內教育者受其影響。斯年四月教育調查會關於教育宗旨的調查建議案說：

『……現在歐戰之後，軍國民教育不合民主本義，已爲世界所公認。我國教育宗旨亦應順應世界潮流，有所變更。或云：國際聯盟結果爲何，尚不可測，我國積弱已久，仍非勵行此主義不能圖強；然積極發達國民體育，卽是強國之本，或者之言，似不必慮。』(2)

該會會議的結果，竟主張廢棄教育宗旨而以「養成健全人格，發展共和精神」爲宗旨。第二年全國教育聯合會竟議決以該二語爲教育本義，聽各教育者研究闡發，而廢棄教育宗旨，其理由是無論什麼宗旨都足以束縛被教育者，「終

1. 全國教育會聯合會歷屆大會議決案頁5—6

2. 教育史料第二冊頁115—6

難免爲教育之鑄型」不得視爲人應如何教之研究」這樣地迎受世界潮流，眞所謂「拈得封皮當告示」，盡變本加厲的能事了。然而軍國民教育的呼聲却經此一來而數年不聞。

民國十年北京大學校長蔡元培由歐洲返國，鑒於歐美學生之精神活潑，體魄健强，在學生歡迎會上勸告學生注重體育。十一年五月直奉戰起，北大與北京學界共同組織婦孺保衛團，學生加入者三百人，由蔡交總務會議議決改爲學生軍，於是軍事教育的思潮漸起。

軍事教育雖然也是主張於學校教育中施軍事訓練，但其目的又大異於軍國民教育；蓋前者在養成全國皆兵，而後者在養成自衛的能力。此思想發展的原因，一由內亂二由外患三由各國軍事教育思想底影響。自辛亥革命而後軍人因執政而成爲軍閥，被裁的兵士則流爲土匪，人民在此二重壓迫之下，對於自衛之武力均有急迫的要求；而民八以後，所謂國際會議的國際平和，不過是列强處分弱國的棍子，我國在國際上的地位，並不因國際會議而有所增進，山東問題，也無正當的解決，國人都覺得自强的必要，更覺得非有能戰的資格，不足以言和平。當歐戰方終之時，國內教育者如教育調查會會員之流很信托國際聯盟能爲普遍的人類講幸福，以爲以後各國在教育上決不注意於軍事的訓練，孰知事實上大謬不然；十四年七月六日北大學生軍致電廣東學生軍論國民武化策中說：

『法國卓策氏著新軍論，主張民軍，曰軍官在學校；美國現行教育制度，大學有預備將校養成團之組織，就志願兼習武事之學生，授以軍事操軍事學；日本自高等小學以迄中學，體操教員皆以後備軍官充之，而對中學生更授以下級軍官必須之知識，並養成其能力；英國各大學有將校教育團之設，其他下級學校有童子斥候隊，童子旅之組織，皆適用兵法訓練；法國高等以上學校，有軍事課程，由海陸軍部派現役將校常時或臨時前往擔任訓練；意大利對十六歲以上之男子，有規定其必受二年軍事預備教育，而派現役將校擔任訓練之計劃；德意志雖被烏塞和約所限制，表面上不能實施軍事預備教育，而假體育教育以行之，且有體育大學之計畫，類爲暗授國民以軍事訓練；俄國十六歲以下之男子，於各學校卽施軍事思想之教育，十六歲至十八歲由地方官廳於軍官指導之下實施軍事預備教育，十九歲以上之不必直接服兵役於國家者，卽由國家於五年之間施行八個月之召集教育，而授以下級將校之必須智識。以上種種，或爲和平思想者之計畫，或爲國際主義者及帝國主義者之現在情形，或爲弱小國家之準備狀況，無論其志在侵略，志在自衞，而其積極養成國民皆兵之指揮人材則一也。』(1)

國家之存於世界也和個人之存於社會一樣，一切言動都要受時代思潮底影響，各國於戰後尚且如此注重軍事教育，中國卽無其他兩種原因，也將效顰。所以世界教育思潮是此思想發生的很重要的原因。

民國十四年因五卅慘案與國家主義思潮之昌盛，軍事教育思想更風靡一時。斯年四月江蘇省教育會設江蘇學校軍事教育研究會，主張普及軍事教育於一切學校；五月江蘇教育廳向江蘇善後會議提出學校實施軍事教育案。同月醒獅週報特刊學校軍事教育問題專號，詳論學校軍事教育的原理與方法，並述美德日本學校軍事敎育之情形。八月中華敎育改進社年會的敎育宗旨案規定「實施軍事敎育以養成强健身體」爲四要點之一。十月全國敎育聯合會議決桂浙合提的學校應注重軍事訓練案。而上海中華職業學校，上海大夏大學，南京東南大學及附中等並實施軍事敎育。其意義、理由及辦法如下：

『I 軍事敎育的意義——

軍事敎育云者，灌輸軍事學識於國民，使得充分武力訓練之謂也。……軍事學約分三類：1. 制兵之學，2. 練兵之學，3. 用兵之學。（劉競生軍事敎育眞諦見東大敎育刊發刊之數教第七期，劉爲東大軍事敎育敎員。）

II 提倡軍事敎育的理由——

歐戰以後，國人鑒於德意志軍國主義失敗，不敢復言軍國民敎育，乃併學校中僅有之兵式操而亦廢之。然在今日列强壓迫軍閥橫行之中國，雖不可再事提倡軍國民敎育，而不可不養成國民自衛之能力。故爲禦外侮，戡內

1. 張榮福北大學生軍（京報副刊十四年七月），

亂計，學校應注重軍事訓練者此其一。學校生活貴有規律，青年體格，宜事鍛鍊，故爲養成良好校風，發達學生體育計，學校應注重軍事訓練者此其二。歐戰以還，世界各國咸有廢除募兵徵兵制度，採用義務民兵制度之趨勢，而此種制度，既不致養成軍閥，復可爲國家節省財力，其適合我國國情，已爲一般研究政制者之所公認，故爲將來實行義務民兵制度之準備計，學校應注重軍事訓練者，此其三。綜此三種理由，則學校應施行軍事訓練，實已毫無疑義。

(1)

III 軍事教育實施的方案——

一　高級中學以上學校應一律施行軍事訓練幷授以軍事學。

二　小學及初級中學，應實行强迫童子軍訓練，其初級中學生之年齡較大者，亦應斟酌情形施行軍事訓練。

三　施行軍事訓練之學校，其課外運動及體育時間，仍酌量保存。

四　平民學校（卽成人補習學校）亦應儘各地之可能，予以受軍事訓練

之機會。』(2)

自清光緒二十八年奮翮生提出軍國教育起至民國八年止，其間的重大變遷如下：光緒三十二年以前，只是個人底倡導，但爲西政教育思想所蔽，所得的反應甚少，可稱爲萌芽期。光緒三十二年學部奏定教育宗旨，至宣統三年各省教育總會議決定軍國民教育主義案，極力無條件的提倡軍國民教育，以對外爲目的，可稱爲第二期。第三期爲民國元年的教育宗旨案，但爲有條件的，且對內與對外兼重。第四期爲民國四年之大總統特定教育宗旨及全國教育聯合會議決案，其用意與第二期相同。八年爲國際平和思潮所瀰漫，遂不再起，而於十年以後脫化爲軍事教育思想：此思想在十四年盛極一時，現在猶伏流不斷。

24. 影響

清代講軍國民教育者大概都以爲這是中國寓兵於農的古法，而在時勢又爲數十年來所需要。這種軍國民教育或軍事教育的思想既是古已有之，於今爲

1. 2. 第十一屆全國教育會聯合會日刊，十四年十月廿四日

烈的東西，論理在實際上應發生很大的影響。但是事實上却不如此：就二十餘年的往績看來，我們只能尋出中學以上學校的授兵式操一事爲軍國民教育之證，最少數學校有學生軍爲軍事教育之證，而在消極方面反造成了割據統治中國的軍閥。

軍國民教育原以全國皆兵爲主目的，以强健身體爲副目的，在事實上二者均不曾達到；即以自衞爲目的之軍事教育，亦何嘗有什麽效果。軍國民教育或軍事教育每爲人所詬病，以爲這種教育發達，國人在國內會橫行無忌，對外會發生侵略主義，然而自壬寅至今，我國之受外人欺侮也如故，中學生之駝背屈腰也如故；一旦有事，要受過新教育的人去靖難禦侮，其結果不會大異於未有新教育以前。他方面則因人民不曾受軍事教育的訓練，不能自衞，最少數的强桀者得藉軍事之名漁肉民衆，割據自雄而成爲軍閥，次焉者則聚而爲匪，掠奪他人。所謂軍國民教育軍事教育云云，不過是教育言論家底乘興的標語而已，實際上並不曾影響及於一般民衆。

軍國民教育之被提倡者已十餘年，而且在提倡的時候確能應時勢之要求，何以實際上不發生重大的影響？第一是士風的偸惰：中國的讀書人素日以「食人治人」爲事，莊重自持，是所謂士人底本色；重文輕武又是歷史傳衍下來的習慣；所以在學校中提倡武育終於不能收效。全國皆兵之說更祇能視爲紙上空談。第二是執政對於此種思想之敵視：教育原是政治底一部分，而軍國民或軍事教育更容易直接與現實政治發生關係。自清末改行新教育以來，執政者對於教育界人士莫不處於敵視防禦的狀態之中——這實是一種很奇怪的現象；因爲從理論講起來，教育爲內政之重要部分，一切由執政者主持不當歧視也。最大的原因是中國在歷史上便無所謂政治科學，也無所謂政治專家，一切政事，都由所謂治經的學問家，或精八股的科第人員主持。清末改行新政，一切新政人材培養不及，只得取給於舊人物，而主持現行學校教育的教育者，對於世界的新知識總比以醇酒婦人爲生活的官吏曉得得多；因而官吏底設施不能使受教育者滿意，受教育者沒有官吏那樣地涵養功深，自然要常常和他們作對。論執政者底本意，原以不辦教育爲最得計，但爲着「教育爲立國之本」的世界輿論所限制，不能不奉行故事地敷衍以維持其地位，所以他們對於教育是根本無誠意的，一切都不會徹底去辦，而況軍國民或軍事教育有成功便會直接發生危險；(1)其不願使教育界將此種教育見之實施，自是理之當然。故自淸末至民國四年每次由政府提倡軍國民教育，而政府始終不曾給學生以武裝，就是這種對敵防禦的態度有以致之。

或者有人要說：『現在國內戰爭，不有所謂學生軍嗎？何嘗不是軍國民教育或軍事教育在社會上所得的結果？』我以爲現在之所謂學生軍其目的根本異於軍國民或軍事教育，就是目的無異，其來源也是由經濟的壓迫，與此種教育思想不發生關係；只要稍明現在政治社會情況者均能知之，可不必再引例證。

現在中國人民底體魄，國家底外侮，固不減於淸末與民國初元之提倡軍國民教育的時代，而軍人底專政更爲蔡元培所預料到。所以爲對外禦侮，對內自衞起見，蔡氏在民元時所論採用軍國民教育的意見（見前節）現在還很適用；十四年全國教育聯合會之軍事教育派理由更可存在。

第九章　實利教育思想與實用教育思想

25. 背景

教育原從實用而生，也以實用爲目的：倘若有人問教育家說：「教育是不是有用的？」他縱不怫然變色，也會很驚訝這問題的奇怪：因爲教育家大概是相信教育萬能的，他們不獨要教人做人，而且要教人治國平天下，何嘗有所謂無用的教育。可是中國不然：初民時代的教育雖然與其他各民族者相似，都是應實際需要而起的，但後來因爲列聖列神的制禮作樂，講究化民成俗的大道理，於是教育竟成爲與「人間世」無與的古董。古董之最足以愚民而與實際生活相去最遠者爲八股。嚴復說：八股有三大害：一曰錮智慧，二曰壞心術，三曰滋遊手。而其論第一害最足以示舊教育癥結之所在。他說：

1. 十四年江蘇善後委員對於江蘇教育廳所提之學校實施軍事教育案駁議中有云：『年來學風囂張，如再加以軍事訓練，又有槍械在手，危險殊甚』。

「垂髫童子目未知菽粟之分，其入學也，必先課之以學庸語孟；開宗明義，明德新民，講之既不能通，誦之乃徒强記。如是數年之後，行將執簡操觚，學爲經義，先生敎之以擣挽之死法，弟子資之於剽竊以成章，一文之成，自問不知何語。迨夫觀風使至，羣然挾兎册，裹餅餌，逐隊唱名，俯首就案，不違功令，皆足求售，謬種流傳，羌無一是。如是而博一衿矣，其榮可以誇鄉里，又如是而領鄉荐矣，則其効可以覬民社，至於成貢士，入詞林，則其號愈榮，而自視也亦愈大，出宰百里，入主曹司，珥筆登朝，公卿跕步，以爲通天地人之謂儒……從此天下事來，吾以半部論語治之……做秀才時無不能做之題，作宰相時自無不能做之事。此亦其所素習者然也，謬妄糊塗，其何足怪！」

當時要求顯達，稱學人，都要經過這種階段。然而已經顯達，或自始即自命高人者，却不一定受八股底制限，而另求所以消磨精力之方。嚴氏又說：

「自有制科來，士之舍干進梯榮，則不知所事。學者不足道矣；超俗之士，厭制藝則治古文詞，惡試律則爲古今體，鄙摺卷者則爭碑板篆隸之上游，薄講章者則標漢學考據之赤幟。於是此追秦漢，彼尙八家，歸方劉姚，惲魏方龔，唐祖李杜，宋禰蘇黃，七子優孟，六家鼓吹，魏碑晉帖，南北派分，東漢刻石，北齊寫經。戴阮秦王，直闖許鄭，深衣幾幅，明堂兩個，鐘鼎校銘，珪琮著考，秦權漢日，穰穰滿家，諸如此類，不可殫述。然吾得一言以蔽之曰無用。非眞無用也，凡此皆富強而後，物阜民康，以爲怡情遣日之用，而非今日救弱救貧之切用也。其又高者曰否否，此皆不足爲學，學者學所以修己治人之方，以佐國家化民成俗而已。於是侈陳禮樂，廣說性理，周程張朱，關閩濂洛，學案幾部，語錄百篇，學部通辨，晚年定論，關學刻苦，永嘉經制，深寗東發，繼者顧黃，明夷待訪，日知著錄，褎衣大袖，堯行舜趨，訑訑聲顏，距人千里，竈上驅虜，折箠笞羌，經營八表，牢籠天地。夫如是吾又得一言以蔽之曰無實。非果無實也，救死不贍，宏願長賒，所託愈高，去實滋遠，徒多僞道，何裨民生也哉。」(1)

這兩段已足將宋代以來教育上之弊端完全暴露無餘。這樣的教育，這樣的、

1. 嚴復：救亡決論頁1，5

治學問，根本上不會與國計民生發生關係，所以拳匪之亂，有大吏爲倡，八國聯軍入京，南方反宣布中立。然而千餘年來竟能相安無事，大家不獨不感覺這種教育與學問之無用，反以爲有大用，而謂治國平天下之道均不能出此範圍，則由於閉關自守，不與他人接觸，可以默守祖宗之成法，獨行其是。海通以來，這種迂闊腐朽的教育，絕不能與歐西之實事求是的教育爭衡，於是外交無不失敗，內政亦因外侮所逼而無所適從。故庚子而後，極力推行新教育制度。只因八股及理學的種種遺毒深入人心，新教育既無顯著的效力，而國際資本帝國底壓迫日甚一日，國計民生亦日蹙一日，在此緊張生活之下，自然無力專爲怡情遣日的玩意，而不得不努力於生存之道，於是實利主義，實用主義的教育思想產生。換言之，實利教育與實用教育思想產生之原因，一由於舊教育之空疏虛浮，二由於國際資本帝國主義之壓迫，三由於新教育之不切實用。

26. 變遷

甲午以後之言變法言新政者，莫不極力掊擊八股之不當，亦莫不推崇教育之裨實用，但未聞有人以實利爲言。光緒二十八年張百熙奏訂學堂章程，大學堂雖分政藝兩科，宗旨中雖亦有「振興實業」四字，但全部綱領並未提及實用；二十九年張之洞等改訂章程，其學務綱要之第一條亦止以「端正趨向，造就通才」爲言。不過有以謀生爲目的的實業學堂，較之從前之泛無所歸宿者已有進步。三十二年三月學部奏請宣示教育宗旨，列舉條目五項，其一曰尙實，可稱爲實利主義之發端。原文說：

『所謂尙實者何也？夫學之所以可貴者，惟其能見諸實用也。歷代理學名臣如宋之胡瑗，明之王守仁，國朝之湯斌曾國藩等皆能本諸躬行實踐，發爲事功，足爲後生則傚。至若高談性命，崇尙虛無，實於國計民生無毫末裨益。等而下之，章句之儒，泥於記誦，考據之末，習非所用，更無實際之可言。嘗有泛覽羣籍，而不能成尋常書牘之文，精研數理，而不能日用簿記之法，予人口實，亦安用此學爲也。查泰西五百年前，其學術亦偏重理論，自英人倍根首倡實驗學派，凡論斷一事一物，必有實據以爲徵信。此風旣興，歐洲政治、教育、理學諸大家遂爭以窮幽索隱之思，發平易切近之理，此泰西科學所以橫絕五洲，而製造實業之相因以發達者，遂日進而不已。今欲推行普通教育，凡中小學堂所用之教科書，宜取淺近之理，與切實可行之事，以訓諭生徒。修身、國文、算術等科，皆舉其易知易從者，勗之以實行，課之以實用；其他格致、圖畫、手工，皆當視爲重要科目，以期發達實科學派。教員於講授之際，凡有事實之可指者，必示以實物標本，使學生知聞並進，且時導學生於近地游行，以爲實地研究之助。與漢儒之實事求是，宋儒之卽物窮理，隱相符合。方今環球各國，實利競爭，尤以求實業爲要政，必人人有可農可工可商之才，斯下益民生，上裨國計。此尤富強之要圖，而教育中最有實益者也。』(1)

尙實與尙公尙武三項，當時視爲中國民質之所最缺而亟宜箴砭以圖振起者，故與忠君尊孔二項並舉。這段論尙實，既指陳舊日高談性理者之不當，並推述歐西所以尙實之由來，而尤提出具體辦法以實現其主張：所謂教科書應淺近易行，教授宜以實物爲主，不針砭當時教育界空疏之弊，且爲教育上至當不易之原則，可以永久遵行。民國元年改訂教育宗旨，將尙實改爲實利主義，仍爲教育宗旨中五項條目之一。其時主張實利主義之最力者爲陸費逵。陸費時爲商務印書館發刊之教育雜誌的編輯，其時該誌爲通行全國的唯一教育刊物，其言論每每轉移風氣。他述主張采用實利主義爲教育宗旨的理由說：

『且夫教育宗旨以養成「人」爲第一義。而人之能爲人否，實以能否自立爲斷。所謂自立者無他，有生活之智識，謀生之技能，而能自食其力，不仰給於人是也。欲達此目的非采實利主義爲方針不可。』

這是就人之本義講，不可不趨重實利。就國民之需要言，亦不可不重實利，故說：

『實利主義，非惟藥貧，實足以增進國力高尙人格，非此則他四主義亦將無所附麗。足食方能足兵，生計不裕，侈言尙武，則大亂隨之。古今中外，斷無無財而可以强兵之理。況今世戰爭恃力者三而恃財者七，無財則任何勇武

1. 教育史料第二冊頁100—101

之國民，必不足以取勝。此軍國民主義之有恃乎實利主義者一也。衣食足而後知禮義，飢寒不免，則道心變爲盜心矣。此公民道德主義，必恃乎實利主義者又一也。出世間之觀念，優美尊嚴之感情，非不美也，然過於重視，則不免流於優柔文弱，數千年來吾國教育方針之誤，即誤於此。孔孟之輕利重義，黃老之恬退無爲，其成效既如彼矣。今日顧可繼以世界觀美感二主義以益其誤耶。』

他所謂實利主義，不獨在開發實業，並要演繹爲一種德目，使人底一切舉動均以此爲依歸，故又說：

『實利主義云者，非惟實業，非惟手工圖畫，蓋此特其形式也。其精神所在，則勤儉也，耐勞也，自立自營也。舉凡一切爲人之德義，實利主義之教育，無不含之。人人能勤儉、耐勞、自立、自營，則民智民德進，而社會國家亦進步矣。今世各文明國，若英、若美、若法、若德、若日本，其教育皆有注重實利主義之傾向。質言之，則人之維持生活，既爲人生第一要事，教育人人使能維持其生活，或更從而進步之其教育之目的達矣。滿清時代，愈興教育而人民愈貧，道德愈下者，卽以不注重實際教育，不能裨益於人生生活，而子弟謀生之能力愈薄弱也。』(1)

他這議論是針對蔡元培新教育意見一文而發。蔡於元年一月就任教育總長時，詢他以教育方針，他卽以實利教育對。及蔡文發表，謂共和時代當有超軼政治之教育，舉軍國民、實利、公民道德、世界觀、美感五端爲方針，而側重於後二者。他見之不以爲然，在教育雜誌上發表民國教育當採實利主義一文，詳述其應採實利主義之理由。第二段中所謂他四主義無所附麗者，卽指軍國民、公民道德、世界觀、美感也。故實利主義之提出，實以陸費逵爲始，而見於正式法會者則爲元年九月二日教育部公布之教育宗旨。(2) 此宗旨之得以公布，又全爲蔡氏之力。他論實利教育方針之理由說：

1. 陸費逵：教育文存頁45—6
2. 宗旨全文注重道德教育，以實利教育，軍國民教育輔之，更以美感完成其道德。

「雖然，今之世界，所恃以競爭者，不僅在武力，而尤在財力且武力之豐，亦由財力而孳乳。于是有第二之隸屬政治者，曰實利主義之教育，以人民生計爲普通教育之中堅。其主張最力者，至于普通學術悉寓于樹藝、烹飪、裁縫及金、木、土工之中，此其說創於美洲，而近亦盛行于歐陸。我國地寶不發，實業界之組織尙幼稚，人民失業者至多，而國甚貧。實利主義之教育，固亦當務之急者也。」(1)

他雖亦重視實利教育，但不如陸費氏之把牠當作一切教育方針的源泉，只視爲一種目前救急的項目，而與軍國民、公民道德並舉。

民國四年時，袁世凱任大總統，湯化龍爲教育總長，於一月頒布教育綱要，謂中明教育宗旨注重道德、實利、尙武，並運之以實用；二月並由大總統名義，頒定教育宗旨七條，(2) 其第三條曰崇實。謂實業衰頹、財政匱乏、軍備單弱，皆由於學術不實，故主張崇實。論崇實之道說：

「崇食之道分兩項言之：一曰物質之實，若數學科，理化科等，皆國民知識技能必需之教學也，不得徒事紙上之研究，必驗之實際，以爲利用厚生之道。一曰精神之實，若政治學、法律學、教育學等皆立國之大本大原也，不得徒爲理論之競爭，必體察國俗民情，以定實地施行之準則。……自今以往，講物質之學，必寄以精神，講精神之學，必本於物質。以眞摯之心理，倡爲樸茂之學風，以樸茂之學風，蒸爲純厚之俗尙。浮華既去，貞固不撓，由是職務安而實業興，物產豐而財政裕，其與列强並駕齊驅而無可乘虛抵隙之處。富强之道，具在於斯』(3)

此段議論，雖無何種精到的見解，但其推論學術不實之弊端，與主張以實學建純樸的學風，却亦未嘗不是對症之言，只可惜其目的在帝制自爲而不在教育耳。

1. 敎育史料第四册頁26
2. 愛國、尙武、崇實、法孔孟、重自治、戒貪進、戒躁進（詳見敎育史料第二册頁104—112）。
3. 敎育史料第二册頁107

實利教育思想發軔於光緒三十二年，盛倡於民國元年至四年猶有餘波。但在民國二年有實用教育思想崛起，其內容及產生之原因，雖與實利教育思想異，其目的之注意實際應用則同，不過範圍有廣狹而已。故於本章中並論之，以下述實用教育思想。

本章第一段謂產生實利主義與實用主義教育思想之原因有三，其第三項曰新教育之不切實用，實用主義教育之產生卽完全由此。首發其覆者爲黃炎培。他於民國二年任江蘇教育司司長，因感當時學校之缺點，著學校採用實用主義之商榷一文，力述當時學校教育之不當，而主張以實用主義救濟之。他說：

「教育者教之育之使備人生處世不可少之件而已。人不能舍此家庭絕此社會也，則亦教之育之，俾處家庭間，社會間，於己具有自立之能力，於人能爲適宜之應付而已。析言之：卽所謂德育者宜歸於實踐；所謂體育者求便於運用；而所謂智育，其初步一遵小學校令之規定，授以生活所必需之普通知識技能而已。乃觀今之學者，往往受學校教育之歲月愈深，其厭苦家庭，鄙薄社會之思想愈烈，扞格之情狀亦愈著。而其在家庭社會間，所謂道德身體技能知識，所得於學校教育堪以實地運用處，亦殊碌碌無以自見。即以知識論，慣作論說文字，而於通常之存問書函竟或弗能達也；能舉拿破侖、華盛頓之名，而親友間之互相稱謂弗能筆書也；習算術及諸等矣，權度在前弗能用也；習理科略知科名矣，而庭除之草不辨其爲何草也，家具之材不辨其爲何木也，此共著之現狀，固職教育者所莫能爲諱者。然則所學果何所用，而所謂生活必需者；或且在彼不在此耶？』(1)

他對於當時教育上之弊端，尚只爲泛泛之論，莊俞於同年十月在教育雜誌上發表採用實用主義一文，則更舉出具體事項爲證說：

『學制公布，學校議建，學生驟增，表面觀察，今日教育，豈不日有進步？然而一則虛僞，二則勤褻，三則矜夸，四則敷衍。一言決之，如是現狀，於國家鮮有實際。惟其虛僞，小學校之教授，僅以教科書之完否爲斷；譬如教科書一冊五

1. 教育史料第二冊頁204

十課，以供半年之用，而學校教員但求按時授畢，內容如何，應用如何，毫不研究，學生得此，亦如往日之私塾，詢其成績，惟有讀書幾册，他無可言者。聞之某某校之學生，每日出席全爲消磨歲月計，教員稍事苟求則缺席矣；如此，成績之屬，或出於購買，或得之假借，雖多美觀，殊不足信。凡此事實，筆難勝述。惟其勤襲，則上之規制，下之教科，均以取材異國爲雄。事之善者，奚不可法，乃於我國現狀不能適用之事，亦必一一模倣。偶與交接，猶侈然曰，「此某國制也」「此某國事也」。惟其矜夸，自視今日之教育絕不愧怍，語以改良，哂爲多事，望其進步，斥爲苛求；即學生一方面，亦不覺所受教育未臻美備，但以能獲畢業頭銜即於願已足。積此三弊養成敷衍。嗚呼！教育事業，盡一分精力得一分成效，而以敷衍爲事，則教育前途尚可問乎』(1)

學校這種不良的現象，當時亦有人感到，而提倡實業教育以補救之，但黃氏則以爲『於普通諸學科不能使之活用於實地之業務，此外管理訓練亦未能陶冶使之適於實際之生活，而徒專設學校，增設學科，譬猶習運動者感寬袖大服之不適也，特製一種運動用衣襲於其外，乃其裏衣之寬大如故，』決不能達其目的，欲救上述教育上之種種弊端惟有採用實用主義。莊俞說：『欲救今日教育之弊，非勵行實用主義不可。何則？虛僞、勦襲、矜夸、敷衍，無一不與實用主義有極端之反對，實用主義不得推行，則此種積弊決難掃蕩廓淸。』

當時因新教育偏重書本而不能適應社會上之實際需要，實用主義乃其反映之結果，故一經黃氏提倡，即如響斯應，於民國二三年之間，蔚爲一種思潮，流行全國：教育雜誌爲出實用主義教育商榷專號，教科書上並有標實用主義四字者，惟其注重點則在小學課程的改革，黃氏商榷書提出小學各科改良的方法如下：

『修身　注重偶發事項及作法。

『國文　讀本材料，全取應用的，作文力戒以論人論事命題，多令作記事記物記言等體。（記物置實物於前爲題或令寫實景）尤多作書函。（正式書函、便啟、通告書均備）或擬電報。（書函兼授各種稱謂，及郵政章程，電

1. 教育史料第二冊頁234—5

報兼授電碼翻譯法，電報價目表等；舊時宦鄉要則，今之官商快覽，以及坊間印售之日記册，附載各種實包有無數適於應用之好資料？）習寫各種契據式，書法注重行書。

『歷史　除近世大事擇要授之外，全不取系統的，授以職業界之名人故事等。

『地理　多用圖畫，少用文字，圖畫必令自習，兼與手工科聯絡，製爲圖版。（如京津間所售知方圖等）上繪山脈河流道路都邑區域，注明各種名稱及物產，時就運動場劃爲各種地形，令之熟習。

『算術　演算命題，多用實事或實物；習諸等必備各種度量衡器，使實驗之。關於土地面積，則令實地量度；兼授珠算簿記。（並宜略授各種新式簿記）示以鈔票錢票式樣，及各國貨弊，並授驗幣法。（或疑此類於商業學校，非普通學校，然試以驗幣一事而論，孰不用銀幣，而眞贗錯出，隨處受欺，則雖認驗幣爲普通必要之技能可也。）

『理科　其材料一以人生普通生活所接觸所需用爲斷。時利用事物到吾眼前之機會而教授之，絕不取順序的。（如先植物次動物礦物生理衛生又次及理化。此法絕不取之）教授務示實物，遇不得已時，濟以模型標本，必令實驗；切戒專用文字憑空講授，尤多行校外教授，修學旅行。

『圖畫　雖簡單之形體，亦參用實物寫生，如繪筆示以筆，杯示以杯，鳥示以鳥之類。（或用標本尤勵行聯絡他科方法）

『手工　宜與圖畫聯絡無論矣。尤宜置實物於前，令倣造之；其材料，其方法，務求爲他科策應。但仍須適合於生徒程度。

『體育　采用鍛鍊主義，兼視地方情形，令習生活必需之特種之運動；如陸則騎馬，水則游泳等。

『如習外國語注重會話。』(1)

莊俞則就推行的機關立論說：

1. 教育史料第二冊頁207—8

『實施之機關，又分爲二，在上者爲中央部教育部及各省教育司，在下者爲各校之校長及職員。苟能上下一致提倡，則成效之速，甚於置郵傳命。……

……爲教育部計，當編定教授要目，頒行於世，以爲學校教授之標準。爲教育司計，當就教育部所定之要目，擇各省異同之點，加以詳注；本省以爲最要者，特別注意之，督促各學校盡力實施。爲校長計，每學期始業時，預定教授一覽表，將實用事項分科編次，按時施教。爲教員計，則講授一事，必求其事於社會生活得適宜之應用，遇有事可與以直接之觀察者，不可敷衍塞責，日濡月染，養成實用觀念，則提倡實用主義之目的達矣。』(1)

民國四年一月，大總統特定教育綱要，其總綱第三條中明教育宗旨，特重實用教育，其說明說：

『現時教育最大之缺點有四：一、不重道德，二、不重實利，三、無尙武精神，四、不切實用。教育部前頒教育宗旨注重道德、實利、軍國民、美感各教育，惟未標明實用主義。且部令雖頒，國內並未奉行，教育迄今無一定趨向。是宜重加

規定，以道德教育爲經，以實利教育、尚武教育爲緯；以道德、實利、尚武教育爲體，以實用主義爲用。』(2)

實用主義之見於法令者以此爲始。據其意，實利教育屬於實業範圍，實用教育則以一切教育須切實用爲旨爲歸，所以於實利之外，仍以實用統罩一切。及民國六年，則由實用主義教育遞嬗爲職業教育，而實利實用教育思想亦自此而斬。

自光緒三十二年教育宗旨中列入尚實一項爲始，至民國六年職業教育思想代實用主義教育思想而起止，爲時只十二年。自清末至民國二年爲實利教育思想，其產生以舊教育之空疏虛浮及國際資本帝國主義之壓迫爲主要原因。二年以後爲實用主義教育思想，以反對當時之書本教育爲主要原因。二者之來源雖不同，但其目的則均在使教育合於實際需要。所不同者，實利教育不獨使學校課程「實際化」，並欲以之爲一種德目，使學生由崇尚實際而養成勤儉耐勞獨

1. 教育史料第二册頁237
2. 同上頁80

立自尊之人格，實用主義則特別注重學校科目之應用。

27. 影響

因爲中國舊教育之空疏虛浮，國家經濟之落伍，以及新教育之不切實用，於是明達之士竭力提倡實利教育與實用教育以謀補救。在提倡者之爲此，固然是針對當時弊端，但十餘年關於實利實用教育上之一切理論與方案，却都是些教育上的普通原則。因爲除中國舊日的私塾外，絕未有教兒童以力不能勝的抽象哲理；任何文明國家之教授理科等亦未有不用實物與實驗者，也不聞世界有何種學校不欲養成學生以勤儉自立的習慣與能力者；陸費逵之以實利爲德目，黃炎培之改良小學課程的方案，均爲「人」的教育中應有之義，無須提倡，更無從蔚爲一種時代思潮。惟中國因歷史上傾重文字教育，對於外國教育的形式雖做效不遺餘力，其精神仍與從前無異，所以改行新教育制度之結果，反弄得「學生往往受學校教育之歲月愈深，其厭苦家庭，鄙薄社會之思想愈烈，扞格之情亦愈甚」。根本原因在於以制科的精神辦學校，以八股底效用視學校課程；八股與制科固然不切實用，但因其歷時甚久，人民習而忘之，新學校與課程制科八股化，則於不適用之外，更使人不能相忘，於是教育上之普通原則竟不能不特別提倡了。

實利與實用教育其原則雖然卑之無甚高論，但在當時却極合需要。只因中國教育不求實用的歷史太長，此種思想也無重大的影響。實利教育原以增進財力與養成勤樸之風尙爲目的，可是由光緒三十二年以後，我國底實業教育既未見有若何進步，一般學風亦未見受此思想之激盪而趨於勤樸。至於實用教育原爲當時書本教育的一種反動，在小學教育頗發生一些效力，最顯著的第一是教科書漸與兒童能力與社會需要接近（可於比較民國三四年以前與以後之小學教科書中得其實證）第二是理科之教授逐漸注重實驗（如江蘇小學理科實驗競賽）第三是植立了職業教育，科學教育的基礎。只可惜當時提倡者只專以小學爲對象，而不注意於中等教育，致使現在的中等教育其流弊仍與民國二年黃炎培、莊俞所舉之現象無異。

將教育上的普通原則當作一種思潮來提倡，自然難免貽笑大方；然而欲救中國教育今日空疏虛矯之病，却仍不得不努力於此貽笑大方之事。不知教育者對此作何種感想！

第十章　美感教育思想

28. 背景

美育在世界教育史上本來是一位後進，在中國新教育史上更是後進。光緒二十九年的新教育制度，對於日本學校的種種方法，大概都抄得很全備，而獨不及美育。學制系統未建立以前的學校，固然是爲着方言軍備等教育思想所支配，爲達特殊的目的而設立，其不注意美育，自然是題中應有之義。二十八年張百熙奏訂學堂章程，除了高小與中學爲着實用起見而有圖畫科目外，尋常小學蒙學堂亦無圖畫；美育的要項的音樂則各級學校概無之。二十九年的改訂章程，中學與高等小學有圖畫科，其目的與前次無異，高小但書可加手工，初小但書可加圖畫手工，師範學堂與中學同，音樂仍全部無之。學校有圖畫音樂科雖不能說一定實施美育，但此二者究爲藝術科目，設置之亦尚有美育的基礎。兩次學堂章程，竟對此不加注意，當時國人對於美育的漠視——甚且無此觀念——可以概見。而光緒三十四年二月使日大臣請發音樂學生官費，學部覆謂『音樂……學校雖係文部直轄，惟核其所修之學業尚非中國今日最急之務，嗣後亦可不必改給官費』(1)之言，更是一種顯明的證據。

光緒三十三年正月學部奏訂女子師範學堂章程，課程有圖畫音樂兩科，其圖畫教授教旨中有『在使精密觀察實物能肖其形象神情，兼養成其尚美之心性；』音樂教授教旨中有『在使感發其心志，涵養其德性』之言，始略具美育意味，壬寅癸卯兩次公佈的學制系統均未言及美育，此次單獨奏訂女子師範學堂章程而具美育意味者是因爲初次改行新教育制度的目的，在藉學校以行新政，與政治無直接關係的美育當然不在他們底注意範圍之內；而女子教育在當時則視爲與國計民生無關的東西，其功能僅在於有妻相夫，有母訓子，所以講講美育也可。

1. 學部奏咨輯要初編

嚴格講來，清代的新教育並無所謂美育。

美感教育的倡議，要以民國元年爲始，首倡者爲蔡元培。蔡爲浙江紹興人，清末即投身民黨而努力於教育事業，光緒三十一年因上海之圖謀不遂，乃去德國入來比錫大學習哲學、心理、美學，而尤深感於德國的美育設施；且其根本思想傾重於世界主義，以美能破人我之見，故極力提倡美感教育。中國十餘年來的美感教育思想，實以他爲唯一的中堅人物。

29. 變遷

民國改元，在政治上既然發生數千年未有之奇變，教育亦從而受其影響。光緒三十二年學部公布之忠君、尊孔、尙公、尙武、尙實五項宗旨，前二項固然與政體及信教自由的約法有抵觸，後三項雖亦爲當時所需要，但其對象均以現實世界爲限，而教育之目的，不應專以現實世界之改善爲止境，更須進而提倡實體觀念，所以尙公、尙武、尙實的教育決不是完備的教育，蔡元培根據其世界主義的根本思想，與其在德國所感的美育印象，而從哲學上立論以提倡美感教育說：

『雖然人不能有生而無死現世之幸福臨死而消滅人而僅僅以臨死消滅之幸福爲鵠的，則所謂人生者有何等價值乎？國不能有存而無亡世界不能有成而無毀，全國之民全世界之人類，世世相傳，以此不能不消滅之幸福爲鵠的，則所謂國民若人類者，有何等價值乎？且如是，則就一人而言之，殺身成仁也，舍生取義也，舍己爲羣也，有何等意義乎？就一社會而言之，與我以自由乎，否則與我以死，爭一民族之自由，不至瀝全民族最後之一滴血而已，不至全國爲一大塚不已，有何等意義乎？且人既無以死生破利害之觀念，則必無冒險之精神，無遠大之計畫，見小利，急近功，則又能保其不爲失節墮行身敗名裂之人乎？諺曰：當局者迷，旁觀者淸。非有出世間之思想者，不能善處世間事，吾人卽僅僅以現世幸福爲鵠的，猶不可無超軼現世之觀念，況鵠的不止于此者乎？』

這是論人類的生存雖然只以現實世界爲限，而其最終之鵠的，則常超越於現實世界，故教育不當以現實世界爲限，也不當專顧實體世界而不問現實世界：

因爲前者是政治家底事情，而後者爲宗教家底希冀，所以他說：

『以現世幸福爲鵠的者，政治家也，教育家則否，蓋世界二方面，如一紙之有表裏：一爲現象，一爲實體。現象世界之事，爲政治，故以造成現世幸福爲鵠的；實體世界之事，爲宗教，故以擺脫現世幸福爲作用。而教育者則立于現象世界，而有事于實體世界者也。故以實體世界之觀念，爲其究竟之大目的，而以現象世界之幸福，爲其達于實體觀念之作用。』

教育家雖然有事實體世界，但其根據點仍然在於現實世界，故決不能如宗教家底以擺脫現世幸福爲目的，仍須於努力現世幸福之中求提撕實體觀念。所以他又說：

『然則教育家何以不結合于宗教，而必以現象世界之幸福爲作用？曰，世固有厭世派之宗教若哲學以提撕實體世界之故，而排斥現象世界。因以現象世界之文明，爲罪惡之源，而一切排斥之者。吾以爲不然，現象實體僅一世界之兩方面，非截然爲互相衝突之兩世界。吾人之感覺既託於現象世界，則所謂實體者，卽在現象之中，而必非滅乙而後生甲。其現象世界間，所以爲實體世界之障礙物者不外二種意識：一、人我之差別，二、幸福之營求是也。人以自衞力不平等而生强弱，人以自存力不平等而生貧富。有强弱貧富，而彼我差別之見起。弱者貧者，苦于幸福之不足，而營求之意識起。有人我則于現象中有種種之界畫，而與實體違。有營求則當其未遂，爲無已之苦痛，及其旣遂，爲過量之要索，循環于現象之中，而與實體隔。能劑其平，則肉體之享受，純任自然，而意識界之營求泯，人我之見亦化，合現象世界各別之意識爲渾同，而得與實體吻合焉。故現世幸福，爲不幸福之人類到達于實體世界之一種作用，蓋無可疑者。軍國民實利兩主義，所以補自衞自存力之不足。道德敎育，則所以使之互相衞互相存，皆所以泯營求而忘人我者也。由是而進以提撕實體觀念之敎育。』

上面幾段議論雖然是說明政治、敎育與宗敎的區別爲目的，然而立論的精到實是一部最有價値的敎育哲學，不獨民國以前之言新敎育者無人道及，卽降至今日亦無人道及這種現象自然足以表現中國教育者底淺薄，而其根本原因則在於爲外國教育所產生的結果所震駭而追躡，始終不曾用過思想去體認教育底性質。所以他這些議論，不是提倡美感教育的幾段冒語，實是近代中國教育哲學上一種創見。

他更進而論提撕實體觀念的方法說：

『提撕實體觀念之方法如何？曰消極方面，使對于現象世界，無厭棄而亦無執著；積極方面，使對于實體世界，非常渴慕而漸近于領悟，循思想自由言論自由之公例，不以一流派之哲學一宗門之教義梏其心，而惟時時懸一無方體，無始終之世界觀以爲鵠。如是之教育，吾無以名之，名之曰世界觀教育。』

這種世界觀教育之鵠的，惟有美感教育才可以達到，蓋人生常爲小己所役，一切事功均以自利爲前提。——利國福民亦自利之大者耳。——惟美感能使人超利害，忘人我，躋世界於大同。故極力提倡美感教育說：

『雖然，世界觀教育，非可以旦旦而聒之也。且其與現象世界之關係，又非可以枯槁單簡之言說襲而取之也。然則何道之由？曰美感之教育。美感者，合美麗與尊嚴而言之，介乎現象世界與實體世界之間，而爲津梁。此爲康德所創造，而嗣後哲學家未有反對之者也。在現象世界，凡人皆有愛惡驚懼喜怒悲樂之情，隨離合生死禍福利害之現象而流轉。至美術則卽以此等現象爲資料，而能使對之者，自美感以外，一無雜念。例如采蓮煮荳，飲食之事也，而一入詩歌，則別成興趣。火山赤舌，大風破舟，可駭可怖之景也；而一入圖畫，則轉堪展玩。是則對于現象世界，無厭棄而亦無執著也。旣脫離一切現象相對之感情，而爲渾然之美感，則卽所謂與造物爲友，而已接觸于實體世界之觀念矣。故教育家欲由現象世界而引以到達于實體世界之觀念，不可不用美感之教育。』(1)

他底提倡美育係根據他底人生哲學及教育哲學而來，立論固然很精當，而

1. 對於教育方針之意見（蔡孑民先生言行錄第一冊頁189以下）

且常常爲不斷的提倡。民國六年，他在北京神洲學會講演，並擴充到教育底範圍以外，而主張以美育代宗教。他從歷史上說明人類精神上的知識意志感情三作用，在昔皆附麗於宗教之中，後因科學昌明，前二者均脫離宗教而獨立，現在宗教所最有密切關係者惟有感情作用，卽所謂美感是。但宗教常因宗派問題發生爭端，常使『美育之附麗於宗教者，常受宗教之累，失其陶養之作用，而轉以激刺感情：……鑒激刺感情之弊而專尙陶養感情之術，則莫如舍宗教而易以純粹之美育純粹之美育，所以陶養吾人之感情，使有高尙純潔之習慣，而使人我之見，利己損人之思念以漸消沮者也。』

美育可否代宗教，雖然在理論上與事實上都屬未決的問題，但他提出此義而竭力申明其可能，則他對於美育功效的重視可以想見。他在我之歐戰觀一文中更極力尊崇美術底功用說：

『然則法德兩國不甚信仰宗教，而一般人民何以有道德心，此卽美術之作用。大凡生物之行動無不由於意志，意志不能離知識與情感而單獨進行。凡道德之關係功利者伴乎知識，恃有科學之作用；而道德之超越功利者，伴乎感情，恃有美術之作用。』(1)美感是超越功利的，無論何時都得提倡，若不用美術的教育，結果便會發生狹隘自私的毛病。所以他於民國八年新文化運動正在當位的時候，大聲疾呼要講文化運動的不要忘了美育說：

『……文化不是簡單，是複雜的，運動不要空談，是要實行的；要透徹複雜的眞相，應研究科學。要鼓勵實行的興會，應利用美術。……不是用美術的教育，提起一種超越利害的興趣，融合一種畫分人我的僻見，保持一種永久和平的心境，單單憑那個性的衝動，環境的刺激，投入文化運動的潮流，恐不免有下列三種的流弊：(1)看得很明白，責備他人也很周密，但是到了自己實行的機會，給小小的利害絆住，不能不犧牲主義；(2)借了很好的主義作護身符，放縱卑劣的欲望，到劣迹敗露了，叫反對黨把他底污點，影射到神聖的主

1. 蔡孑民先生言行錄頁53

義上，增了發展的阻力；(3)想用簡單的方法，短少的時間，達他底極端的主義；經了幾次挫折，就覺得沒有希望，發起厭世觀，甚且自殺。』(1)

他雖然極力提倡美育，但一般教育者卻視其言論爲東風過耳，不加注意。民國十年八月劉伯明（經庶）在南京高師教育研究會講演美育，詳論美育底價值與中國不重視美育的缺點，他底主張始得同調。劉說：

『美育之屬於教育，與德智體三育同，不可有所輕重也。德智二育一趨於意，一趨於知，美育則偏於感情。意也，知也，情也，皆人類精神現象之要素，互相作用，無所軒輊於其間。然今之談教育者，多偏重德智二育，棄美育於不顧，此實一大缺點。』

劉以西洋哲學史見長，從歷史上說明美育進展的歷程，而評功利主義的教育之不當說：

『今之言教育者每輕美育，視爲太狹，一切以生活爲準，此蓋受進化論競存思想之影響也。英人斯賓塞大教育家也，其完全生活中專言對於環境之關係而不及美，視美爲閒暇之消遣，此亦受進化論之影響者。杜威雖言改造經驗，然亦不言美，恆言主動之駕馭而輕被動之欣賞；若此時哲學正値戎馬倥傯之秋，欣賞非此時所能計也。美人最重效率，以爲人生最大目的；有瀑布於此，彼必計其馬力用以轉動輪計。吾國人最重享受可以之補美人之偏；而美國人之所有者亦可以補吾國人之偏也。』

民國十一年李石岑主編上海商務印書館發刊的教育雜誌，更以提倡美育爲唯一的職志，（宣言中雖曾以體育與美育並舉，但係因人太不注重體育而然，據他底解釋體育亦伏於美育之中） 並於該誌十四卷第一號發表美育之原理一文，表示其對於美育之意見。他首論美育底功用說：

『德智體三育，何以未足於吾人以最後之滿足？欲答是問，宜先問德智體三育與人生之關係若何？蓋教育之第一義，卽在誘導人生使之嚮於精神發展之途以進，而德智體三育所以完此職責者，能達至若何程度，此不能不

1. 蔡元培先生言行錄頁273—4

問也。夫敎育之原始的形式，本卽爲德育與體育；學劍學禮，同時幷進，而祖先之風習、情操、法律、道德賴以維持……自社會之分化發達，知識的敎化之範圍日廣，而德育之勢始稍殺：蓋知識的敎化，所以啓示人生者，遠駕於德育之上，則德育不足以敵智育也明甚。唯智育以授與知識與技能爲主旨，其有裨於人生之實用也固甚大，然究足以導吾人於生命向上之途與否，仍屬疑問。至於體育，雖爲人生所必需；若僅以强健體格爲唯一之天職，此外並不附以精神上之意義，則此昂昂七尺軀，祇成爲宇宙之贅疣，而何生命向上之足云？故十八世紀中於德育過甚之弊而不脫傳襲的思想；十九世紀中於智育過甚之弊而招弗羅伯爾一類之自然主義的悲哀；二十世紀初頭中於體育過甚之弊，而有前此之軍國主義的歐洲大戰。最近敎育界覺悟之結果，知德智體三育偏重固不足以予人生之滿足，卽並重亦難語於精神之發揚，而不得不着眼於人類之本然性。至所以啓示人類之本然性而導之表現者，則美育也。』

又論美育之性質說：

『德智體三育，如用之不當，則或足阻人類之本然性使不得展舒；甚或錮蔽之，斲喪之，故古典教育、注入教育、軍國民教育生焉。德智體三育所以陷於斯弊者，亦非無故。德育與美育，適立於相反之地位：德育爲現實的，規範的；美育爲直覺的，浪漫的。德育重外的經驗，美育重內的經驗。德育重羣體之認識，美育重個體之認識。德育具凝滯阻礙的傾向，美育具活潑滲透的傾向。又智育與美育，亦立於相反之地位：智育重客觀的，美育重主觀的；智育重普遍的，美育重個性的。智育重抽象的，美育重具體的。智育重思考的，美育重內觀的。德智二育，雖各有其領域，而於人類本然性之發展，自遠不如美育所與機會之多。至於體育，則本屬美育之範圍，更無所謂領域。體育原期身體之美的發達，所謂人體美之陶冶，亦卽希臘教育之中心思想。人但騖於體育在增高體位，遂忘其本義，而去精神向上之途乃愈遠。故德智體三育，對於人類本然性之發展，皆不能無缺憾，換言之，對於人生，皆不能予以最後之滿足。此美育之提倡，所以非得已也。』

關於美育底價值，他已經闡發無遺；就其所見，美育底內函最富，可以括一切教育，故於此文之結論上說：

『美育者發端於美的刺激，大成於美的人生中經德智體羣諸育以達美的人生之路。』

據他底意見，德智體羣各種教育，都是美育中應有的事，而美育底目的卽在於創造美的人生，陳義本然很廣，而且未及設施的方案，所以該誌本號末尾呂瀓論美育書雖然對於美育的解釋與他底意見相合，但在方法上則主張獨立設施。呂說：

『……欲於今日提倡美育，非獨立設施，不受一切牽涉，不足以示其正軌。若普通教育既未能與美育合其目的，自亦無從用美育方法於其間，所有美術科目，任其自與其教育目的相調和，正不必强蒙以美育之名，而至於非驟非馬也。』

自蔡元培於新教育方針之意見一文提出美育的主張而後，言美育者對於美育的解釋雖有差異，但對於實施上都主張附麗於普通教育之中；而且都極重美育或以之涵蓋教育全體的目標。或以主義特重的教育目標。自呂徵底通訊發表，在美育設施上有獨立與附麗之分，而以美育爲特重或涵蓋教育全體的目標，亦有人發生疑問。首提出此項問題而加以分析者爲孟憲承。他於所謂美育與羣育中說：

「美的教育有二義：第一特殊的『獨立設施』的一種教育目標，第二普通教育中一種目標。如呂澂先生說的『懸美的人生以爲正鵠之教育……必完全獨立而後獲盡其用』，我看就指第一義說的。李石岑先生說『美育之力隱隱代德智體三育而有之』是指第二義說的……至於教育者所謂『美的教育』多指第二義。」

此爲分析美育設施有獨立與附麗之別。他又說：

「主張把『美育』作爲統罩的或過重的教育目標，我看持有下列兩項理由：（一）「美育」給我們精神最後之滿足，而教育第一義，卽在誘導人生使之嚮於精神發展之途以進；（二）「美育」給我們道德上一種涵養和感化，如蔡先生說的，「純粹之美育，所以陶養吾人之感情，使有高尚純潔之習慣，而使人我之見，利己損人之觀念，漸消沮。」

『否認美育爲統罩或過重的教育目標的人，對於以上兩點，先有疑問。第一，在現在的時代，社會講教育，是否以精神發展爲惟一正鵠？第二「美祇爲美」的運動，原在使藝術中不攙雜理知和道德分素；所以藝術家，也儘多非科學非道德的。美情涵養，是否必常有道德的效果？他們所以否認這教育觀的理由有三：（一）這目標是主觀的。吾人生活於此自然美人類美藝術美之中，實不能一刹那間不受美之刺激，但是人生環境的刺激，不限於美；對於美的刺激的反應，也人各不同。成年人感受的美，兒童未必同樣感受，藝術家欣會的美，凡眼未必能同樣欣會。這樣主觀的一個東西，不能作爲教育全體客觀的主標。（二）這目標是畸形的。人生活動，職業的居了大半。美育是種暇逸教育(Education for Leisure)不能概括教育的全部。(三)單提這目標，是不合現在中國的時代和社會的需要。西洋美育論，是實利主義過盛的危言，是文明過於機械化的反響。若現在的中國，貧財但見消亡，生計頻於破裂，教育家若不肯忘情於社會，也該快設法用教育來改造物質的環境，圖謀物質的樂利了。教育家眼看着可憐的中國人，禱祝他們能「希求興趣之人生，」却不由得垂涕而道的向他們說：你們快先努力正大之人生，人生是要緊呵！』(1)因此他以爲『任舉一種目標，要概括教育全部，總有些牽強，』而主張照美國史奈鈍(Snedden)底意見，將美育放在文化教育之中。他這種議論，很能確切規定美育底限度，而美感在教育上的地位也由哲學的而入於科學的。他作此文，原是有感於教育雜誌上李呂兩人底議論而發，雖然在實際上不曾發生什麼影響，但在理論上却已進步不少。

以上都是些關於美育的原理，具體的實施方法以蔡元培與呂澂兩人所論

1. 新教育第四卷第五期

爲最詳。蔡於民國十一年六月教育雜誌上發表美育實施的方法一文根據他以美育爲教育上最重要的目標的見解詳述家庭、學校、社會三方面的設施方法，其大要如下：

家庭的美育方法——第一步是美的胎教：有孕的女人入胎教院，胎教院底地方、建築、設備均須有優美的采色，使孕婦完全在和平活潑的空氣裏面過生活，不使各種不良的刺激影響及孕婦而間接及於胎兒。第二爲家庭美育：孕婦養兒以後，變遷到公共育嬰院，院中設備力求美化，院內成人底語言動作須有適當的音調與態度，以爲兒童模範，衣飾也要一種優美的表示。

學校的美育方法——幼稚園有舞蹈、唱歌、手工等美育專課，不用枯燥的算法與語法；中小學有音樂、圖畫、運動、文學等科目，中學時代更須選取悲壯滑稽的著作；中小學之其他一切學科也都要隨時利用其與美感有關係的資料以陶養學生底美感。大學則設美術專科如音樂、美術、（包含建築、彫刻、圖畫三科）戲劇、文學等；就是其他非美育專科的學校底建築式陳列品都要合乎美育的條件，更

可時時舉行辯論會、音樂會、成績展覽會、各種紀念會來普及美美、

社會的美育方法——首從專設的美育機關起，如美術館、美術展覽會、音樂會、劇院、影戲館、歷史博物館、古物陳列所、人類博物館、及博物學陳列所與植物園動物園；次爲地方的美化，如道路、建築、公園、名勝、古蹟、公墳、均須含有美育的觀感。

這種設施的方法，雖然範圍很廣，但並不是烏託邦的幻想，最大部分都是歐美文明國已有設施。

呂澂於民國十二年五月敎育雜誌上發表中學校的美育實施一文，專論學校中的美育設施，他先立定五種根本條件如下：

『其一，認一般敎育當以美育爲其骨幹，學校的美育於現今一般美育的實施上最爲急務，而中學校的美育於其間尤有重大的關係。

『其二，因爲完成中學校的美育於敎學的方面須酌量改革藝術科的敎法，使能直接養成學生底美的態度，漸由美的享樂、創作而進於美的人生觀；又須盡量聯絡能和藝術發生關係的學科敎授，務使多有美的態度之機

會，且保持全校教授上面的統一。

『其三，對於訓育方面須以美的陶冶爲主，而隨時加以指導；又須使學生以協力養成美的趣味，實踐道德，以至於有純粹的品性和健全的人格。

『其四，因教學訓育所必需，對於設備方面務求不違背美的原理，時時處處都能給教學者以便利，且於無形之間能涵養美感。

『其五，任教授和訓育者務期其能利用極眞實的態度而由人格的力量感動學生。』

因此，美育所涉及的方面很廣，而訓育與教授的關係尤深，他曾作一圖示之如下：

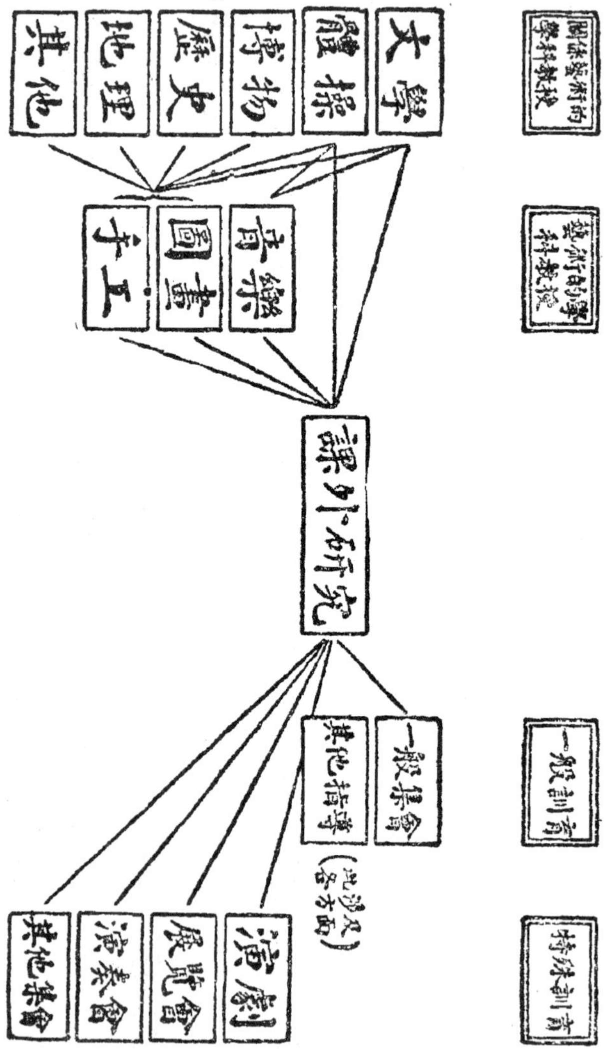

美育實施應有一種主持的總機關由校長教職員等組織之，定名曰美育會議，議決關於實施的方案與研究美育原理。此會議決之案件全體人員均須負責，其組織上之關係如下圖：

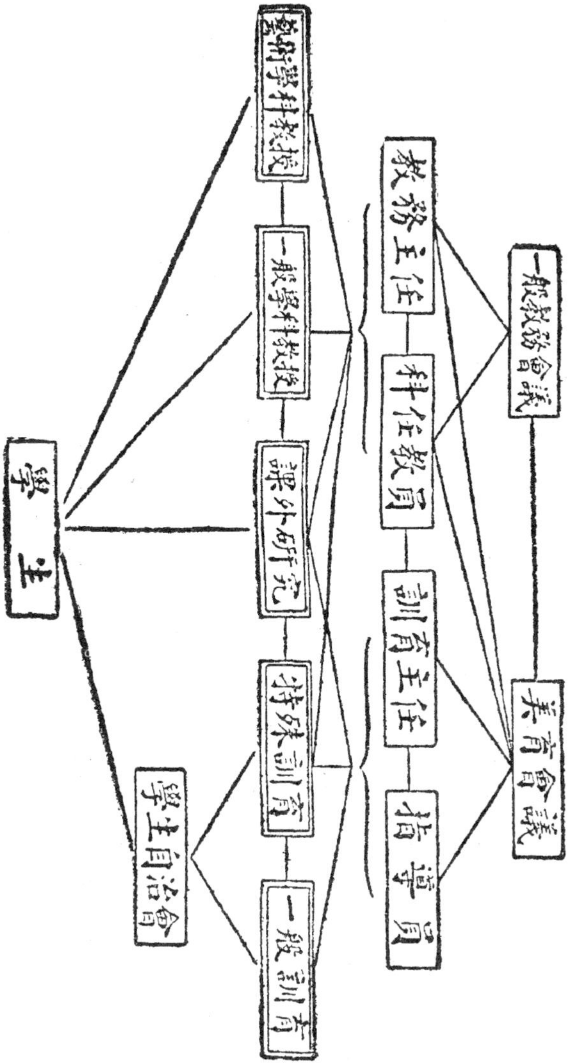

他這種計劃雖說只限於中學，但學校美育實施的方法與原則都詳備無遺，十餘年來言學校全般之美育設施方法者，實以他此文為獨到。

自民國十一年以後，在全國教育界歷史最長，銷路最大的教育雜誌既以提倡美育為唯一的職志，於是該誌常有關於美育的文章發表，教育界因他種思潮的激盪（後詳）與該誌主持者之提倡，遂蔚成一種思潮，十一年而後，集合全國教育界人士於一爐的中華教育改進社年會都有美育組，每次均有提案若干。雖然該會每次都只在集合若干教育者爲蜂哄的討論而不注意於實際的設施，但十一年以後美感教育思想發展的情形，却可於其提案之言論中見之。

自十一年至十四年的四年間，教育改進社年會關於美育之提案二十件，通過者十六，其思想的傾向可別爲三大類：第一類爲普及卽於普通教育中儘量推行美感教育，於一般社會上設置美術館及多開美術展覽會等：如十一年之欲求美育普及宜設美術院案，十二年之各省應設美術品陳列館案，十三年之各省設立美術館案，十一年之請政府增設國立美術展覽會案，十四年之舉辦全國美術展覽會案等是。第二類爲應用卽使美術應用於實際生活及各種工藝上，如十一年專門美育以造就專門人材增進美的製造以供國民之賞鑑爲目的案之第二項辦法，主張工業學校增加美學及美術科目爲通習必修科，十二年之高級中學每省至少起首有美術或美術工藝兩校逐年增設一二校案，十三年之高級中學必設藝術科案等是。第三類爲存古卽設立機關保存中國固有之藝術品如十年之欲求美育普及宜設美術院案十四年之組織中華古美術品調查委員會案請山西省政府保護大同雲國石佛寺案等是。

美育何以要普及?他們說:

『今日中國青年之道德日趨於卑下,志趨日流於齷齪之境者,蓋無高尙純潔之美育爲之涵養、爲之引導故也。(新教育第五卷頁514)

『……美術之爲物能涵養國民思想,使之高尙:嘗見學生在校求學之時,其日常生活尙有秩序,其思想亦頗正當,一旦離校,則多至墮落,此何故乎?蓋社會缺乏美術之設備以助其精神發達故耳。若吾人遊西人之都市或入其公共場所及官衙學校議院等處,惟覺其地之優美,使卑鄙之志頓減,非地能移人之性也,蓋其建築及大小器物均含有美術性質:美術之爲物,豈可輕視之哉!』(同上頁520)

『今日學者常說美術代替宗教,實則美育普及,則迷信自破,無所謂宗

教，自無所用其爲替代也。』（同上頁518）

美育何以要應用？他們說：

『美術非工業不能宣傳，工業非美術不能發達。』（同上）

『社會、家庭、建築、製造、服飾、消遣各方面無不應用美術。』（新教育第七卷頁271）

『以言職業，則法之繪畫，德之版印，皆足以利及民生者；以言重要，則爲社會精神之所繫，尤爲急務……藝術之足以維繫社會，大有利於社會也，職業之重要者也。』（同上第九卷頁598）

他們對於保存中國固有藝術品的意見說：

『我國美術發達，自古迄今，班班可考。固由國民性質使然，亦由於提倡有人，故成績因可表見。古者帝王崇尚美術，或蒐集名蹟，或闢畫院，延攬獎勵美術家種種辦法；帝王提倡於上，一般之社會承風於下，勢力雄厚，人材蔚起，今日得覩古蹟美術上之有榮光者，皆由於爾時提倡獎勵之功之所賜也。比者百年以來，國家多故，此風幾於湮沒，鉅匠名手，稀如晨星，識者爲之興歎，而外國人之考求東方美術者，無不慨想古昔之甚，況古蹟之足珍。而近世以來，此風消沉，不獨不能發展，且有不能保存之勢，爲可惜也。歐美各國，對於美術，極意尊重美術人材，極力獎勵美術館畫院等國家不惜鉅資，經營設備，吾國人之遊歷彼邦者，莫不艷羡稱道之。且吾國古蹟美術品，亦代爲之保存，而吾國固有之文物反弁髦視之，致使國民不能自數家珍，不知美術爲何物，無乃太昧乎！』（同上頁514—5）

30. 影響

從實用主義的教育家看來，美育是饑不可食，寒不能衣的東西，雖然理論上有些人提倡，實際是不會發生大影響的。但從民國十餘年的往蹟看來，美育在教育實際上的影響並不亞於其他各種教育思想，甚或過之。茲先臚列幾件最顯明的事實，再推論其所以較大的影響的原因。

民國教育制度是由清末的現行教育制度遞嬗而來，即各校課程亦多與清末所訂者無大出入。惟有普通敎育中之藝術課程則有很大的差異。在科目上，清末之中小學固無音樂一門，卽圖畫亦係爲應用而設。民國初元公布之中學令施行細則，均有音樂、手工、圖畫的美育科目，而且均以美感爲目的。國民學校令施行細則之敎則說：

『手工要旨在使兒童製作簡易物品，養成勤勞之習慣，審美之興趣；……圖畫要旨在使兒童觀察物體，具描寫之技能，兼以養其美感；……唱歌要旨在使兒童唱平易歌曲以涵養美感，陶冶德性。』

關於藝術科目的課程時間，在國民學校中約達全體八分之一，高等小學約達七分之一，中學約達十分之一，較之清末普通敎育中除女子師範外藝術科目只有以應用爲目的之圖畫一科，而其時間不及二十分之一者，在數量上已發展不少。

十一年新學制公布以後，全國敎育聯合會擬訂的中小學課程綱要，小學藝術課程達全體百分之十八（合音樂），中學約百分之八，在小學的數量已大增加，中學校的藝術也以美育與應用爲對立的目的。

這是美感教育思想在普通教育中所發生的影響。在特殊設施上，上海的美術專門學校成立於民國初元，該校畢業之男女學生出而至各省設立美術學校者爲數不少，北京亦於民國七年由國家設立美術學校，十一年七月並改爲美術專門學校，在學制系統上另闢一新領域；而七年二月教育部並准於直轄學校教員出洋研究者二十四名外，留額四名選派學習美術音樂等科，十六年國民政府，之大學院設美術院，音樂院，教育行政者對於美術之重視於此可以見之。至社會上對於美育的觀感在五四以前雖無特別的讚賞，但亦無人反對。五四而後則已蔚爲一種思潮，各地美術學校，固多相繼設立，對於美術的觀念也和從前不同：就是昔日所認爲最不合體的模特兒(Model)亦在各美術學校中任人寫作；雖然頑舊的當局也曾有所干涉，但終因社會上一般思潮之轉移而莫如之何。這是美感教育思想在美育獨立設施及社會上所生之影響。

中國改行新教育之動機原在變法圖強，故清末的教育思想，均不能超越現實世界底藩籬，而民國初元經蔡元培底提倡美育，竟在實際上發生較大的影響，其原因約有三端：第一是美育本身底功能：美感教育原以提倡無人我、超利害爲旨歸，美底性質也就是無人我，超實利的；惟其如此，所以無論怎樣提倡，在實際上都不會如軍國民主義的教育那樣易於引起爭端，因而不甚爲人斤斤較量：思想之與此相合者固然樂得贊同，不合者亦因無利害衝突而不必爲急劇的反對，所以十餘年來，此種思想能不斷地順利進行。第二是政治底助力：蔡元培雖然以提倡美育爲其終身事業中一件大事，但在民國元年的時候他却是一位負全國敎育重責的教育總長，他底言論的勢力固然要因其地位上的關係而與他人不同，他底地位也足以實現其主張。所以他底理論能於民國初元在普通教育中實現一部分。十六年任國民政府大學院長更特設美術院音樂院以實現其主張。第三是時代思潮的激盪：蔡元培十餘年來常有提倡美育的文章發表，但在五四以前，社會上竟少反應。自經李石岑在教育雜誌上提倡以後，美育思想遂普及於一般教育界，李石岑底提倡與教育雜誌底發行力固然很有關係，而五四後的大同思潮却有更重大的關係因爲五四運動而後，中國底舊文化固然發生重新估價的問題，而清末以來的功利主義的教育更不足以敵歐戰後的國際思潮，於是外國的種種思想也因固有思想的解放與新思想的要求而輸入美的教育一經提倡便沛然盈溢於一般教育者之腦中，而普及於一般社會。倘若沒有五四運動作背景，教育雜誌之倡導，縱不如蔡氏在民國八年以前所得的結果，也決不會蔓衍得如此之快。

根據此三種原因，所以飢不可食寒不能衣的美感教育思想，竟能在教育實際上綿延地發生些較大的影響。

美感教育思想固曾發生了影響，而且不如其他的教育思想有什麼「負」影響，倡美感教育的人，似乎當知所止了。可是照着提倡者底本意以無人我超利害爲美育底職能，則美感教育在現代中國的教育上也可以說是毫無影響：因爲無論在個人方面或在社會方面，都不輕易看得見這種功效，而且民德反有日趨卑劣的現象；就是社會上具體的美的設備，也未見得有若何改進。所以若有人問

現在還當提倡美育嗎，我敢舉就麗底一首新詩爲答：（見教育雜誌十四卷六號）

「頭痛醫頭，脚痛醫脚；
　慢說現時美育用不著！
　中國全身都在疼痛中，
　　美育也是治一部分的靈藥。
你說是「衣食足然後禮義興」
　美育不能當飯吃，　當衣著。
　然而多少飽食暖衣的大人先生們，
　　「坐於塗炭」而不知齷齪！
都由美感太疲麻，
　人生蹩蹩無可樂；
　　又何怪日長無事的太太們，
　　　懷着胎兒叉麻雀！

唉！可憐的人生呀，頭痛醫頭，脚痛醫脚，

誰說美育現時用不著！』

第十一章　大同教育思想

31. 背景

現在，世界固不曾大同，將來是否可以大同，也無確切的論證，然而希望大同的心理却是人所同然：無古今中外之分。這種希望也如宗教信仰一樣，雖然明知其不能見諸事實，然而許多人却情不自禁地要信仰牠，是由於人生底究竟問題，無法解決，只得希望有全知全能的神明解決之。教育家之希望以大同主義的教育使世界大同，也是鑒於現在社會上的種種苦痛，——如軍國主義資本主義所產生的戰爭侵略的弊端——無法解決，而希望用教育的方法建設一種最自由最合理的世界，以解除現實的困苦。

就中國改行新教育制度的動機以及改行新教育以後的國勢看來，本可以不產生大同教育思想；因爲自鴉片戰爭而後，中國在國際上無處不受壓迫，國人圖强之念已無時或已。然而竟有這種教育思想？第一個原因自然是出發於希望解除苦的公共心理，第二是國際壓迫的反映，第三是中國人和平根性的表現。現實世界不論是好是壞，人類對之總是不能滿足的，這是人類底特性，也是大同理想自有史以來卽存在於明達者心意之中的重大原因。中國人素尙王道的，在政治上常非法家底法制，而重視儒家「爲政以德」的辦法，在教育上則以明明德於天下爲唯一的目標，而以正心誠意、格物致知的方法出之，不主張「爭民施奪」；所以無論武人內亂到怎樣的程度，平民總是希望和平。中國人底生性既是這樣地愛和平，而國際帝國主義底壓迫，又無法抵抗，於是乃更從反面希望世界大同，以減輕自己的苦痛。

因此種種原因，大同教育的思想，竟在中國新教育歷史中時隱時現地綿延數十年。

32. 變遷

在近代中國教育史中首倡大同教育者爲康有爲。他在淸光緒戊戌以前，著大同書根據禮運：『大道之行也，天下爲公，選賢與能，講信修睦，故人不獨親其親，不獨子其子，使老有所歸，壯有所用，幼有所長，鰥寡孤獨廢疾者皆有所養，男有分，女有歸，貨惡其棄於地也，不必藏諸己，力惡其不出於身也，不必爲己……是爲大同』之說，衍其條理，分論大同之世的各種政制。全書計數十萬言，惟他以爲今方爲「據亂」之世，只能言小康，不能言大同，故秘其書而不宣，知者惟其少數弟子。後雖在不忍雜誌中刊布甲乙兩部，但只全稿三分之一。在乙部中雖曾將其理想的社會列表詳示，但無關於教育具體的方案。其弟子梁啟超曾於清議報中著康有爲傳，有言及其教育理想者摘錄如下：

『（甲）種族改良……女子平日當受完全之教育不待言矣，……而又必定市廛鄉宅之地，使各有別，凡居室不許在城市工場塵溷之地，使其有清淑之氣，而政府又別置各種旅館於山水明秀之諸地，以爲士女行樂之所；令其受生之始，已感天地清明之氣；及婦人之有身也，即入公立之胎教院。其院尤必擇勝地，院內結構精雅，陶養性情之具無不備，有名醫以司理其飲食調節其運動，有名師間日演說，以熏善其德性。他日胎教之學，日精一日，則人種自日進一日。

『（乙）育嬰及幼稚教育：育嬰之事，必由公局，父母不得與聞，固由破家族之累，亦因養子之學非人人盡能，不如專門各家之爲愈也。公家立育嬰院，與胎教院相連，孩童一生，卽移斯院，院內保母皆專門此學，終身以之。兩三歲後，移於幼稚園，受幼稚教育。

『（丙）教育平等：欲使人類備大同之人格，則教育爲第一義矣。自六歲至二十歲，皆爲受教育之時期，無論何人，皆當一律。今各國惟小學年度，必須受學，著爲功令，其中學高等學以上，則任人自由。蓋子弟爲父母所有，其父母境遇不同，無能强也。若大同之制，則世界自敎其後進，凡任公家教育之職者，皆有全權以主持之，必不可使有畸輕畸重。如是久之，則人類之智德，可以漸臻平等矣。凡自二十歲以前，一切舉動，皆受先輩所監督，分毫不許自由。』(1)

1. 清議報全編卷八，頁27—8

他這種理想第一項屬優生學，第二項爲兒童公育；第三項則烏托邦社會主義的教育理想。他於三十年前卽無所因襲，見到此地，其思想不可不謂超人一等。但他自己則始終謂當以小康之義救今世，對於政治及社會道德，都以維持舊狀爲職志，卽對於其子弟之欲宣傳其大同之說者，亦極力阻止之，故其思想很少爲一般人所知。

民國元年，蔡元培底新教育意見，其中論世界觀之教育一段，（詳美感教育思想章）亦含有大同主義的意義，不過論而不詳。

六年因孔教問題而牽及教育方針，高一涵於本年一月在新青年二卷五號上發表一九一七年預想之革命一文，謂近日從專制思想中演出賢人政治與孔教爲修身大本之憲條兩大盲說，非極力擴清不可。故主張一九一七年從事於政治精神與教育主義之革命。他論教育主義說：

『夫教育主義大別不外二種。一隸屬於政治者，一超軼乎政治者，國家而以官治爲中心，其制度含有專制性質者，往往以政治勢力左右教育。故教育主義，純粹隸屬於政治範圍之中。國家而以民治爲中心，其制度含有共和性質者，往往任人民自由選擇，聽其趨向以爲教育之方針。故教育事業，全超軼乎政治範圍而外，軍國民教育，實利主義教育，及公民道德教育，屬乎前者。世界觀教育，世道主義教育，屬乎後者焉。

『曷言乎世界觀教育？世界之種類亦有二。一曰現象世界，前者以謀現世幸福爲鵠的，後者則以謀究竟幸福爲鵠的。前者有空間時間之關係，後者則無空間時間之可言，前者由於感受，後者全恃直覺。政治者，由人類所感受之刺激，爲一族一國之羣衆謀現世幸福之謂。教育者，由人類一己之直覺，爲普遍世界之羣衆謀無終無極之究竟幸福也。故强使世界觀教育，俾隸於政治範圍之下。其違背教育主義者二：一爲空間之限制，卽縮小教育範圍，使僅及於現象世界中一族一國之人；一爲時間之限制，卽減短教育功用，使僅謀現象世界之現在幸福也。人不能有生而無死，國家不能有存而無亡，現世幸福，隨死亡以消滅。以不生不滅之人生，於無始無終之實體中，而僅僅以謀隨死亡而消滅之現世幸福爲鵠的，若而人生，若而世界，有何價値之足云。此世界觀敎育所以爲世界人生之最終斷嚮而超然於政治之表現者也。

「曷言乎世道主義之敎育？夫合無始無終之時，無窮無極之世，與有生無生之物以成世界，則所謂世界，卽非一時一地之有生物所得專焉者也。矧人類特爲生物中之一種乎。論者動曰人道主義，爲世界之究竟。不知人道主義，特以人類爲範圍。不過占世界生物中之一部。謂爲人類之究竟，猶且不可，況謂爲世界之究竟乎。敎育者，以合宇宙萬彙有形無形有生無生之全體爲範圍者也。限以有生有形，已嫌其偏，何況更限於人類。設再以政治之潮流爲敎育之標，則更以人類一種族一國家之事，爲實體世界無始無終不生不滅之眞實人生體也。此人道主義之敎育，所以不若世道主義之敎育尤爲範圍普遍，萬彙咸周之道而爲敎育主義之究竟也。」

他第一段的議論與蔡元培新敎育意見中所言無多差別。第二段謂「由人類之直覺爲普遍世界之羣衆謀無終無極之世界幸福，」則較蔡氏「不以一流派之哲學一宗門之教義梏其心，而惟時時懸一無方體無始終之世界觀以爲鵠，」進一步；蓋一爲自動的創造，一爲被動的解脫也。至其論世道主義之教育則更由人類及生物，不僅在超軼政治而已：這種主義，近世教育家實無人道及，他可稱爲教育主義上的超人了！

八年歐戰告終，國際和平之說大倡，教育部組織教育調查會，以調查審議教育上之重要事項爲目的，該會會員沈恩孚蔣夢麟因歐戰後軍國民主義教育不合民本主義，民元公布之道德、實利、美感、世界觀諸項已經太複雜，未易適從，而提議以「養成健全人格，發展共和精神」爲宗旨，其立脚點固民治主義也。斯年全國教育聯合會則以爲「新教育之眞義，非止革改教育宗旨，」「應覺悟人應如何教，」而不必研究如何教人，而主張廢止教育宗旨，宣布教育本義。雖然擬請教育部宣佈的教育本義，仍爲教育調查會所議決的兩句話，但「人應如何教」的思想，固超軼國家（不說國民而說「人」）的大同主義，所以此議案亦可爲大同教育思想的一種支流。

歐戰而後國際和平的聲浪雖然哄動一世。但軍國主義與資本主義的進展仍和從前無異，於是一部分教育者由國際和平的聲浪與國際壓迫的事實兩重矛盾的狀態中發現大同主義的希冀。代表此種希冀者，爲常乃悳、舒新城、沈仲九、陳兼善等於十一年發起的教育改造社。此社原定假上海時事新報的附刊出一種教育旬刊鼓吹他們底見解，後因他種事故不曾發行，該社也無形消滅，但教育旬刊的宣言却由常氏草就（宣言中的意見亦以他爲主），現在還列在他底全民教育論發凡底附錄中。他述他們主張教育改造的原因說：

『幾千年的教育，祇是少數人的專利品，虛榮的裝飾物，特殊階級的擁護利器。自家族主義、部落主義、貴胄主義，以至於現代的軍國主義、資本主義，都很巧妙地利用教育以擴張他們底勢力，維繫他們的地盤。幾千年來的教育家無形地變作特殊階級雇用的工人；這些可憐的被雇者還要創出些可憐的學說，可憐的制度，用以牢籠後代的青年。幾千年的教育，祇是被拘禁在這樣幾個狹的籠裏邊，從家族主義的籠，到軍國主義資本主義的籠。他們永遠不想伸頭到籠外去，呼吸一呼吸自由創造的空氣，幾千年來的教育學說，教育制度，祇是無形地受着必然的社會組織的壓迫，和暗示所造成的原產物。他們常是隨在社會之後，沒有走在社會之前，他們祇是社會的順民，不是社會的諍友。他們縱然有時也偶然碰到些自由創造的思想，但還是籠以內的自由，籠以內的創造。』(1)

並提出八條原則以爲改造的目標，其前二條則全爲大同主義的思想。原文說：

『第一，我們相信：要撤消民族上、地理上種種的隔閡誤解，必須於教育上，先剷除這些隔閡誤解的種子；因此我們主張改造後的教育，是世界的，不是部落的，一切軍國主義的人造的溝牆，應當根本打破。

『第二我們相信：要實現眞正的社會平等，必先使社會上各個人，都有受平等教育的機會；因此我們主張改造後的教育，是人類全體的，不是特殊

1. 全民教育論發凡頁220—1

階級的。一切有利於官僚階級，資本階級的制度，應當盡力剷除。』(1)

以後他曾作論文數篇發表於民鐸雜誌伸述其理想於全民教育論發凡中述其理想的社會教育國說：

『在一個廣的社會中，這社會被許多科學的發明所幫助，得到的緊密而連接的關係，感到了彼此無比的親切；在我們這社會中到處都充滿了教育的意味——環境教育——我們可以隨時在一里半里之內，得到一個豐富的小圖書館。我們可以在十步五步之內，找到一塊甜美的小公園。我們在每一個村落間，都可以找到有科學家在小小的實驗室內工作。我們在每一個街市間，都可以找到有藝術家在窄窄的藝術場內表演。我們可以藉無線電話的力量，不出門而聽到大音樂家的奏技大宗教家的說道，大學者的講學。我們可以藉無線電報或其他交通利器的力量，於半分鐘內得到了萬里外世界公立大圖書館內我所需要的珍藏的書籍。我們可以藉光學的發明，在天空中看到了當日的全世界新聞。我們可以藉電相與影劇結合的新發明，在每家的牆壁上看到了萬里外所欲看的大戲劇院的舞蹈。我們不要熱鬧翻天的大都市了，全世界便是一個大都市。我們不要烏烟瘴氣的大工廠了，全世界便是一個大工廠。我們的農田同時便是我們的校園。我們的街市同時便是我們的博物館。我們的人每日裏有正當的工作，正當的娛樂，也有正當的學習，——自然也有每人應得的正當的麵包嘍。——我們的學習機會是隨時隨地都可得到的。那什麼簡陋的補習學校，簡直是博物館裏的標本。我們的小孩子，也不要進什麼牢獄的學校了。他可以從到處聽得見的談話中得到了正確的言語智識，從到處看得見的標本中得到了正確的文字智識，——自然只有文字中基本的二十八個字母，（以世界語來說。）十六條文法是需要人教的，別的都可以從習慣中去學習了。——從豐偉廣博的博物院或大影戲院中，得到了正確的歷史智識，從半點鐘內環遊地球的飛行中，得到了正確的地理智識；從隨時隨地的田園中，得到了正確的博物智

1. 全民教育論發凡頁227

識，從隨時隨地藝術生活中得到了正確的審美智識，此外如同倫理道德以及算術幾何之類，自然更易從日常生活中學習的嘍。我們倘若對於某一種學術意欲爲精深的研究呢？那麽，或者坐上飛艇立刻到某地的研究室中隨着某大學者去行作實驗；或者更舒服一點，坐在家中隨便打個無線電話，自有世界公立大圖書館同極快的傳達器，替我們送來所要用的書籍儀器，或者隨手撥一撥墻上的電話機，便可以與千里外的某大學者談話。倘若是從事於職業的呢？那自然某一種職業卽是某一種的職業學校。我們在工作上隨時可以得到學習的意味。這樣學來的智識，才是確實的不像現在學校的樣子，一出校門便什麽也忘記了。到這個時候，我們自然不需要什麽學校了。我的全社會，便是一個大學校。我們從受胎到涅槃，生於斯，長於斯，死於斯，工作於斯，娛樂於斯，學習於斯。我們一輩子過得是學校生活，也就一輩子過得是教育生活。但這個學校生活，卻不是現在那樣背家庭、離鄉里、埋頭書本，乾燥無味的學校生活。』(1)

他這種思想雖不如高氏世道主義之教育「澤及蒼生」，但其爲烏托邦的思想則與高氏無異，因爲他的藝術的描寫，只能在藝術家底想像中全部實現，而不能望眞正有此種現實世界也。

總上所述，除教育聯合會「人應如何教」的思想爲大同教育底一種支流外，我們對於康高常三人大同教育的思想可以共產的、泛生的——不是生物學上之泛生——藝術的三個區別詞以別之。

33. 影響

大同主義的思想，其發源固由於人心之所同然，其實際則爲不易實現的理想。故要在實際教育上尋求這思想的影響，卻比較他種思想爲難。

康有爲底共產的大同教育，世界上社會主義的共產派雖常有人說到，但他底理想還未曾在世界上的任何國實現（蘇俄曾有兒童公育的法規，但未實行）中國更說不到。高一涵底泛生的大同教育，與常乃悳底藝術的大同教育更純

1. 全民教育論發凡頁96—8

屬一種超人的理想，在現實的世界中自然不會有實現之日。所以眞正的大同敎育思想，在近代的中國中完全不曾發生過影響。

但這種思想底支流，（八年全國敎育聯合會「人應如何敎」的廢止敎育宗旨宣布敎育本義之議案）却因民治主義底反映而使中國敎育界發生一些浪漫的自由的行動（取消軍民敎育主義與自由實驗敎育方法，隨便提出敎育主張等），不過終以敵不住環境的壓迫而延時不久。十一年而後，國家主義敎育思想（參閱該章）發生而後，此種思潮卽逐漸消沈下去，而主張大同敎育最力的常乃悳亦拋棄其舊日的主張，而從事於爲國家主義的運動（見全民敎育論發凡常氏自跋）。今而後，此思想的前途更難於推斷了。

第十二章　職業敎育思想

34. 背景

民國初元敎育者鑒於新敎育之不切實際，因提倡實利主義敎育；二年因普通敎育之不切實用，乃進而提倡實用主義敎育；但結果均於事無補。不獨普通敎育不能應社會上的實際需要，即以職業訓練爲目的之實業學校畢業生，亦不能治生。加以內亂方盛國內經濟能力既不能照常發展，國際資本主義底壓迫更不能避免國計民生，日趨窮蹙，社會上既感治生的職業之需要中學校學生因各級教育不爲比例的發展與經濟能力之限制而升學者日少，亦非提倡治生之職業教育不能濟其窮。此時又值歐美職業教育的思想傳到中國；於是數因相併，而職業教育自民六年以後，便一日千里地發展。所以要提倡職業教育的原因，六年十月發刊之教育與職業雜誌，黃炎培所作之中華職業教育社宣言說得最詳。他述當時中小學生升學之情形說：

『甲寅之秋，同人有考察京津教育者，某中學學生數百人，其校長見告：吾校畢業生升學者三之一，謀事而不得事者二之一。乙卯丙辰兩歲，江蘇教育會以畢業生之無出路也，乃就江蘇公私立各中學調查其實況乙卯升學者得百分之二十三，丙辰得百分之三十九；此外大都無業，或雖有業而大都非正當者也。今歲全國教育聯合會各省區代表報告：則升學者僅及十之一；

或不及十之一；若夫高等小學，今歲調查江蘇全省畢業者四千九百八十三人，而收容於各中等學校者不及四之一；此外大都營營逐逐，謀一業於社會，而苦所學之無可以爲用者也。』

『或曰：此之所云，普通學校耳。則試觀夫實業學校、專門學校，有以畢業於紡織專科而爲普通小學校圖畫教員者矣；有以畢業於農業專科而爲普通行政機關助理員者矣；甚有以留學歐美大學校專門畢業，歸而應考試於書業機關充普通編譯員者矣。所用非其所學，滔滔皆是。雖然，此猶足以餬其口也；其十之六七，乃並一噉飯地而不得。實業學校畢業者且然，其他則又何說？然則教育幸而未發達，未普及耳，苟一旦普及，幾何不盡驅國人爲高等游民以坐待淘汰於天演耶？曩歲同人鑒於教育之不切實用，相與奔走呼號，發爲危害，希圖教育當局之省悟。今則情見勢絀，無可爲諱，蓋既不幸言而中矣。』

黃氏於二年曾力倡實用主義教育，四年與游美實業團至美考察教育，感於歐美實用教育之與治生聯成一氣，乃更進而提倡職業教育。他在本宣言中又說：

『今歐美之於職業教育可謂盛矣！德國一職業學校，分科至三百多種；美國黑人實業學校，凡房屋以及房屋之磚之瓦之釘，屋內一切家具馬車以及車之輪之鐵之磚之油幔、馬之韁及馬之豢養、御者之衣及履，食物如麵包，以及製麵包之麥之粉若牛肉若牛油若雞蛋、若牲畜之豢養及屠宰，無一非出學生手；凡歸自歐美者莫不豔稱而極道。然試考其發達之源，英僅自一九零八年蘇格蘭設職業教育局始；美僅自一九零七年波士頓設少年職業顧問所始。其後經輿論之贊成，極一時之響應以有今日。』

他於宣言後又附本社宣言餘義二則說：

『其一，職業教育者，盛行於歐洲，漸推於美國，而施及東方，萬非本社所敢創，更萬非本社所得私。』

『其二，本社之倡職業教育，非專事推盪世界潮流以徇時尚；誠恫夫今之國家與社會不忍不揭櫫斯義，爲萬一之補救；本於自謀，非發於外鑠。』(1)

由此可知職業教育思想產生之來源有二：一由於國內社會之需要，二由於歐美職業教育思想之激盪。

35. 變遷

職業教育的思想雖然自民國六年黃炎培創中華職業教育社始盛倡於國內，但其來源甚久，清光緒二十九年張之洞奏訂學堂章程學務綱要中謂「農工商各項實業學堂以學成後各得治生之計爲主，」實業學堂設學要旨謂「實業學堂所以振興農工商各項實業爲富國裕民之本計；」其用意與職業教育無殊，不過不以職業教育爲言耳。首提出職業教育四字者，當推陸費逵。他於宣統三年，教育雜誌發刊之世界教育狀況序中，謂「吾國今日亟宜注意國民教育、職業教育、人才教育，以爲『國民程度之高下恃國民教育，國民生計之贏絀恃職業教育，而國勢之隆替教育之盛衰厥惟人才教育。』斯年夏組織中國教育會於京師，並以是三者列入會綱。民國元年蔡元培發表新教育意見，其論實利主義一段亦具職業教育性質。二年陸費逵於中華教育界發表論人才教育職業教育與民國教育並重一文，其論職業教育說：

『職業教育則以一技之長可謀生活爲主。所以使中人之資者，各盡所長，以期地無棄利，國富民裕也。……況興辦學校，需費良多，決非一錢不名之社會所能有事。曠觀中外教育發達之程度，無不視貧富爲比例。而非職業教育興盛，實業必不能發達，民生必不能富裕。』(2)

他於此時提倡職業教育並非無因，實鑒於當時卒業中小者之無所事事，故說：

『中小學校，辦理不得其人，款項又復支絀，因陋就簡，成績不良，升學則程度不足，改習實業則學藝又不足應用；此一因也。教育界之人才款項，兩俱消乏，高等專門學校，寥若晨星，職業學校，更如景星慶雲，亘全國不數見焉，雖欲深造而無升學之所，此二因也。實業界之人才款項，亦甚缺乏，企業者寡，用

1. 教育史料第二冊頁238—43
2. 教育文存頁12—3

人自少此三因也。有此三因，於是教育愈普及，識字之游民愈多，天下可歎息之事，孰有過於此者哉。』(1)

當時中小學校畢業生之無所事事，教育者均曾感到。黃炎培所提倡之實用主義，亦以此事實爲背景，不過社會上的經濟能力，尚非捉襟見肘的時候，父兄之於子弟雖望其學能致用，但還不力求其學以治生；加以黃氏以提倡實用主義爲唯一的要務，陸費不過爲偶發表所見，故職業教育思想竟爲實用主義的教育所籠罩而潛沈下去。民國四年，歐戰方起，軍隊肉搏而外，經濟勢力實爲致勝的重要條件，而國內經濟能力又極不發達，於是有主張提倡職業教育以發達經濟力。陳獨秀於斯年十月在新青年一卷二號發表今日之教育方針列舉方針四項，其第三項爲職業主義：他說：

『現實之世界，卽經濟之世界也。舉凡國家社會之組織，無不爲經濟所轉移所支配，古今社會狀態之變遷，同一步度，此社會學者所同認也。今日之社會，植產興業之社會也，分工合力之社會也；尊重個人之生產力，以謀公共安甯幸福之社會也。一人失其生產力，則社會失去一部分之安甯幸福，生產之力弱於消費，於社會於個人，皆屬衰亡之兆。徵之吾國經濟現象果如何乎？功利貨殖自古爲羞。養子孝親爲畢生之義務，此道德之害於經濟者也。債權無效，游惰無懲，此法律之害於經濟者也。官吏苛求，上下無信，姬妾僕從，漫無限制，此政治之害於經濟者也。並此數因，全國之人，習爲游惰，君子以閒散鳴高，遺累於戚友，小人以騙盜餬口，爲害於閭閻；生寡食衆，用急爲舒，於此經濟競爭劇烈之秋，欲以三等流氓立國，不其難乎！今之教育，倘不以尊重職業爲方針，不獨爲俗見所非，亦經世家所不取，蓋個人以此失其獨立自營之美德，社會經濟以此陷於不克自存之悲境也。』

六年歐戰方酣，歐美社會因戰爭之破壞而發生職業問題，國內因新教育之弊端日顯，對於職業之要求更切，內外相通，職業教育思想乃大倡。

斯年五月，黃炎培等創中華職業教育社於上海，其創立之原因前節既已摘

1. 教育文存頁14

述其大概。他們因中小學畢業生之不能升學與實業學校畢業生之不能就業，因主張以職業教育救濟之。其方式有三：一曰推廣職業教育，二曰改良職業教育，三曰改良普通教育爲適於職業教育之準備。其實施之方法如下：

『……曰調查、曰研究、曰勸導、曰指示、曰講演、曰出版、曰表揚、曰通信答問。其所注意之方面爲政府、爲學校、爲社會；而又須有直接之設施：曰擇地創立都市式鄉村式男女子職業學校，日夜星期職業補習學校：而又須改良普通教育之準備：曰創立教育博物院，迨夫影響漸廣，成效漸彰，又須設職業介紹部：其爲事曰調查，曰通告，曰引導。』(1)

中國自清光緒二十九年改行新教育制度以來，卽有實業教育，黃等不曰改進實業教育而獨提倡職業教育，他們以爲甲乙種實業學校未足以括職業教育而盡給社會分業之所需，且當時之實業學校因「（一）設置拘系統而忽供求，（二）功課重理論而輕實習，（三）學生貧於能力而富於欲望，不能解決生計問題，」故主張溝通教育與職業而對於國民生計問題爲根本之解決。

中華職業教育社之宣言雖然對於提倡職業教育之原因詳說無遺，但職業教育之含義則置而不論，斯年十月教育與職業雜誌上，蔣夢麟曾發表教育與職業一文詳爲解釋之說：

『……教育爲方法，職業爲問題，故曰職業教育。故職業教育無他，提出職業上種種問題而以教育爲解決教育之方法而已。』

『職業，英字曰 Vocation，言操一技之長而藉以求適當之生活也。例如製鞋技也；以製鞋而求生活，則此製鞋卽職業也。製機器技也；以製機器而求生活，則此製機器卽職業也。植菓木技也；以植菓木而求生活，則此植菓木卽職業也。能簿記技也；以簿記而求生活，則此能簿記卽職業也。洗衣，技也；以洗衣而求生活，則此洗衣卽職業也。製機器，工之一也，聚類此者而概言之曰工業。植菓木、農之一也；聚類此者而概言之曰農業。簿記、商之一也，聚類此者而概言之曰商業。洗衣、家政之一也，聚類此者而概言之曰家政。農、工、商、家政、四

1. 教育史料頁242

者。職業中之四大類，歐美各國所公認者也。凡職業中所發生種種問題，不外乎此四大類，故言職業教育，有（一）農業教育、（二）工業教育、（三）商業教育、（四）家政教育之分。』

職業底本義既在『操一技之長而藉以求適當之生活』，則一切教育無不以生活爲旨歸，又何必獨標職業教育以立異？他以爲凡卒業於大學而得一技之長藉以求適當之生活者曰高等專門（Profession），近今所謂職業教育者，中等程度以下爲限，大學不與焉。』故他以爲職業教育之提倡，在於助學校解決一重要問題，非以爲此包括教育之全體。他論學校與職業之關係說：

『學校爲推行教育之機關，故卽爲間接解決國家、社會、箇人、職業及種種問題之機關。學校非專爲職業而設，舉學校而盡講職業教育則偏矣。職業教育爲二十世紀工業社會之一大問題，吾國青年之立身，國家之致富，多是賴焉。舉學校而盡排除職業教育則偏矣。吾輩今日所欲研究之問題，非謂因提倡職業教育，將取文化教育（Cultural Education）而代之也。不過以文化敎育有不能解決之問題，提倡職業敎育，希有以解決之耳。若社會無職業之必要，青年受文化敎育而卽有謀生之能力，則所謂職業敎育者，特贅旒耳。又何提倡之足云。』(1)

斯年十月全國敎育會聯合會並議決職業敎育進行計劃案，其理由與方法雖不出上述各種議論底範圍，但有促設女子職業學校一條，却爲前此所未明白提出者。

職業敎育最初的目的原只在謀生，八年則更推廣至於做人，而揭櫫三大目的曰：爲個人謀生之準備，爲個人服務社會之準備，爲國家及世界增加生產能力。斯年敎育聯合會並議決普通敎育應注重職業科目及實施方法案，列舉男女學校設備敎授練習上種種應注意之點，以補六年提案之不足。自此而後，全國敎育界的公共機關，如全國敎育聯合會與中華敎育改進社開會時，無不有關於職業敎育的提案。民國十年全國敎育聯合會議決之新學制系統案，並確定職業敎育

1. 敎育與職業一期頁2—3

在學制上的地位，而取從前之實業教育而代之。十一年新學制系統經法令公布，職業教育在法制上也有了根據。其含義亦逐漸推廣，職業教育社鄒恩潤在職業教育研究書中下職業教育之定義說：

『職業教育，乃準備能操一技之長從事有益社會之生產事業，藉求適當之生活，——其大目標在培養知力、意志、感情各方面而爲完全有用之人物；質言之，必當培養兒童有自求知識之能力、鞏固之意志、優美之情感，能應用於職業而自謀其生活，同時能進而協助社會國家之幸福，方爲完全有用之人物。』(2)

黃炎培則說：

『凡用教育方法使人人獲得生活上之供給及樂趣，一面盡其對人羣之義務；此教育名曰職業教育。』

他們這種廣義的解釋，可以概括一切教育底功用而無餘，其用意固與最初以謀生爲目的者異，在理論上則反陷於籠罩的謬誤：因爲照此定義，不能再尋出非職業教育之教育以爲對待，而實際上職業教育又不能盡括一切教育也。

十二年黃炎培因青年底欲望與能力不能並進，產生許多困惱，社會也因而不安，乃更簡括職業目的爲『使無業者有業，有業者樂業』要使無業者有業，不能注意於農工商家事等科與實際職業有關的設施；要使有業者樂業，則不能不注意於職業訓練與職業指導。黃氏於十二年在東南大學講授職業教育，曾定下列之職業訓練的理想目標：

I. 各科公共的職業訓練理想：

(1)須令了解職業的眞意義在社會服務；(2)須養成誠實的道德；(3)須養成勤勞的習慣，(4)須養成互助合作的精神；(5)須養成服從的美德；(6)須養成所欲入之職業社會的正當習慣而有穩健改進的精神；(7)須養成是種職業的康健體格並預防因職業而生的病害；(8)凡應用的知識須令十分純熟；(9)須養成對於是種職業的樂趣；(10)須養成其世界觀與人

1. 敎育雜誌十七卷一號職業敎育概說頁3

生觀。

II. 農科的特殊訓練理想：

(1)須保持其鄉村淳樸的風氣；(2)須充分養成其天然的美感。

III. 工科的特殊訓練理想：

(1)須養成精細的頭腦與正確的動作；(2)須養成其美術的意味；(3)須發展其創造的精神與能力。

VI. 商科的特殊訓練理想：

(1)須養成其敏捷決斷的能力；(2)須令熟悉社會情形。

V. 家事的特殊訓練理想：

(1)須養成美術的意味；(2)須養成經濟的思想與能力；(3)須充分授與服務社會的觀念。(1)

十三年中華教育改進社更注意於職業指導，由該社延請專家，製定調查表格，在江浙各省中等學校實行講演，調查，斯年三月該社並就申報發刊之教育與人生週刊發行職業指導專號，詳述職業指導的原理與方法。在他們看來，職業指導底範圍很廣。鄒恩潤說：

「職業指導底範圍，不僅於學生離校後介紹適當的職業；凡選擇職業、預備職業、實際從事職業、以及改進職業等等問題，無不根據實際的調查與分析的研究，與以有效的指導與協助；他的實展時期，自從小學職業準備直達青年離校後確能在職業界自立的時候爲止；所謂確能自立的時候，不是說既得所介紹的職業，就算確能自立，却是於既爲介紹相當的職業之後，還要由指導員時時到青年任職的地方，細問服務的狀況，助他解決種種困難待決的問題；如果他的學力還不夠，還要替他籌劃補習的方法，（這就是所謂『Follow up work』）直至沒有困難，沒有危險，不必指導援助而可以自立，然後指導的責任，纔算完畢。」(2)

1. 陳啟天：中國新教育思潮小史頁15—6
2. 教育與人生二十四期頁261

自民國六年而後，職業教育四字雖已深印國人心中，但其效率則猶甚少，其原因蓋只在職業學校教育界及農工商職業界用工夫，而不能與社會溝通。黃炎培有感於此，於十五年又提倡大職業教育主義說：

『積極說來，辦職業學校的，須同時和一切教育界、職業界努力的溝通和聯絡。提倡職業教育的，同時須分一部分精神，參加全社會的運動。消極說來，就算沒有訑訑的聲音顏色，只把界線畫起來，此爲「職業教育」，彼爲「非職業教育」，已經不行哩。換一句話，內部工作的努力不用說了，對外還須有最高的熱誠，參與一切，有最大的度量容納一切。其實豈但職業教育，什麼教育都該這樣，也許什麼事實都該這樣。這樣職業教育方針，稱他什麼呢，大膽的稱他「大職業教育主義。」』(1)

他這主張，理論上係以廣義的職業教育爲根據，而實際上之效益不顯，則可於此段議論中反證之。

十六年春，國民革命的勢力達到長江下游，因國民黨正綱中有提倡職業教育數字，而職業教育又與民生主義有關係，故中華職業教育社，仍能繼續進行，其機關刊物之教育與職業及生活與職業叢書。亦照常出版，職業教育思想並不因之稍挫。不過在十六年以前理論上除却勉爲民生主義作註脚外，尚無新的發展耳。

30. 影響

中國近代各種教育思想在實際上之影響，無有出乎職業教育思想之外者。第一是在新學制系統中佔了正式而重要的地位。職業教育不獨取從前的實業教育而代之，其範圍反遠廣於中等教育及初等教育後段之正系統。其圖如下：

1. 教育與職業七十一期頁3

「職業教育在新學制上之位置圖

依據十一年十一月一日學校系統改革令

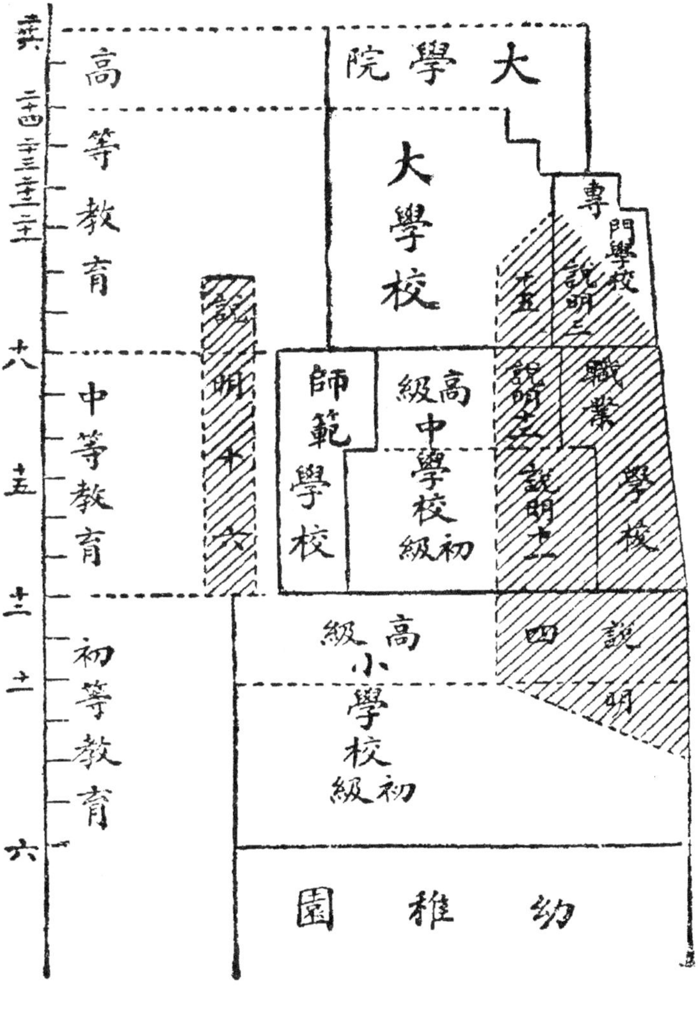

說明四　小學課程得於較高年級，斟酌地方情形，增置職業準備之教育。

說明十一　初級中學施行普通教育，但得視地方需要，兼設各種職業科。

說明十二　高級中學分……農工商……家事專科，但得酌量地方情形，單設一科或兼設數科。

附註二　依舊制設立之甲種實業學校改爲職業學校或高級中學農工商等科。

說明十五　職業學校之期限及程度，得酌量各地方實際需要情形定之。

附註三　依舊制設立之乙種實業學校酌改爲職業學校，收受高等小學畢業生；亦得收受相當年齡之修了初級小學學生。

說明十六　爲推廣職業教育計，得於相當學校內酌設職業教員養成科。

說明二十五　大學及專門學校得附設專修科，年限不等。凡志願修習某種……職業而有相當程度者入之。』(1)

1. 教育雜誌十七卷一號職業教育概論頁6

其次在實施上有很大的成績：自民六黃炎培等創中華職業教育社以爲研究宣傳職業教育之機關而後，即設有中華職業學校從事實際上之實驗。因其創始矜慎，集款有方，此兩機關至今猶在進展。他們於提創之始，即注意於調查引導，故在調查與出版兩方面均有相當的貢獻，而全國職業教育機關的發達，亦非他種教育機關所能及。據十六年五月教育與職業雜誌所載十年度調查結果，自十一年至十五年全國職業教育機關如下表：

年度	十一年	十二年	十三年	十四年	十五年
數目	828	1194	1548	1666	1695

又截至十五年五月始爲止，全國職業學校的種類如下表：

校別	校數
專教農工商家事	846
職業傳習所及講習所	196
中學附設職業科	57
小學附設職業預備科	37
大學及專門設職業專修科	113
職業補習學校及補習科	99
職業教育養成機關	8
實業機關附設職業學校	24
慈善或感化性質之職業教育機關	132
軍隊附設之職業教育機關	6
總計	1512

從第一表，我們知道職業教育日有增加，則此思想正在發展。從第二表十五年五月以前之全國職業教育機關共一千五百十二所，除去最末兩項及小學之職業預備科不足稱職業學校共一百七十五所外，餘爲一千三百三十七所。據中華教育改進社發表十二年四月以前之全國教育調查中等以上學校（連甲種實業在內）只一千一百二十一所，雖然在時間相差三年，而改進社之調查亦不能如職業教育社之精確，但大體說來，職業學校之發展，當亦較他種學校爲速。

就上面所列的事實看來，十年來職業教育思想時時在進展之中，這自不能不歸功於提倡人之處事有方。但其最大的原因，還是社會上的實際需要。中國從前的教育雖然是以無用爲用，但自與西洋交通而後，即感於西洋實業發達爲立國之本，故在清末有西藝教育思想。及光緒二十九年全部改行新教育制度而後，因制度與環境之衝突與傳統觀念，（讀書爲做官）之阻力，藉新教育以謀實事求是之效用未顯，而舊日「治人食人」的弊端對於新教育反而益厲，於是光緒三十二年之教育宗旨以尙實爲言，民元之教育宗旨以實利爲言，民二而實用教育大倡。這些都是國人於當時教育中找不着出路的反映。提倡職業教育者最初以解決生計問題爲號召，正與國人所懸求的潛意識相合，故一發而竟獲社會上多數人之同情；加以民六而後，內亂迭起，民不聊生，無業者固希望得業以「仰事俯蓄」，有業者亦常在恐怖失業中或經濟壓迫下（卽所業不足以養生）過生活，職業教育是否眞能解決職業問題，固是一種疑問，但使「無業者有業，有業者樂業，」却是全國人民潛意識的公共要求。所以職業教育自經提倡而後，雖然在理論上亦有人反對，在實際上則極少阻力：實業界教育界且不論，卽軍人（如閻錫山、唐繼堯、朱熙、）政客（曹汝霖、湯化龍）亦樂於從事。這就是大家感着治生之迫切而然的事情。

職業教育四字雖然是適合國人底需要，在學制系統亦曾得了正式的地位，職業教育機關亦年有增加，但其對於教育上與社會上眞正已解決或能解決的問題何在？却是一個重大的疑問。且不拿他們後來廣義的解釋（做人）相繩，就其最初「謀生」的目的言，又曾達到幾何？中華職業教育社宣言提倡職業教育之原因，謂江蘇教育會調查公私立中學『乙卯升學者得百分之二十三，丙辰得百分之三十九，此外大都無業，或雖有業而大都非正當者也。』然而這種現象，並不因職業教育思想的進展而有重大的改變。十五年八月該社於江蘇職業學校聯合會開會時提出畢業失業問題一案，仍說江蘇『中學一部份自民國五年至十四年間，統計畢業生不升學又不就業者，對於總數所占之百分比最大爲三十六，最小爲二十二，……乃若最近上海郵務生之招考，定額不過數十人，月薪不過數十圓，而應考者在六千人以上。乃至外國留學畢業歸來，昔日歡迎之不暇者，依今屆調查百人中亦有五六十人急切未有所事。』由此看來，可見十年前與十年後之情形無大異。原因何在？他們說：

『其一，供之量過於求之量也。自科舉停廢，政體改革，人人爭出於學校一途，而來源驟增。自政治泯棼，公私匱乏，百業凋敝，而用途銳減。其二，所供非所求也。學校所課，理論爲多，而職業所需，惟求實用，乃至學科或尙博而不專，學程或務高而失實，枘鑿供，良非無因；加以政府少登庸新進之階梯，青年失歷練才能之機會，但覺綑墨之未中而不知培養之無方。其三，供與求不相洽也，此則由於羣治組織未盡完備，消息未盡靈通，僅一二都會少數機關略備媒介之功，而未得行政機關支配調劑之助力，以故有才者日愁失職，而求才者坐嘆才難。其四，則非材能關係而心理關係也；自生計日艱，欲望亢進，自謂有才者，每不肯內審其所操而惟計較職位之高卑，酬金之厚薄；重以新舊過程，蛻化未已，新式機關所培植，不盡適於舊式社會之需求，精神既苦其不調，物質更愁其不給。而供求之際，益起糾紛，同人以爲舊社會之故步自封，新教育之設施未協，亦既分擔其責任，正宜互解其困難。蓋此種種者，幾於人盡能言，事無可諱矣。』(1)

他們所說的種種自然是重要的原因，然而還不是最重要的。最重要的因爲人類是活動的，只要生活上感急切的需要，自會本着求生的本能去解決牠。現在的學校畢業生雖然感着生計的迫切，但所要求的却不是社會上的正當職業，而是歷史上傳統下來足以誇耀鄉里的官。這種傳統思想，其來已非一日，十七年一月二十九日上海時事新報有篇中國人之超人主義的社評，說得很詳明，茲摘錄如下：

『德模克拉西之精神，與吾國民族素少淵源，試翻吾國書史，自周而下，政治久爲少數人之事，國家浸成一姓之私業。史記項羽本紀載項羽竊窺秦皇帝扈從旗仗之盛，而歎彼可取而代也。高祖本紀載高祖一日戲語太公曰：季業與仲孰多？此二語者，蓋可盡中國人之政治觀念矣。雖然，中國社會之習慣，威權常足制勝一切意志者也。絕世怪傑無論起身行伍，崛起草莽，但其智術權力足以駕馭一切，一國之人，莫不翕然奉爲共主；怪傑不世出，而覬覦君國之事，亦不世有。在此時期之中，某種範圍以內，一國士人所與朝夕磨勵而期望者，惟在一姓錫賚之功名富貴，政府所恃爲治平弭亂之長策者，亦惟在「分天下之富貴與天下之豪傑」共之。蘇子瞻所謂戰國至秦出於客，漢以後出於郡縣吏，魏晉以來出於九品中正，隋唐至今出於科舉，彼所謂出，乃出於凡民而入於超人之意也。科舉時代巷里相傳，一登高科榮及奕世，中國社

1. 教育與職業八十期627

會，自來獎進超人主義，固非一朝一夕矣。

『近人某君有言，中國社會之組織，自來爲直線的，而西洋社會之組織，乃爲弧線的。何以言之，中國人幼而入學，少而習科藝，應考試，壯而入官，老而退爲縉紳，社會中之聰明儁秀，咸出是一途，故自入學而入官而縉紳，乃爲直線的。惟西土社會入學不必限一科，各科各有其特殊之長，民間優秀，或出於工，或出於醫，或出於其他技術，不必入官方爲榮顯，亦不必入官始露頭角。士人之儁傑特異者，既散布於社會下層之四周，其社會組織之線，自爲弧線的，則其國家之基礎，焉得而不鞏固。故超人主義之說，即如尼采之言而推演之，其在政治上之流弊，則大之如吾國數千年來之社會，小之如德國罕亨穿倫王朝之二世而亡；其在經濟或社會上，則大之造成蘇維埃式之革命，小之亦足引起經濟界中絕大之不安。凡上所言猶就眞正之超人主義而言，其弊竇雖如所述，然尚不如特長足以稍彌其缺失；若等而下之，全國目光羣集於做官發財，奔走趨蹌，日夜祝禱一官半職，以爲異日享用之地，而猶靦不知恥，日號於人；謂大丈夫得志於時者，所當爲也。嗚呼！是殆變相之超人主義，而成吾土特產之物矣。

『比歲以來，愚漫遊東西，每値政局變革，都會首善之地，闔境逆旅，無不雲集，當世之通人親故窮乏之環而攻之者，重足側目，無可形容；偶或澄思靜聽，則某也果弋何職，某也傳語稍待；若進而稍稍考求其眞際，則趦趄於號房之門，跼促於客室之內，求八行探風旨者，無往而非是。嗚呼！此中情狀，豈但人間之地獄，其陰風慘惻，直如身入陰府。然吾人試再鼓其勇氣，而探索此中營逐者之內容，其貧無爲生者固不在少數，然本有事業生計可尋，而必欲問津於是，以爲非是不足以誇鄉里而傲朋儕者，其人數尤萬不在前者之下也。嗚呼！今日吾國一切治平大計姑置不談，但論此點，蓋足亡國而有餘矣。』

在今日的中國，官固足以「誇鄉里而傲朋儕」，然而僅僅只此，還不足吸引着無業者萬里奔波，有業者棄業追求。其最大之原因，一在官吏不憑資格，不憑能力，職位之高卑，全憑人力；一在官吏可濫用權威以獲意外收入。有此二因，故一切號稱智識份子，皆集於官之一途，以冀因緣時會，得意外之財以爲揮霍之資，而滿足其權利慾。

在事實上官固不可人人盡得，得官者又未必人人獲利，而一般人竟向這條路上走？是因爲中國史實，尤其是自民國以來的史實，無處不示人以官威之盛，官利之厚，其情形正與彩票相似。購彩票者雖明知中彩之號碼只有若干，更明知中頭彩者只有一人，然而在開彩以前，人人都以爲頭彩必爲我有，最少亦不至完全無獲，以此種希望的心理去獵官，在官尚是彩票的性質以前，實亦不能責其無謂：因爲利己心、支配慾，原是天賦的本能，決不能使人見利不圖，見權不取。中國的社會幾完全爲這種思想所支配，無怪職業教育的思想時時進展，職業教育的機關日日增多，而知識界的無業問題仍無從解決。

處今日民窮財盡的中國，無人不感着生計問題之迫切，也無人不以就業爲重要問題。在此種情勢之下，安分守己的治生問題，固然要待教育去解決，職業教育之提倡不論爲狹義的或廣義的，均屬要務，不過僅僅提倡職業教育，決不能解決智識界底職業問題。必得注意政治問題與社會事業。

在政治上有良好的政府，能以具體的政策解決國民底生計問題，自然是大家所希望的；就是退一步能切實整理官規，使凡爲官者均以資格能力爲本，並絕其額外收入的源泉，而將現在的彩票性打破，則官卽算一種職業，其利益也不過與他種職業相等而已。這樣，官旣無特殊的利益可圖，又不可以倖致，有業固不必棄業追逐，無業者亦當另闢生路，而求所以供給需要、適應環境之道；也就是功德無量。更次一步則希望政治舞台上的人員念青年棄學從政之可惜，（因爲一經作官，卽難再事學業，卽將逐漸化爲遊民）明白取得政權之不可業，而不利用青年干政以製造未來的遊民，亦於國民生計問題不無補益。

在社會事業上只希望有能力者，尤其是曾經從事政治活動而有相當聲譽者，竭力從事於各種正當事業之創造，一以容納人才，一以轉移風氣。這種舉動底功效自然比政治底勢力來得迂緩，然而「天下風俗之成，成於一二人之手」其事固盡可爲，其效且能垂遠，固値得有力者之身體力行也。

中華職業教育社宣言，曾引美國瑟斐博士『苟與我六十萬金辦中國職業教育，我必以二十萬金充調查費』之言，以標其注意點之所在，我則倣其言而改其意說：『苟我有十分的力量提倡職業教育，我必以九分的力量鼓吹整頓官規與率導社會上之有能力有聲譽者終身努力社會事業』以示我從歷史上研究職業教育思想所得之結果。

第十三章　民治教育思想

37. 背景

本章所說的民治教育卽德謨克拉西（Democracy）的教育或平民教育的異名。因爲平民教育很容易使人誤會爲平名千字課的平民教育，而德謨克拉西的音譯又不易爲不識外國文的了解，所以不同那兩個名詞而用民治教育四字。

中國底政制雖然沒有階級，每有所謂蓬門公卿，但人民對於政治却都持「天下有道則庶人不議」的態度，而缺乏民治的精神。所以教育上的民治主義，在中國歷史上的根據也很少。就是清末改行新教育制度，也是以軍國民及國家主義爲背景，而不曾有民治的敎育思想。故民治敎育的思想實發源於民國初元而大盛於民國八年以後。

此思想之發生自然與政體的改變有相當的關係，但共和政體的敎育思想未必就是民治主義，（俄德早如此）所以民國初元，蔡元培對於此種敎育略有倡議，卽爲實用主義所抑伏至八年而此種敎育思想特盛，最顯著的原因有下列三種。

第一爲外部的原因，卽歐洲大戰的結果。歐戰之起源，史家都說是德國底軍國民主義敎育作祟，德國戰敗，這種敎育自然不爲大家所樂聞，適逢戰爭中，美國挾其富有，又替協約國出了許多力量，故停戰議和時，美國的威爾遜總統竟爲會場中最重人物。美國立國的歷史較短，前有華盛頓、林肯底平民精神，所以美國在政治上是比較富於民治的傾向的。威爾遜旣以這種政治的史實爲基礎，於戰後又以戰勝國領袖的資格，倡國際和平之議，所以影響很大。一九一八、一九年之間，世界上固充滿了國際和平的聲浪，素尙大同的中國人更希望其實現，所以民國八年，教育調查會有，「養成健全人格發展和平精神」之教育宗旨的建議，九年全國教育聯合會有民治教育的設施標準的議案。

第二爲文學革命：從表面上看來，文學革命，似乎與民治教育思想無何種關係，實際上近時中國民治教育思想的發展，大半靠文學革命。中國歷史上之所謂文學是包括國故上之各種學術的，自漢武帝罷黜百家獨尊儒術以後，中國學術界思想，已由儒家統一。文學之目的在載道，其內容則在尊古，故新思想無從摻入文學之中。自清末改行新教育制度廢科舉而後，古文底尊嚴逐漸打破，但文言未改成白話，社會仍舊還是兩橛：因爲讀書人的話是文言，社會上一般人的話是白話；語言上既有隔閡，所謂智識階級的思想不能普遍地傳到一般社會。自民國六年胡適陳獨秀錢玄同等在新青年上發表文學改良的論文與通信以來，兩橛的社會因而連結了。當時所謂世界思潮，儘量由文學問題引入中國，更儘量由白話傳播到一般民衆。在八九年之間的新教育、建設、新潮、解放與改造、少年中國、星期評論、每週評論、學燈、覺悟、晨報副刊等與他刊物三四百種都用白話記述社會上各方面的問題；新的固然儘量介紹，舊的也儘量批評。這時期對於新思潮的介紹雖無何種很有系統的成績，但舊的束縛則久已打破。一切新思潮的研究都可無所顧忌地幹去。歐戰後的民治思潮適於此時傳到中國，大家都可不受束縛自由迎受。民治教育思想也在此種情形之下而自由發展。

第三是五四運動：這次運動底目的雖然在於政治的改造，實際上卻是新舊思想衝突的結果，故運動的歷程中都是以著名學者爲領袖，以全國學生爲中心，初少政治作用。民國六七年來，舊思想因文學革命而失其尊嚴，但其傳播的範圍還只限於一部份的智識階級，至五四則因實際上的活動而波及中國全社會，舊思想的破壞，新思想的迎受更爲自由。國人受儒家思想的束縛數千年，一旦無條件地解放，自然要如野馬奔馳無所底止。所以五四而後，凡世界上有系統的思想如共產主義，無政府主義，工團主義，實驗主義，新唯實主義，無抵抗主義等等都同時泛呈於中國學術界。杜威適於此時挾其素所研究的民治主義教育哲學來中國講演，又有其中國文學革命的先驅胡適等爲之竭力鼓吹，所以民治主義教育思想也在那時而極盛。

38. 變遷

民治主義教育思想，雖然在民國八年而始盛，但其發源卻在民國元年，蔡元培元年赴參議院宣布政見演詞說：

『教育方針應分為二：一普通，二專門。在普通教育務順應時勢，養成共和國民健全之人格，在專門教育務養成學問神聖之風習。』(1)

所謂養成共和國民健全之人格，即民治教育要素之一。此蓋由政治思想推衍而來。

他在臨時教育會議演說更講得明白。

『民國教育與君主時代之教育其不同之點何在？君主時代之教育方針，不從受教育者本體上著想，用一個人主義或一部分人主義，利用一種方法，驅使受教育者遷就他之主義。民國教育方針，應從受教育者本體着想，有如何能力，方能盡如何責任，受如何教育，始能具如何能力。從前瑞士教育家浦斯泰洛齊有言：「昔之教育，使兒童受教於成人，今之教育，乃使成人受教於兒童。」何謂成人受教於兒童？成人不敢自存成見，立於兒童之地位而體驗之，以定教育之方法。」(2)

此段專從受教育者底本體着想，注意個性之發展，實民治教育的又一要素。惟因他在當時特注重於世界觀與美感教育，二年以後，又爲實用主義教育思想所籠罩，遂致此種思想不顯。

歐戰告終，軍國主義受人詬病，民治主義盛極一時，故八年四月教育調查會「就世界教育趨勢，吾國民治根本着想」，特議定以「養成健全人格，發展共和精神」爲宗旨。其說明如下：

『所謂健全人格者：

（一）私德爲立身之本，公德爲服役社會國家之本。（二）人生所必需之知識

1. 教育史料第四冊頁33

2. 教育史料第三冊頁216—7

技能。(三)强健活潑之體格。(四)優美和樂之感情。

所謂共和精神者：

(一)發揮平民主義，俾人人知民治爲立國根本。(二)養成公民自治習慣，使人人能負國家社會之責。』(1)

這說明底內容雖然不盡合民治主義教育的要義，但其用意固在於提倡民治主義的教育。在近代教育上正式提出民治兩字者，要算他們爲始。

五月美國杜威應北京大學、江蘇教育會等機關之聘來中國講演民治主義的教育思想乃大昌。他是近代教育史上一個有地位的學者，平日專注意於民治教育的研究，故其最重要的教育哲學題曰民治主義與教育 (Democracy and Education)；他又是一位倡工具論實驗主義哲學家，其來又在我國實用主義教育思想盛倡之後，並有其在文學革命佔重要地位的弟子胡適爲他竭力宣傳，所以這種思想也因他來而益昌。講民治主義教育的也不能出他底學說底範圍以外。胡適述他底民治教育思想說：

『杜威底教育哲學，全在他底民治主義(2)與教育一部書裏。看他這部書底名字，便可知道他底教育學說是民治主義的教育。古代的社會有貴賤上下，勞心與勞力，治人與被治種種階級，古代的知識論和道德論都受有這種階級制度的影響，所以論知識便有心與身，靈魂與肉體，心與物，經驗與理性等等分別；論道德便有內與外，動機與結果，義與利，責任與興趣等等分別。教育學說也受了這種影響，把知與行，道德與智慧，學校內的工課與學校外的生活等等都看作兩截不相聯貫的事。現代的世界是民治政治的世界，階級制度根本不能成立。民治政治的兩大條件是：(一)一個社會的利益須由這個社會的分子共同享受；(二)個人與個人，團體與團體之間，須有圓滿的自由的交互影響。根據這兩大條件，杜威主張民治主義的教育須有兩大條件：(甲)須養成智能的個性 (Intellectual inidviduality) (乙)須養成共同

1. 教育史料第二册頁117
2. 原爲平民主義

活動的觀念和習慣」(Co-operation inactivity)「智能與個性」就是獨立思想，獨立觀察，獨立判斷的能力。民治主義的教育的第一個條件，就是要使少年人能自己用他的思想力，把經驗得來的意思和觀念一個個實地證驗，對於一切制度習俗都能存一個疑問的態度，不要把耳朶當眼睛，不要把人家的思想糊裏糊塗認作自己的思想。「共同活動」就是對於社會事業和羣衆關係的興趣。民治主義的社會是一種股分公司，所以民治主義的教育的第二個條件就是要使人人都有一種通力合作的天性，對於社會的生活和社會的主持都有濃摯的興趣。』

怎樣才可以做到這兩個條件？他又說：

『要做到這兩大條件，向來的「文字教育」「記誦教育」「書房教育」決不夠用。幾十年來的教育改良，只注意數量的增加，(教育普及)却不曾注意根本上的方法改革。杜威底教育哲學底大貢獻，只是要把階級社會遺傳下來的教育理論和教育制度一齊改革，要使教育出來的人才眞能應民治主義的社會之用。……對於實行的教育制度上，杜威的兩大主張是(1)學校自身須是一種社會的生活，須有社會生活所應有的種種條件。(2)學校的學業，須要和學校外的生活連貫一氣。』(1)

杜威在中國講學兩年，足跡遍十一省，所講者旣以教育爲主，其在北京之長期講演錄，在兩年之間發行十餘版，杜威兩字在當時幾於婦孺皆知，而由其主張演成之『教育卽生活，學校卽社會』的標語，也成爲教育界最普遍的口頭禪。

但因爲中國教育界的知識貧乏而又缺乏求知的習慣，往往將名詞誤解而發生種種問題，杜威在中國時卽已啓其端而有人引以爲憂。姜琦於新教育一卷四期中發表教育上德謨克拉西之研究一文，一面說明民治主義教育底意義，一面提醒他人底誤解說：

『教育上之「德謨克拉西」者，無論在全般文化上或教育本身上，從個人方面而論，當尊重各個人之權利（Right）平等（Equality）自由

1. 新教育第一卷第三期

(Liberty)。詳言之卽尊重各個人之人格與十分應享之權利，使實行其義務也。從社會方面而論，當依門戶開放機會均等之原則，不許有何等之社會的秘密，社會的獨占。夫社會須爲各個人而開放，推而廣之，及於世界，在正義人道的理想之下，組織所謂「國際的國民同盟」以保持世界之和平，促進文化之進步也。易言之：吾人在公正、平等、自由之下，各自獨立，以營個人之生活；而在共同利害之下，互相扶助，以營社會之生活者，卽「德謨克拉西」之眞相也。』

這是述民治主義教育之眞義。又說：

『苟明乎此，方可與言新教育。否則徒羨「德謨克拉西」之虛名，而失其眞相，偶爾誤用，必貽大患。從來學校之騷動，多出於「威權主義」「壓迫主義」之教育，蓋因威壓而激成反抗也。然今後學校之生徒，萬一不解教育上「德謨克拉西」之眞義，輒根據政治學上之狹義的「德謨克拉西」所包含之「主權在人民」一語，下一種類比之推論，曰「主權在生徒。」謂學校內一切事務，悉當由生徒自行主持，愚恐今後教育之弊害，更有甚於前者。願有青年教育之責者，愼勿以「德謨克拉西！德謨克拉西！」爲一種時髦套，而利用之以取悅人之心目。須常向一般青年子弟解說「德謨克拉西」精神之所在，俾免誤入歧途以歸正道。』

這是述誤解民治主義之弊害的。九年，此思想在實施上更有具體的方案。全國教育聯合會議決民治教育設施標準案，原文說：

『戰後教育思潮，大都趨重民治，吾國教育家近已竭力提倡向此軌道進行，但在教育行政官廳及學校，尙與眞民治精神相差甚遠。茲本公正、博愛、互助主義，謹擬三項辦法如左：

(甲)教育行政方面：

一、用人行政，尊重輿論；二、關於行政上重要事項，須革除長官獨裁之舊習；三、推廣各種補習學校及工讀學校；四、普及平民教育。

(乙)教職員方面：

一、校務之興革，須取決於校務會議；二、學生成績，凡關於學級升降等項，須由校務會議定之；三、教職員與學生共同作業；四、指導學生自治；五、兼施各種補習教育及假期講演；六、學校得組織通俗圖書館，俾一般人民得有閱書之機會。

(丙)學生方面：

一、注重自動自學；二、練習公民自治；三、發展實際生活之知能；四、練習服務社會；五、注重體育；六、研究學術，擴充創造本能。』(1)

在這三項標準之中，有一種最特殊的精神爲從前所無者，即以會議制替代獨裁制。

自此而後，教育會聯合會每屆關於學制系統的議案，都有這種思想的表現；十一年議決之新學制系統其標準七條，固完全民治主義的精神也。原文說：

『1. 適應社會進化之需要；2. 發揮平民教育精神；3. 謀個性之發展，4. 注意國民經濟能力；5. 注意生活教育；6. 使教育易於普及；7. 多留各地方伸縮餘地』。

自新學制公布而後，此思想已達圓滿時期，雖其影響至今猶在發展，其進行的歷程，已自此而逐漸異滅了。

39. 影響

民治主義的教育思想雖然呈突起狀，歷時不長，但論影響之廣而大，在近代中國各種教育思想中，要稱首屈一指。茲舉實事以證之。

此思想對於中國教育上第一種影響，是中央集權制之破壞。五四以前，教育上中央的權力很大，法令由教育部頒布，而且必須遵守，否則教育部可行使其權力干涉之。五四而後，教育部雖設置如故，但其權力逐漸減少；消極方面既不事事干涉，積極方面亦不曾發布通行全國的教育政策，甚至最關重要的學制系統，也由各省教育會聯合會議決後，始以會議形式略爲改訂而明令公布之。其他如課程教學等則更一聽各地學校之自由實驗。在此情形之下，亦曾有幾種有進步的

1. 全國教育會聯合會歷屆大會議決案頁139—40

活動：第一是各地學校的課程可以按照地方而斟酌規定；教育部既無統一的課程限制各校，就是教育會聯合會所議決的標準，也只是一個大綱而不強制各校之遵行。第二是選科制的採用：初中即行選科制，雖有人嫌其太早，但高中以上之採用選科制則對於教育效率，學生個性，均優於年級制。第三是教學方法之自由實驗：五四以前，各學校教授要旨，都由教育規定，各校有不遵行者，常以「違反部令」之罪相加；自民治教育思想盛倡而後，學者可各本其見解，自由實驗新方法，如測驗、設計教學法，道爾頓制等方法之實施，均由教育者自動倡行，即其明證。

民治主義底第二種影響是女子在教育上與男子有同等的機會。民國元年的新學制，雖然不曾規定女子不准受高等教育，但男女同學只以小學爲限，而女子中學不發達，女子大學更絕無，實際上女子只有很少數能受中等教育，而無法受高等教育（最少數之留學生與教會女子大學除外）。民治主義的教育對於國民的待遇，只問「人」不問「性」，所以因此種教育思想之激動，而女子解放的聲浪日高。九年北京大學與南京高師同時開放女禁。自此而後，中等學校亦漸男女同學，高等學校更完全不問性別。十一年之新學制系統案，也全無兩性差別的規定。這實是近代中國教育史上值得大書的一件事。

第三是平民教育之發展，平民教育最初發展於國外；當民國三年，歐洲大戰三年未決，英法各國壯丁都加入戰線，國內缺乏工人，乃在我國招募華工二千餘人擔任後防工事及國內工作。因爲出國的工人大半都不曾受過教育，每有作奸犯科的事情發生，基督教青年會特爲之設法施以教育，於是民國七八年間，在法國的華工始有一種識字運動的平民教育。九年而後，國內之平民教育運動亦相繼滋長，中華教育改進社及全國教育聯合會常有關於平民教育的議案。這種運動在國內所以能產生發展的原因，完全是民治主義教育思想底力量。湯茂如說：

『……歐戰發生，我國人民底思想大爲變動。全國學生和有知識的人對於本國的文化思想大大懷疑；對於本國內政外交羣起參加。甚麼新文化運動、學生運動、公開學術講演，都在這個時候前後發生。最可注意的就是此時國內平民主義的鼓吹和白話文學的提倡，正與晏陽初等在法國辦苦力教育的思想不謀而合……民八以後，共計三年，有美國教育哲學家杜威博士在全國各大學校講演平民主義與教育，又有國立北京高等師範教育研究科的教授和學生在民國九年創辦平民教育週刊，鼓吹教育平民主義化。國內這一切的運動和理論上的鼓吹好像是按照一個預定的計劃先在全國製造空氣，然後由晏陽初等返國提倡從平民生活裏產生出來的平民教育。』(1)

這是民治教育思想促進平民教育的實證。

第四是政治與教育的關係接近。在中國歷史上政教原來是不分的；但清末改行新教育制度，一面雖然以謀國家之强盛爲目的，一面又怕「革命」「變政」等思想，所以學生干政懸爲厲禁。自民治主義的教育思想大倡，教育界常本「國家興亡匹夫有責」之義，對於政治上種種問題固要與聞，而經過「五四」「六三」兩次的實際活動，執政之黠者每利用教育界以爲其政爭的工具，教育界之黠者亦利用政治勢力以排斥異己。流風所及，初尙因政潮之影響而致教育界不安；繼則教育界利用政潮自相爭持、或更自造黨派、用鼓盪政潮的手段自相殘殺：政治上的種種卑劣方法，固然傳染到教育界，教育界對於政治上的一切問題，也無不干涉。卒至政治與教育形成兩種對敵的機體，兩方人物，無時不在作戰狀態之中。這種現象之構成完全由於新舊思想之衝突：即教育界對於民治主義的思想儘量爲無選擇的吸收，而執政者則猶保持其傳統觀念，雖因利害關係有時不得不敷衍，但其眞正的思想則唯恐此種於己有妨的教育，不立卽停止。所以五四而後，自中央至於各縣之執政者對於教育絕無維持誠意，有時並摧殘無所不至，政學衝突的消息，幾於無時不有。這種現象在積極方面固然能喚起人民關心政治的意識而使執政者對於民意有所忌憚；在消極方面，則造成青年棄學從政的惡影響，使當時社會秩序紊亂，把後代負國家重責的青年戕賊。雖然現在國民黨底國民革命，也很受這種思想之賜，但利害相權，實屬得不償失！(2)

1. 教育雜誌十九卷九號2—3

2. 五四而後，政治界對於青年所造的罪惡，十七年二月中國國民黨在南京開第四次大會之宣

言說得最透澈，茲摘錄於下，（此宣言由戴季陶起草，全體會議通過，爲國民黨最近對於教育之公共意見）

『自歐戰以來，中國青年學生對於社會問題、政治問題漸具覺悟，種種不滿於現在境遇之心與日俱進。而實際之政治組織、教育設施，不足以應時代之要求。於是各地學潮，風氣雲湧。共產黨徒，乘青年智識不充、修養不足、社會無進步之組織，人民無確實之保障，利用世界潮流，煽動青年，用爲工具。惑之以利，亂之以色，迷之以虛僞口號，强之作破壞之妄舉。現在全國青年之誤入岐途者，既已隱身魔窟而不知，知之又無自訴之道；卽多數質性和平誠實者，亦均彷徨歧途。正如盲人瞎馬，夜半深池，稍一失錯，遺恨終身。各地教育機關，外受戰禍與政變之危害，內受學潮之影響及人才缺乏之困苦，幾於無一人能安心求學，無一校能安穩維持。重以政治之派別分歧，引誘之法術無窮，學校在學之學生，變爲政爭之用品，由互爭而互鬬，由互鬬而互殺，如此情形，不從速救濟，則歷時愈久，流毒愈深，不但教育破產，一切社會機能皆將陷於絕境。就今日受痛苦最大者言之，無過於未成年之學生參加政治鬬爭社會鬬爭之一事。夫政治運動及社會運動，乃關係人民實際生活國家實際利害之問題。參與此種運動者，必須有實際利害之認識與正確知識之判斷。未成年之靑年男女身體精神之發育未完全，基本之知識經驗未具備。卽個人之私生活尙不能離成年者之保護而獨立。何況國家社會之大事，乃放任未成年者自由行動，是不特將民族可愛可寶之未來生命，付之無代價之犧牲，亦直是將國家社會全體之生命作兒戲之試驗品，凡各國法律，之私法之規定行爲能力之年齡未成者，一切行爲不認其有法律上之效力，亦不科以法律上之責任。至國民之公權，則更有各種限制。此不特維持社會公共之生活秩序，國家之安全發展，亦所以培養靑年保護靑年者。以目前中國之情形論，文化落後，經濟落後，國民之身體精神益見衰弱。所僅足屬望者，惟後起之靑年耳。然當其應受修養與保護之時代，不教之以正當之學問，示之以正當之道途，使其身體精神遂其自然而健全之發展，乃欲付以成年所不能勝之重任。及其憬然於錯誤，而禍害已被及於社會國家，然後不得已而科之以未成年者所不應受之嚴刑，此豈足以救亡，所以召滅種之禍而已！救濟之術，首在保障教育之獨立，充實教育之內容，防止青年之惡化腐化，普及國民教育，提高民衆知識，以造成健全之國民，方爲健〔全〕國家之基礎。而對於女子教育，尤須確認培養博大慈祥之健全的母性，實爲救國保民之要圖，立國强種之基礎。』

第五是學生底權力增長：「教育卽生活，學校卽社會，」原是民治主義教育思想中標語。但所謂教育卽生活是教育的實施卽寓於實際生活之中，不是離開實在的生活而施教育，故教育要與受教育者之實際生活的需要相應；所謂學校卽社會是『學校自身須是一種社會的生活，須有社會的生活所應有的種種條件，』不是學校的一切設施，師生底一切活動都要模倣着實際的社會。所以爲着『欲期全國學生人人有共和國民之資格』而有學生自治的提倡，其用意在發展青年天賦之本能，養成其負責與互助之習慣，其方法在練習團體組織，其宗旨在發揮民治精神。(1) 故學生自治係以『公民教育的精神爲教育陶冶，與實施政治有別，其權限須視學校之性質及學生之年齡與程度由校長酌定，由教職員指導。』(2)換句話說：教育之責任在指導，對於社會生活除適應外，並要負改革的責任，所以學校生活不能照抄社會生活；學生自治須由教職員指導。但因爲教育者之誤解，（如九年易培基之「校長民選」——卽由學生選舉——論）與不健全的輿論之鼓吹（如民國九、十年之間，上海民國日報力倡學校猶政府，學生猶國民之說）及學生運動之成功的種種原因。學生在學校不獨自治而已；並要治校，對於社會則一切問題均要干涉，而尤注重於政治運動。學生持着羣衆底勢力，在消極方面很替國家作了幾件事——如拒簽凡爾賽和約，及五四運動——社會上當初對於他們很有好感，就是孫中山十三年十月北上宣言主張召集國民會議解決國是也，將各省學生聯合會列會議團體之一。學生團體在社會上的勢力眞是炙手可熱！可是羣衆運動最重要而最不可輕用的武器如罷課、遊行等用得太多，對於社會已失其刺激力，效力也就逐漸減去。五四而後，各種學生運動，除關於外交的事情得着社會同情而有相當的成功，對於國內的政治運動很少有

1.

2. 詳見民國九年全國教育聯合會議決之學生自治綱要案

結果，而因爲學術界思想的紊亂，全國無資景仰的學者指導青年，青年誤用其權力以治學校治教職員，更誤解共產黨階級爭鬭之說遇事與教職員爲敵，無時無地不有學潮，甚至小學校亦有驅逐教職員之宣言與罷課請願的舉動，弄到『做教員的情願生生世世不再投胎做教員』（吳稚暉爲上海大同大學風潮再致陳德徵函中語，見吳稚暉全集卷九頁172）而學生底勢力遂爲無限制地增加；結果在學生自身養成虛驕的習氣，——既不治學，也無力治事；在社會則側目而視，敢怒不敢言。最近則國民政府亦有嚴禁學生運動的明文（如雲南貴州），而學生犧牲於「赤化」與「反革命」名詞之下者，更不知若干。由學生自治的誤解而產生這種惡果，原非提倡民治主義教育思想的人所料及，也不是民治主義教育思想所應有——然而事實竟如此，教育界的先驅者應得深深地反省！

上面所述五事，不過是民治主義教育思想在中國實際教育所發生較大的影響。詳細說來自然不只於此，——如青年底文學熱，戀愛熱，都與此種教育思想有關係——但就是這些已足以表示此種教育思想底勢力之大了。各種實際的效果有好的也有壞的；這些好的壞的，在現在都還是種子，將來發育的結果如何，此時無從預斷。但就已往的事實看來，我們却不可不注意下列的幾件事。

民治教育的思想本是現在的時代思潮，牠底本身並無何種壞處，在中國不能得到應得的結果，並不是「橘逾淮而化爲枳」的土性關係，乃是培植無方的人工問題。中國在現在本是一個過渡時代，舊有的思想習慣經不起世界潮流自然要被洗滌而去，新的也一時不能建築如磐石之安。在此時期只靠所謂先覺者看清方向，示民衆以可由之路。擺在我們的前途康莊只有兩條：第一是科學的精神的培養，第二是物質文明的提倡。

這兩條道路並不是現在的新發見，五四以來即常常有人說及——吳稚暉講得尤多——然而教育界却始終無人領導民衆向這兩條路上走——第二條路連說也沒有人說。——『作教員的情願生生世世不再投胎作教員，』實是五四而後，迫於生活而從教育的人底共鳴之感。這種共相之搆成，自然是由於學生不受指導不事學問；再問學生何以不受指導不事學問？我們便不能不歸根到科學精神與物質文明問題上去。青年底天性是好動的，他們要向社會活動並不足責，而且當提倡他們之所以亂動，是由於他們一面爲物質生活所逼，不得不謀生路；一面是看得『治國平天下』的事情太容易，故不注重研究專門的學問。換句話說：他們在物質上常感生活之不安，在精神上以爲無獨立創造之必要。倘使教育者能時時注意青年底科學精神的培養，而養成其創造能力，堅毅習慣，遠大眼光，則他們知政治之不可業，成功之不可倖致。——這是現在最大多數從政的青年所未想到的問題——而按部就班地在學業上用功夫，現在社會上的混亂現象當可以減去大部分。但是專講唯心是無用的，必得竭力提倡物質文明；就是要極力鼓吹開發實業，使青年都向這條路上走，而增高國人底生產能力，做到家給人足的地步，然後儘量享受由生產力所得之物質供養——決不是如現在中國專講享用不講生產的物質文明——青年在物質生活上能安妥過去，再有科學精神充滿了他們底內心；有飯吃，有事做，他們自然不感「生之煩悶」而去作不應作的事了。

引導走兩條路的力量自然以政府底教育政策爲最大，然而教育家的個人也未嘗無力量，只不知教育家對於此事之見解如何耳！

第十四章 獨立教育思想

40. 背景

人類爲着生活上的需要不能不要教育，又因爲教育是達到人生目的之一種工具，所以什麼人都要運用這工具去達他預期的目的。在個人方面，長者之教育幼者，是要使幼者能造成他們所視爲正當的繼承者；在社會方面，各事業家之教育學徒，是要使徒弟們可以繼續發展各種事業；在國家方面，牠用全力去教育國民，是要藉國民底力量達牠生存發育的目的。教育底本質既然是一種工具，所以牠底效用全看使用牠的人底擺布而定；而使用者各人有各人底見解，故教育底型式也至不齊一：人底模樣，大則跟踪國家政體底變化而變化，小則追隨個人見解底移轉而移轉；就在教育學的歷史上，也找不着如物理化學數學等公共原則來，更何能說到獨立。而況在政治上，教育爲內政之一，照理也不能脫離政治而獨立。在歷史上教育也不曾有過宗教般的勢力支配過政治。嚴格講來，教育獨立四字聯成一個名詞，實不大合理。可是在中國近代教育史上，竟有教育獨立的一種思潮，在時間上綿延近十年，在空間上並充溢乎全國！

中國自淸同治以來，卽逐漸注意於新式教育制度之當採用，庚子而後，全國之號稱明達者，更急急於此，以爲非此不足以强國。然而在淸末大家都把牠視爲新政之一，絕未聞有人以之排斥於政治範圍之外。淸社覆亡，雖然新教育制度不無相當的功用，但民國初元的執政者，却不因其有推翻現政府的可能而有所歧視，更不曾敵視。無論什麼內閣發表大政方針時候，總要抓着教育作段文章。

民國四年而後，因爲歐戰發生，世界思潮有種種激劇的變動，政府對內對外的設施，又不足以滿足國人底期望，政府與人民已逐漸分離。只因政府底威信尙未盡失，人民尙不爲强烈的反抗。及八年爲着山東交涉問題，政府底措置過於與國人底期望相反，於是有「五四運動」「六三」衝突。「五四」「六三」的意識雖爲全國人民所構成，但發端則由於教育界人士。政府對於教育界自然要以禍首相許，於是政府與教育界竟立於對敵地位，從前以教育爲內政之一而竭力進行者，自此而後，則唯恐其或有起色，以與政府爲難。適北京中國、交通兩行停止兌現，至十二月價格不及兌折，京中公立學校教職員所得薪俸，多爲紙幣，致生活大感困難，屢次要求發現而不得，乃於十二月十五日起一致罷課。但因財政困難與政府對教育無意維持的兩重原因，卒無圓滿解決；以後在經費上固然愈欠愈多，而政學的衝突亦日演日劇。教育界覺得政府之不可靠，於是有「教育經費獨立」的要求。後來因宗教及政黨問題在教育上引起種種糾紛，於是乃由教育經費獨立，推廣及於教育離政治宗教而在立法上行政上完全獨立。

總括說來，教育獨立的思想是由於「政教衝突」而產生。

41. 變遷

五四而後，教育經費積欠日多，教育界感着生存上的需要，常以罷課停職種種方法對待政府，但事實上並無何種滿意的結果，於是乃進一步而謀教育經費之獨立，北京教育界提倡於前，各省教育界附和於後。九年全國教育聯合會開會有教育經費獨立的議決案。原案分關於教育經費及教育基金兩項，甲項第三款爲劃淸教育經費使之獨立，他項政費不得侵用他們底理由與方法如下：

『教育爲立國根本而經費爲教育命脈。對於該省區學校經費，各省區主管財政者，往往任意推延，多不按期核放，稍有事故，藉口停發，致辦理多年之學校，無法維持，甚至停輟，良可慨歎。自應由中央先行劃淸教育經費，並令行各省區長官督飭財政教育主管機關妥籌辦法，統計每年該省區教育費共需若干，於最短期內妥爲區處專款存儲，按時發放。無論遇何緊要事件發生，均不准挪用，以示限制。庶經費確定，教育可期進步。』(1)

由此可見當時教育經費所以不能如期發放，並非國家財政眞正困難，乃是各省執政者之不把教育爲事。就此案甲項第二款所述國家預算軍費佔二分之一以上，教育經費祇及七十五分之一；宜乎教育界對於軍政界之不滿而常常發生風波也。

十年政府積欠教育部直轄八校的經費更多，八校教職員乃於四月十二十三兩日開聯席會議，決定暫時停止職務向政府交涉，請指關餘鹽餘或交通郵電等項收入爲敎育基金，政府無切實答復，北京中等學校亦起而罷課援助，但政府仍無辦法。遷延三月，至六月三日，敎育界全體向總統府請願，至新華門爲衞兵毆傷數十人，學潮更波及全國。自此而後，政府與敎育界更如水火之不相容，而極謀自立的觀念更爲敎育界底普遍意識。敎育獨立的思潮亦自此勃發而不可遏。

十一年一月李石岑主編上海商務印書館發行的敎育雜誌，極力提倡敎育獨立，於二月發表敎育獨立議一文，於敎育經費獨立而外，並主張敎育立法敎育行政獨立。他首述建議的理由說：

『年來吾國敎育，因經費支絀，瀕於破產之境；憂時人士，欲圖補救，大倡敎育經費獨立之說。全國敎育聯合會深韙其言，屢提議案。不佞心竊憂之：敎育經費獨立，固屬要務；但徒經費獨立，敎育機關隸諸政府管轄之下，結果仍等於零。鄙意在今日研究此問題，首在敎育行政機關根本改造。改造之法，在

1. 全國敎育會聯合會歷屆大會議決案頁132

中央廢除教育部，在地方廢除教育廳，而省縣城市鎮鄉教育會之職權與組織，另行創造；別創立一省縣市城鎮鄉教育行政委員會，其職權盡舉教育行政之職權而有之，而其組織出自選舉，更採合議制之精神：蓋今日國情需要，在聯邦，不在單一；教育尤在因地制宜，不可執一以範全國。」在教育立法方面，他主張以城鎮鄉、縣市、省教育會，以合議式議定其範圍內之特殊規程、教育預算，並選同級的教育行政委員與高級的教育會代表。在行政方面，他主張由各級教育會選舉之委員及地方自治團體所派之委員，共同組織各組教育行政委員會處理其範圍內之教育行政事務。

此後該誌在十一年十二年內，不時有關於教育獨立的論文，或與李氏商榷，或另提意見，但大抵無甚出入。十二年十一月，周太玄在該誌上發表我國教育之集中統一與獨立一文，以集中、統一與獨立三者並重，對於教育立法，教育行政，學術之最高機關及教育經費四項均有論列，比較很合事理。在行政上他以為教育與司法相同，應有相當獨立之價值，故對於教育部與教育總長之產生有下列之規定：

『教育部在國家政務之中，雖仍可包括在內閣以內，但其位置性質，至少應與現行政體中之參謀部相等；即教育部總長應由大總統特任，其去留應以教育行政本身爲標準，不當與其他之國務員聯帶負責。』

『由最高教育會議推薦，由大總統任命，或由大總統提出於最高教育會議，得其同意，然後任命之。』

對於地方教育行政，則主張將全國劃爲十學區，『每區擇適中及重要地點，設一區學院、一國立大學、及一區教育會議，綜理一切高等教育、中級教育、國民教育、社會教育、平民教育及其他特種教育等等。各區學院及大學，均統屬於教育部；但其內部組織及更改，則應有最高教育會議將其議定之條例交教育部頒布執行之』。

在教育立法上，他以爲教育之根本大綱可由國會釐定，至屬於教育制度組織及一切專門事務等，則由最高教育會處理之。此最高教育會底性質及組織如下：

『此爲一國教育之常設最高立法機關，與教育部及教育總長爲教育行政首長者處於對等地位。其組織法，應由國會議決公布之。其職權除製定關於教育之一切成文法外，又有推薦教育總長及同意總統所提出之教育總長之權。』

『其本身組織，應有確實代表與有關係之各方面之權力。其會員中之最不可少者爲：教育部總次長各一人，衆議院議員代表三人，國家學會代表四人或六人，十國立大學校長，十區學院長全國中小學校校長代表若干人，全國學術團體聯合會代表若干人。此外教育界名宿而未居職位者，得由會中議決加聘爲會員。此會每年至少開二次。有必要時，教育總長得召集之。但會員有若干人以上之認可，亦可自由集合。此外應設職員如秘書，編輯等若干人。每次開會之後，應製定詳細報告書，頒布全國；或平時辦一定期出版物亦可。』

在各學區則由各學區教育會議處理之。他說：

『其次在各學區中，亦應有一每區之最高集議機關，以爲一學區中各種教育機關交換意見、解決問題之地。故每區應設一「第□區教育會議。」

『其組織法，由最高教育會議製定。其會員應爲本區學院院長，本區大學校長，本區大學各科學長，本區視學員全體，本學區中小學教職員代表若干人，本學區中小學校長代表若干人，本學區學術團體聯合會代表若干人；並得延聘本學區教育界名宿若干人爲會員。亦應擧辦定期之書面報告。』

又說：

『最高教育會議與區教育會，得於每次大會開會時。組織一委員會常川駐留；或爲特種問題，亦可組織委員會繼續研究。』

屬於學術之最高機關者，則主張設國家學會處理之：蓋『一國專門學術之代表，學術上問題之判定，以及一切關於學術上之製作、發明、發現之鑒定與獎勵等，既不能屬於教育立法機關，又爲教育行政機關所不能擧，於是不能不另有一

最高之學術機關，收集全國績學專門之士，分門設位以專司之，

國家學會之組織及性質如下：

『國家學會之組織大綱如下：（一）國家學會由衆參兩院組織委員會建設之。（二）國家學會應區分爲理學、文學、哲學、藝術四大門，各門分爲若干類。（三）每類設會員定額若干席。（四）每類設總書記一人，由會員任之，另聘雇書記事務員若干人。（五）國家學會設外國名譽會員若干席。（六）國家學會設中外通信員若干席。（七）國家學會各門自訂辦事細則。（八）大會主席臨時選出，不設會長。（九）國家學會會員，名譽會員與通信會員皆係終身職。（十）會員通信員有年俸，聘雇人員有薪修。（十一）每門自訂會員名譽會員及通信員之徽章。

『國家學會之地位，與教育部及全國最高教育會平行。國家學會常設於首都地方，中央政府每年應支與以定額之經費，不受一切政治外交之影響。』

在教育經費方面，他分爲『教育行政經費、普通教育經費、特別教育經費三項。卽指廣義的教育行政，包括教育部各區學院、最高教育會議、區教育會議之經費而言，又可名曰間接教育經費，蓋屬於教育之事務者。至於普通教育經費，則指學校經費而言，卽直接用於學校者。除私立學校不計外，凡國立、區立、市立、鄉立之各級學校經費皆屬之。此種經費，可以爲共同之統計，而不可爲共同之預算決算，尤不能挹彼注此、盈虛相補，亦不可時豐時瘠、隨國家及行政區域之預算爲轉移。簡言之，卽應絕對的含有永久性與獨立性。特別教育經行，卽指臨時教育經費及國立、區立、市立、鄉立之一切學術與其他教育事業，如博物館、圖書館、公共實驗室、平民教育設備、社會教育設備以及定期講演會、特種補助教育機關、教育學術展覽會、獎勵金、救濟金等；既不能歸入教育行政經費，亦不能附於普通教育經費者而言，亦宜有相當之獨立及可靠之來源。』

三項教育經費之來源及保證之原則如下：

『(一)屬於教育行政經費者，仍算爲國家行政經費之一部分，列入於預算決算案中，政府有伸縮權，但此種伸縮以不搖動教育行政之組織爲限度。

『（一）普通教育經費應由國會或中央政府、地方政府分別指定恆定之稅收，國產、公產或官營事業之恆定收入爲其基本金及常年經費，既與教育行政經費了不相涉，更與國家財政盈絀無關；一經指定、劃歸某校之後，所有權卽完全轉移，使其基金或常年經費成爲永久的、獨立的。

『（二）屬於特別教育經費者，應分爲二種：一爲臨時的，如博覽會、調查團、研究會之類，當然爲政府預算中之一種特別支出。二爲經常的，其中分爲二種：一種係開辦費，一種係常年費。前者係一時的，或作爲國家臨時支出之一宗，或預先規定於本年之教育行政經費以內；後者爲經常的，若能與普通教育經費相同，得有確實之指定收入固佳，否則，由教育行政經費中按年撥給亦可。但此項款項，因係屬於特別教育經費，不得縮減，不得挪移。』

周氏這種建議，完全以事實上之需要爲主，雖係犖犖大端，但都可施之實際，實爲提倡教育獨立者之一種較完備的方策。

以上所述市教育獨立思想均由從事實上立言，其主要目的，在使教育能脫離政潮底風波，除大政方針須受政治底支配外，凡屬於教育事務之進行，均可由教育界自爲處理。這裏所謂教育獨立，是指教育事務能獨立進行，不是不受政治勢力底支配也。

十一二年間教育思想正盛之時，有從理論上主張教育應脫離政黨與宗教而獨立者以蔡元培爲最徹底。他於讀過李石岑教育獨立議之後，草教育獨立議一文，發表於新教育第四卷第三期。這文底後部固是一種實施的方案，其前半並是一段有價值的教育哲學的議論，其立腳點與其在民國元年發表新教育意見時無異。茲錄其全文如下：

『教育是幫助被教育的人，給他能發展自己的能力，完成他的人格，於人類文化上能盡一分子的責任；不是把被教育的人，造成一種特別器具，給抱有他種目的的人去應用的。所以教育事業當完全交與教育家，保有獨立的資格，毫不受各派政黨或各派教會的影響。

『教育是要個性與羣性平均發達的。政黨是要製造一種特別的羣性，抹殺個性。例如鼓勵人民親善某國，仇視某國；或用甲民族的文化，去同化乙民族；今日的政黨，往往有此等政策，若參入教育，便是大害。教育是求遠效的，政黨的政策，是求近功的。中國古書說：『一年之計樹穀；十年之計樹木；百年之計樹人。』可見教育的成效，不是一時能達到的。政黨不能常握政權，往往不出數年，便要更迭。若把教育權也交與政黨，兩黨更迭的時候，教育方針也要跟著改變；教育就沒有成效力。所以教育事業不可不超然於各派政黨以外。

『教育是進步的：凡有學術，總是後勝於前；因爲後人憑著前人的成績，更加一番功夫，自然更進一步。教會是保守的：無論什麼樣尊重科學，一到聖經的成說，便絕對不許批評；便是加了一個限制。教育是公同的：英國的學生，可以讀阿拉伯人所作的文學，印度的學生，可以用德國人所造的儀器；都沒有什麼界限。教會是差別的：基督教與回教不同；回教又與佛教不同。不但這樣，基督教裏面，天主教與耶穌教又不同。不但這樣，耶穌教裏面又有長老會、浸禮會、美以美會……等等派別的不同。彼此誰眞誰僞，永遠沒有定論。止好讓成年的人自由選擇；所以各國憲法中，都有信仰自由一條。若是把教育權交與教會，便恐不能絕對自由。所以教育事業，不可不超然於各派教會以外。

『但是什麼樣可以實行超然的教育呢？鄙人擬一個辦法如下：

『分全國爲若干大學區；每區立一大學；凡中等以上各種專門學術，都可以設在大學裏面，一區以內的中小學校教育，與學校以外的社會教育，如通信教授、演講團、體育會、圖書館、博物院、音樂、演劇、影戲……與其他成年教育，盲啞教育等等，都由大學辦理。大學的事務，都由大學教授所組織的教育委員會主持。大學校長，也由委員會舉出。由各大學校長，組織高等教育會議，辦理各大學區互相關係的事務。

『教育部專辦理高等教育會議所議決事務之有關係於中央政府者，

及其他全國教育統計與報告等事，不得干涉各大學區事務。教育總長必經高等教育會議承認，不受政黨內閣更迭的影響。

『大學中不必設神學科，但於哲學科中設宗教史，比較宗教學等。

『各學校中，均不得有宣傳教義的課程；不得舉行祈禱式。

『以傳教爲業的人，不必參與教育事業。

『各區教育經費，都從本區中抽稅充用。較爲貧乏的區，經高等教育議會決後，得由中央政府撥國家稅補助。』

他這種建議不是他底獨創，是融合各國現行教育制度之長而來。故他底原

註說：

『分大學區與大學兼辦中小學校的事，用法國制。大學可包括各種專門學術，不必如法德等國，別設高等專門學校，用英國制。大學兼任社會教育，用美國制。大學校長由教授公舉，用德國制。大學不設神學科，學校不得宣傳教義，與教士不得參與教育，均用法國制，瑞士亦已提議。抽教育稅，用美國制。

」

這文對於教育應當脫離政黨與宗教的理由說得最爲詳盡，數年來倡教育獨立的，在理論上無有出其範圍者。但因內亂不已，教育爲政治所支配。教育界雖日日想教育獨立，日日唱教育獨立，但實際上不獨教育不能離政治而獨立，並且經費也日形虧竭，即「教育經費獨立」六字亦不曾辦到。自十一年後，教育獨立的聲浪，亦暫時消沉下去。至十三年國民黨改組，其政綱中有增加教育經費，並保障其獨立的規定，而該黨主張以黨治國，以黨指揮一切。十三年在廣東設國民政府，國家一切設施均欲黨化，故有「黨化教育」之名。但黨內（如鄒魯）黨外之教育界，對此均有疑問，於是教育獨立問題又成爲教育界討論之中心。十四年中華教育改進社會議決憲法中教育專章十條，其第四條即規定『教育事業應超然於宗教及政黨爭議之外，並不得於上課時間內教授宗教或黨綱，亦不得舉行宗教儀式。』於是教育獨立之含義，乃爲教育離政黨及宗教而獨立，不僅是教育之事務之獨立而已。十四五年之間，教育刊物之討論此問題以國家與教育及新教育評論兩週刊爲最多，但在理論上大體不出蔡元培教育獨立議底範圍以外，在實施方案上大體不出周太玄我國教育之集中統一與獨立底範圍。

在謀全部教育獨立的思想中還有一種從教育界本身上以謀部分獨立的思想：即在高等教育中，以教育者個人底學識，創爲講學制，以謀自由發展其學問，而不受任何方面底干涉與拘束，可以梁啟超十年在改造雜誌所發表的自由講座制之教育一文爲代表。他係由不滿於學校教育而然。他說：

「近世所謂學校教育者，缺點有二。第一：其形式若軍隊然，軍隊之進也，怯者固毋得獨怯，勇者亦毋得獨勇，千萬人若一機之動也。今之學校，科目求備，而各科皆懸一程準，課其中程不中程，雖勇力體力較劣下者，非勉及於程焉不可；其優異者亦及程而止，程以上弗授也。夫其程既通於全社會以求徹上徹下，不得不以中材爲鵠，劣下者勉而就，或勤苦傷生，而終淺嘗無所獲也。優異者精力有餘於所課，而旅進旅退焉，則或以僅中程而自滿；雖不自滿，而其少年最適於求學之光陰，已有一部分焉未盡其用。此種「水平線式」的教育，實國家主義之產物。國家若大匠然，需楹則斲材爲楹，需桷則斲材爲桷，楹桷大小若一，所斲就矣，而材之戕賊亦已多矣。故此種教育法，適於羣衆教育，而不適於天材教育。

『第二其學業之相授受，若以市道交也。學校若百貨之廛，教師傭於廛，以司售貨者也。學生則挾資適市而有所求者也。交易而退，不復相聞問。學生之與教師，若陌路之偶値；甚者教師視學校如亭舍也。』

因而他主張創自由講座制以救濟之。卽用少數之有專門學術堪任教授者

組織講師團體，自由設科，招收學生聽講，其理由如下：

『此種組織採用前代講學之遺意而變通之。使學校教師學生三者之間，皆爲人的關係，而非物的關係。講師之於講座，自爲主體，而非雇傭的講師之與學生，實共學之友；不過以先輩之資格爲之指導。學生所得於講師者，非記憶其講義以資一度之考試，乃在受取講師之研究精神及研究方法。質言之：其獲益最重要之點，則學者的人格之感化也。講師之薰陶學生，除講堂授

課之外，更大有事焉，則可以察其性之所近，因勢而利導，而學生之自發的研究，乃可以日進也。則天才瑰特之士，不至爲課程所局，可以奔軼絕塵盡其才矣。如此則教育不至爲「機械化，」不至爲「凡庸化，」社會上眞面目之人才或可以養成也。』

十四年陳衡哲任鴻雋在現代評論二卷三十九期上發表一個改良大學教育的提議亦卽此意。他們說：

『我們以爲當參合中國書院的精神和西方導師的制度，成一種新的學校組織。中國書院的組織，是以人爲中心的，往往一個大師以講學行誼相號召，就有四方學者翕然從風，不但學問上有相當的研究，就是風氣上也有無形的轉移，如朱文公的白鹿洞，胡安定的湖州，都是一例。但是書院的組織太簡單了，現在的時代，不但沒有一個人可以博通衆學，滿足幾百千人的希望，而現在求學的方法，也沒有一人而貫注幾百人的可能。要補救這個缺點，我們可兼採西方的導師制。就是一個書院以少數教者及少數學者爲主體；

這個書院的先生，都有舊時山長的資格，學問品行都爲學生所敬服，而這些先生也對於學校的求學，品行兩方面直接負其指導陶鎔的責任」。

十六年國民政府定都南京，設大學院爲統轄全國教育行政及學術之機關，各省並採大學區制，將教育行政統屬於大學之下。在教育事務上頗呈獨立之象；因國民黨黨綱有保障教育經費獨立之規定，亦有謀教育經費獨立者；但教育獨立四字，已不復有人再提倡了。

就上面可述的事實看來，教育獨立思想的變遷凡四：最初因經費之拖欠而有教育經費獨立之思想，後則因爲欲經費獨立，非使教育脫離政潮不能辦到，於是乃進而倡教育事務獨立，更進則爲教育脫離政黨與宗教而獨立；此爲教育獨立思想進展的系統。旁出此系統之外而自成一氣者，爲就教師人格學業上謀高等教育之部分的獨立。

42. 影響

就數年來教育獨立的思想分析起來，已得前節末段所述的四款。第一款所謂教育經費獨立，自民八而後日趨日下，北京政府統治之下的教育經費，固然積欠屢屢，就是國民政府統治下的省分，亦未必見得有何種起色。惟國民黨有保障教育經費獨立的黨綱，也許從黨的立場上可以辦到教育經費獨立；然而與教育獨立的思想無關。第二款教育事務獨立，國民政府設大學院爲全國教育學術的最高機關，各省區並設大學區管理區內教育行政事務，與大學院自成系統，不如舊日之受普通行政底支配，比較算是一種成效。第三款脫離政黨與宗教而獨立，在中國歷史上宗教原不曾與教育混合，只因清末爲國際不平等條約的拘束與國人不知教育權之可貴，無形聽外國教徒在中國設學教授中國國民，雖然其勢甚盛，但根基究不穩固，加以國人自覺的意識發達，故教育離宗教而獨立的思想略一傳播，教會學校卽逐漸發生動搖。至於離政黨而獨立，則事實上適得其反。第四款從教師人格與學業上謀高等教育之部分的獨立，則爲學術研究的性質，雖然足以補現在高等教育制度底缺陷，但全部教育制度未改革以前，亦不能望其有效。

總括說來，教育獨立思想在實際上的影響很少。就經過的事實上看來，教育獨立底含義共有五種，一爲教育經費獨立，二爲教育事務獨立，三爲教育離政治而獨立，四爲教育離宗教而獨立，五爲高等教育之學術獨立。凡眞正可稱爲教育獨立，必得具備此五種條件。然而在事實上第三款絕辦不到：因爲教育是國家行政之一部，無論國家採政黨政治，或非政黨政治，凡握得政權者，自然要發表其政治之主張（政策），教育當然要爲其政策所支配。所謂教育離政治而獨立實是不通之論，所以蔡元培在教育獨立議中對此未嘗不說得剴切詳明，但在國民政府下做大學院長，卻不得不實施國民黨之教育。故嚴格講來，教育獨立四字實不能聯成一個名辭，必得於其下加種種限制詞以限制之，此則望提倡教育獨立的教育家深長思也。

附注：此外尙有師範教育獨立，以其爲局部的，將於近代中國教育史中論及，故不列於此。

第十五章　科學教育思想

43. 背景

科學兩字是從日文翻譯而來，在新教育制度未採行以前，只有洋務之名，惟不盡指科學及西藝教育思想（參閱該章）發達，始以西藝括現在的自然科學與應用科學。至民國十年因美國孟祿應實際教育調查社之聘來華調查教育，力言中國科學教育之不行，而於翌年由教育改進社聘美人推士來華指導科學教育。科學教育四字始通行於教育界。科學教育思想雖然自有西藝教育思想以來，卽已不斷地發展，但其背景則爲截然不同之二事。張準說：

『道咸以後，吾國屢挫於外，舉國人士，以舊之不足恃，羣思變法，汲汲以輸入西學爲務，……其目的不在科學本體，而在製鐵船造火器，以制勝强敵，謀富强救國之策。』(1)

這是清代科學教育思想產生的由來；換言之，當時的科學教育思想是外侮的反映。至於民國十一年的科學教育思想則爲新教育不切實際的反映。蓋清代雖因圖强之故，大倡西學，但科舉的傳統思想固少有改變，學校雖有數理博物的科目仍是一種變相的八股。孟祿說：

「中國中學科學教育之不良有二因：一個原因，就是令學生背名詞，重分類。殊不知科學底目的在於使學生應用，科學的教學最重要的就是實驗。中國中學之科學教學，不給學生實驗的機會。……第二個原因就是中國對於科學的概念不明瞭，卽視科學爲名詞與分類的事體。』(2)這是外國人底話，但事實却是如此，他這幾句話，實是「科學八股」的好註脚。當時的教育家有感於這種現象之不當，於是照孟祿底話，向美國請來一位長於科學教育的推士指導科學教育。這是十一年以後科學教育流行一時的原因。

44．變遷

中國的科學教育思想原與西藝教育思想同源。我們不將這兩種教育思想混合敍列者，是因爲前者專以科學直接應用爲目的，後者則以科學的一般應用爲目的。眞正的科學教育在培養一般人民底科學思想，普及科學方法於民衆，西

1．周邦道：科學發達史頁247

2．孟祿的中國教育討論頁46—7

藝教育雖亦曾重科學的直接應用而不能稱科學教育思想者以此。

近數十年以受過科學的訓練而首倡科學教育的人要推嚴復。他生於清咸豐三年（1853），死於民國十一年（1922）於光緒二年（1876）由福建船政廠派赴英國海軍學校，習戰術及礮台諸學，最長數學，兼治論理社會法律經濟諸科。他於甲午而後，深以中國之危亡爲慮，戊戌召對，曾著上皇帝萬言書，力言自强之道；斯年主天津國聞報筆政，並譯斯賓塞爾勸學篇，著原强、救亡決論等文鼓吹興學救國。勸學篇重在羣學，原强後二篇則特重科學教育之提倡。他說：

『……凡其耕鑿陶冶織紝牧畜上而至於官府刑政戰守轉輸郵置交通之事，與凡所以和衆保民者精密廣大較吾中國之所有倍蓰有加焉。其爲事也，一一皆本諸學術，其爲學也，一一皆本於即物實測，層累階級，以造於至精至大之塗，故，蔑一事焉可坐論而不足起行者也。』(1)

這是說西洋各國底刑政農商，皆以實驗的學術爲事，所以其國强盛，至於中國雖自同治而後有譯西書設船廠開學堂種種新政，但其崇尙空文的思想固未曾改變，所以仍是無效。故他主張用西洋實事求是的科學方法教兒童說：

『夫西洋之於學，自明以前，與中土亦相將耳。至於晚近言學，則先物理而後文詞，重達用而薄藻飾。且其敎子弟也，尤必使自竭其耳目，自致其心思，貴自得而賤因人，喜善疑而愼信古。其名數諸學，則藉以敎致思窮理之術，其力質諸學，則假以導觀物察變之方，而其本事則筌蹄之於魚兎而已矣。故赫胥黎曰：「讀書得智是第二手事，唯能以宇宙爲我簡編，民物爲我文字者，斯眞學耳。」此西洋敎民要術也。而回觀中國則何如？夫朱子以卽物窮理釋格物致知是也；至於讀書窮理言之，風斯在下矣。且中土之學，必求古訓，古人之非，既不能明，卽古人之是，亦不知其所以是；記誦詞章既已誤，訓詁注疏又甚拘，江河日下，以至於今日之經義八股，則適足以破壞人才，復何民智之開之與有耶？且也六七齡童子入學，腦氣未堅，卽敎窮玄極渺之文字，事資强記，何裨靈襟，其中所恃以開濬神明者，不外區區對偶已耳。所審覈物理辨析是非

1. 原强頁8

者，胥無有焉。以是爲學，又何怪制科八十九鶻突於人情物理，轉不若農工商賈之有時而當也。今之蒿目時事者，每致歎於中國讀書人少，自我觀之，如是教人，無寧學者少耳。』(1)

前段論西洋教育注重科學的優點，後論則論中國教育徒尚空疏的弊端。欲救中國，非力將實事求是的治學精神普及於社會，推行於政刑不可。故說：

『西學格致則其道與是適相反：一理之明，一法之立，必驗之物物事事而皆然，而後定之爲不易。其所驗也貴多，故博大，其收效也必恆，故悠久，其究極也必道通爲一，左右逢源，故高明。方其治之也，成見必不可居，飾詞必不可用，不敢私毫主張，不得稍行武斷，必勤必耐，必公必虛，而後有以造其至精之域，踐其至實之途。迨夫施之民生日用之間，則據理行術，操必然之券，責未然之效，先天不違，如土委地而已矣。且西士有言，凡學之事，不僅求知未知，求能不能已也。學測算者不終身以窺天行也，學化學者不隨在而驗實物也，講植物者，不必耕桑，講動物者不必牧畜；其絕大妙用，在於有以練智慮而操心思，使習於沉者不至爲學習於誠者不能爲妄。是故一理前來，當機立剖，昭昭白黑莫使聽熒。……西學格致非迂途也。一言救亡則將舍是而不可。』(2)這是要人應用科學方法於事事物物，實爲科學教育之極致。

在當時科學兩字尙未通行於中國，故嚴氏不曾提出科學教育四字，但他論中國教育底弊端以及『東海可以迴流吾言必不易』的堅決態度主張『痛除八股而大講西學科學』其識見固不可及；而竭力申述科學態度在於善疑愼言，科學方法在於直接觀察，科學效用在於辨是非，尤非當時之空言西學者所能望其項背。

自此而後，新教育制度在中國立定了根基，各級學校中也有所謂理科之類的科學的科目，但都是爲着做照外國學校底辦法而然的，並非科學教育思想底產物。直到民國三年留美學生，在美國發起中國科學社，於四年一月起發刊科學

1. 原強頁15
2. 救亡決論頁6—7

月刊，鼓吹科學方法，研究各種科學。該誌第一卷十二期任鴻雋發表科學與教育一文，論科學與教育關係，主張應用科學方法於教育上，科學教育始聯成一詞。他說：

「……科學實力之所亭毒，潮流之所趨赴，雖欲否認之而不能。科學於教育之重要，久已確立不移矣。其在今日，科學之範圍愈廣，其教育上之領域亦日增。……教育之事無論自何方面言之，皆不能離科學以從事。若夫智育之事，自科學本域言教育者當莫能外，無容吾人之重贅一詞。今當進論吾之第二問題；卽導行審美之事，唯文學能之乎。如曰能之，當如何而後可。文學者、又統泛之名詞也。泛言之，凡事理之筆之於書者皆得謂之文學。故論辨辭賦小說戲曲之屬文學也，而歷史哲學科學記載之作亦文學。乃今所言，對科學以爲說，則當指其純乎文章之作，而科學歷史之屬不與焉。大抵文學之有當於敎育宗旨者，不外二端，一、文法。文法者，依歷久之習慣而著爲遣詞置字之定律也。及旣成，則不可背。習之者辨其字句之關係，與幾何之證形體蓋相類。

故西學者皆謂文法屬於科學，不屬於文學。吾人則謂其文詞字不中律令者，其人心中必無條理。故文法之不可不講，亦正以其爲思理訓練上之一事耳。二、文意。文意者，人生之意而文字之所達者也。科學能影響人生，變易人生，而不能達人生之意於此領域中，惟文字爲有權。然吾人當知文字之有關於人生者，必自觀察實際，抽繹現象而得之，而非鑽研故紙，與玩弄詞章所能爲功。吾國周秦之際，學術蔚然，以言文章，亦稱極盛。以是時學者皆注意社會事實也。漢唐以後，文主注釋。宋明以後，則注釋與記事之文而已：不復參以思想，亦不復稽之事實。故日日以文爲教，而文乃每下愈況。思想旣窒，方法旣絕，學術自無由發達。卽文學之本域，所謂以釋人生之本意，亦幾幾不可復見；獨審美性質，猶未全失耳。烏乎，自唐以來，文人學士，日囂囂然以古文辭號於衆者，皆於審美一方面致力耳。至所謂「道」與「學」者，彼輩固不知爲何物，亦不藉彼以傳也。是故今日於教育上言文學，亦當灌以新知識，入以新理想，令文學爲今人之注釋，而不徒爲古書之象胥，而後於教育上乃有價値可言。至於一切古書，亦宜以此意讀之，乃不落歐洲中世紀人徒讀希臘拉丁之故步矣。

』(1)

不

他對於文學亦主張以科學方注訓練思想灌輸新知，而打破舊時文以載道的玄談，實為前此文人所未言及者。他所以如此主張，是因為他注重在科學之提倡。故他底結論說：

『要之，科學之於教育上之重要，不在於物質上之智識，而在其研究事物之方法：尤不在研究事物之方法，而在其所與心能之訓練。科學方法者，首分別事類，次乃辨明其關係，以發見其通律。習於是者，其心嘗注重事實，執因求果，而不為感情所蔽，私見所移。所謂科學的心能者，此之謂也。此等心能，凡從事三數年自然物理科學之研究，能知科學之眞精神，而不徒事記憶模倣者，皆能習得之。以此心能求學，而學術乃有進步之望。以此心能處世，而社會乃立穩固之基。此豈不勝於物質智識萬萬哉。吾甚望言教育者加之意也。』

(2)

民國四年至八年之間科學雜誌發表科學與各種事業之關係的文章甚多，除敎育外，德行，農業，林業，工業，商業與科學的關係均曾論及，而尤注意於科學方法的提倡。但在八年以前所得的反應很少。

五四而後，民治敎育思想大倡，所謂新文化運動，科學敎育的提倡亦其重要目標之一。及十年五月孟祿來華調查敎育，批評中國科學敎育之不良，科學敎育思想乃大倡。敎育者並知從前提倡敎育之不當，與學校有僅關於理科的科目不能算作科學敎育，必得有研究科學之人，用科學方法，解決困難問題才可算科學敎育。持此議論者可以張準爲代表。他於十年五月在南京高等師範敎育研究會講演近五十年來之中國科學敎育說：

「近數年來，大家始知疇昔所主張提倡之敎育，均屬未中肯綮，不着邊際。欲言敎育，必從科學的方法上着手，凡各種科學不可全恃他人已得之結

1. 科學通論頁107—8

2. 科學通論頁109

果，必自己加以研究試驗此蓋眞正的教育科學開端之時也。然從事科學的教育，有兩大要點，不可不注意者：

『（一）要有研究科學之人——傳播科學之時期，業已過去，研究科學，今正其時。年來如中國科學社，北京地質調查所，中央觀象臺等或調查、或觀察，或就研究所得，發爲文章，著錄專書，成績斐然，深可稱道。……將前人所未研究者，從而研究之，此皆一時之創舉。如能羣起繼續，於科學教育前途，必有莫大之裨補，蓋就本地風光，講述科學，最足引起學生研究之興趣也。

『（二）要用科學方能解決困難問題。——欲使科學教育發達，一方固宜研究科學，一方亦宜運用科學方法，解決實際上之困難問題，以堅普通一般人對於科學之信仰。余嘗謂西學輸入日本較中國爲後，而其進步則較速者，卽西學輸入日本者，首爲醫樂，研究是學者，隨卽能解決疾病問題，故彼邦人民，咸信西學之功用；厥後派遣學生游學外洋，由醫學而逐漸及於其他之科學。若中國最初所學習之科學，屬於軍官製造方面，甲午一敗，人遂以科學爲不可靠矣；進步遲緩，寧非由此乎？本校（南高）與江蘇所設之昆蟲局，現以除撲蚊蠅爲職志，結果所至，社會信仰；則不但應用科學因而昌明，純粹科學亦將從此發達矣。』(1)

十一年推士來華指導學校教育，雖然在實際曾作了一些事，但因爲他是一個實際的科學教育家，在教育思想上不曾發生什麼影響（他在 Science and Education in China 書中關於教育制度的建議很有特見，惟不在科學教育範圍之內，也無人注意及之）。當推士在中國竭力調查中國科學教育狀況，切實指導科學教育方法的時候，國內學術界爲着張君勱底一篇講演詞而發生科學與玄學的論戰，(2) 參加者數十人，論文達三十餘萬言。這次的論戰，雖然不曾直接討論科學教育，但是三十年來潛伏在一般人心中之「懷疑科學」的意識，至此全部宣洩出來；而重視科學，主張科學教育底意見也無罣礙地明白公布於世：科學教

1. 科學發達史略頁255—7

2. 詳見科學與人生觀（上海亞東書局出版）

育思想便也無形受了很大的幫助而普及於社會。這兩方面的人物要以張君勱與吳稚暉爲代表。張君勱說：

『吾以爲教育有五方面曰形上，曰藝術，曰意志，曰理智，曰體質。科學教育偏於理智與體質，而忽略其他三者……。』

又說：

『教育家爲應付社會中之生計制度計，常以現時生計制度爲標準，而養育人才。於是學一藝而終身於一藝，爲無產者謀生之不二法門。若夫變更社會之貧富階級，使凡爲人類，各得爲全人格之活動，皆得享全人格之發展，則爲適應環境之科學的教育家所不敢道。』[1]

因之他以爲教育方針之應改良者有下列三事：

『(1)學科中應加超官覺超自然（Supernatural）之條目，使學生知宇宙之大，庶幾減少其物質慾望，算賬心思，而發達其舍己爲人爲全體努力之精神。

「(2)學科中應增加藝術上之訓練。就享受言之，使有悠悠自得之樂；就創作言之，使人類精神生活益趨於豐富。

「(3)學科中應發揚人類自由意志之大義，以鼓其社會改造之勇氣。」(2)

他並舉德俄革命以證人事進化無公例可尋（卽超科學的）而謂其爲科學教育明著之反證。故最後警告國人說：

「若固守科學的教育而不變，其最好之結果，則發明耳，工商致富耳；再進也，則爲階級戰爭，爲社會革命。此皆歐洲已往之覆轍，吾何循之而不變乎？國中之教育家乎！勿以學校中加了若干種自然科學之科目爲已了事也。歐洲之明效大驗既已如是。公等而誠有懲前毖後之思，必知所以改絃易轍矣。」(3)

1. 科學與人生觀頁73
2. 同上頁73—4
3. 科學與人生觀頁76

他雖然反對科學的教育，但他所舉的三條方針，就是主張科學教育的人也一樣重視；他說『享全人格之發展則爲適應環境之科學的敎育家所不敢道』亦足示其不明教育底眞義，並無何種特殊的見解。但國人數十年來誤解科學敎育的眞義的情形，却由他全部表現出來。當時贊成其說者，自然很有，但力量遠不如提倡科學敎育者吳稚暉底大。吳素重視科學，重視物質文明，平日的言論無處不表示此種意見。他在這次論戰中發表一篇長七萬餘言的文章，題曰一個新信仰的宇宙觀及人生觀，雖然不明白說他在主張科學敎育，但主張科學敎育的意思却無時不流露於文字之間。他以宇宙是由具有質力的物體自然變化而來，人類在宇宙中的目的就是要向着善美走去。因爲人類是向上，究竟的目的終不能到，所以便有梁漱溟所謂向前向後持中的三條路(1)以代表西洋印度中國底三種生活樣法。他是極端相信科學而主張向前進的。所以他說：

『我信「宇宙一切」皆可以科學解說。但欲解說一切之「可」，永遠不「能」。能解一切之可，無異說能知無始之始，能知無終之終，能知無外之大能知無內之小，這自然不能。惟能雖不能，而可則自可，向可中求增其能，是之爲學。不問其可，自信別有所能，是爲美學態度。不信其可而願姑試其能，是爲玄學態度。心知其可，不肯身限其能，是爲科學態度。』(2)

他既認科學態度是不肯自限其能，故謂覆天載地的大責任，亦可由一己擔負。故又說：

『至此而挾極度之創造衝動，及最高之克己義務，始可自責曰：「人生庶幾忝爲萬物之靈。」（若享權利時，自以人爲萬物之靈，乃絕大錯誤。）凡覆天載地之大責任。爲宇宙間萬物之朋友所不能招呼者，一由吾人招呼之。如此豈是「就生活而生活」「順天理而待盡」可以勝彼艱鉅？……招呼朋友，實際亦知未能及於宇宙之些須；有「科學萬能」在，區區覆天載地，正可當仁不讓。』(3)

1. 詳見梁漱溟著東西文化及其哲學

2. 吳稚暉全集卷四頁126

3. 同上頁150

這些話都是表示他對於科學的信念，若是要他向人講教育，他便明白勸用科學提倡物質文明。他說：

『……學校要有「全套的一副」本無所謂偏重不偏重，自然各有他相當的數量。但是中國數千年偏重了文的哲想，自無可諱言。最近數百年又被聖功王道的八股思想統一了一陣，至今餘毒未清。因此改了洋文學，談起洋哲理，插入洋聖功王道的法政學，加入洋經世文編的商科理財，結以洋周秦諸子的各種洋九流三教（什麼主義，什麼主義），逐漸成了洋八股的偉觀。所以若再聽憑他百千大學開設了，使他休明出來，結果是有飯吃便把官僚，政客，土豪，遊民，做他們的尾閭去排洩罷了。那種博學鴻詞科式的太戈爾也必定盛極一時，過他們高尚亡國奴的生活，因此欲矯枉而過其正，非鼓吹一個乾燥無味的物質文明出來，不足以淡此瘴氣，（謂洋八股。）乾燥無味的物質文明，是止有偏重了科學工藝，才鼓吹得出，不是還靠理想所能鼓吹得出的呀。』(1)

他底文章總是嬉笑怒罵詼諧百出。他這段話對於中國現教育的弊端，可謂批評痛快淋漓。他看得這種洋八股的現象氣憤不過，所以到處謾罵（他底全集中底文章講到中國教育問題便有這種言語）而極力提倡科學教育。他自然不是專門的教育家，但對於「洋八股」思想之破壞力與對於科學教育的暗示力都不小。胡適稱他為近世大思想家之一，他實在足以當之。

45. 影響

科學教育思想雖然在近代中國教育史綿延三十餘年，但其對於實際教育的影響卻很少。清末與民國的各級學校課程中雖有所謂理科之類的學科，但並不是科學教育思想底產物，而是模倣西洋新教育制度的結果。五四而後因民治主義教育思想底激盪，十一年推士來華，在華兩年走遍十行省，經歷二十四城市，二百四十八學校，演講二百七十六次（見 Science and Education in China 第一章），並於十二年暑假在東南大學暑校講授科學教授原理，十三年暑假在

1. 吳稚暉全集卷一頁122—3

清華學校主講科學教員暑期研究會；在兩處均特別注意於科學教師之養成，前後從學者二百餘人。此外中華文化基金會得美國退還庚子賠款，對於中國科學教育擬定七年計劃，年供十五萬元，設立科學教習，分物理、化學、動物學、植物學、教育心理學五種科目，分配於北京、東南、武昌、成都、廣東、奉天各大學。此爲五四運動後中國科學教育之具體設施，與科學教育思想有相當關係者也。

中國科學會社據張資珙於十五年調查所及，計由國人自組者十四，中外合組者一，外人所組織中國人得加入者四：關於自然科之出版物五十四[1]；全國科學教育設備，據吳承洛調查大學、高等師範、專門學校設備以純粹理科（化學物理博物）爲主者二十八校，以醫科爲主者十八校，以工科（礦冶、土木、機械、電機、應化）爲主者十八校，以農科（農林、水產）爲主者十二校。此種組織與設施雖然大半不是科學教育思想底結果，但由此亦可見中國科學與科學教育的現狀。

科學教育底目的，消極方面在於破除迷信，積極方面在於普及科學方法於民衆而培養其創造能力。據此以衡中國科學教育思想底效果，所得的答案完全是一個否定興學三十餘年來，不獨所謂愚夫愚婦還在望「眞命天子」出世，卽號稱受過學校教育的達官偉人乃至於留學東西洋的留學生，亦每有設案求雨，焚香扶乩的事情；而近年同善社、悟善社、靈學會之發達，更有匪夷所思的現象。這些現象之所以構成，自然有許多是經濟的原因（如兵匪橫行，人民無安身立命之地），而科學教育之無效卻是原因中之最大的。科學教育在中國所以無效有兩個最主要的因子；第一是民族的習性，第二是科舉的餘毒。

迷醉東方文化的學者都讚美東方的精神文明，所謂精神文明，是專重內省的自滿的文明；持盈保泰、優游自得，在足衣足食之後自然有許多用處，但把這種精神推而廣之，應用到一切事物上面，便是不敢與自然作戰，事事聽自然擺布。願受自然擺布的民族，忽然要換過頭面來講制馭自然的科學，弄到有名無實，自然是「事有必至理有固然」了。

1. 見張氏著科學在中國之過去與現在（原文先載上海時事新報學燈，後錄入江蘇教育公報九年八期）

科舉餘毒足以阻礙科學教育之發達，張謇講得最詳細，我們可拿他底話代爲說明。他說：

『……曾（國藩）李（鴻章）左（宗棠）三公之創設學校，翻譯西書，派遣子弟出洋留學，固在五十年前，何以科學上卒未得良好影響，吾敢一言以蔽之曰，是科舉之過也。彼時選派出洋之學生，固望其洞澈西人格致之源，歸而「觸類引伸」「精益求精」「視其所學爲身心性命之學也。」孰知學成既少，歸而投身社會，則以出身不由科舉爲世所輕，其或致身通顯，則又與其學無與。所謂「延入書院分科傳教」者，尤未見實行。故其所學自西人者，歸不數年，漸非己有矣。清末考驗出洋畢業生，羣起而赴之，賢者亦不免自貶，蓋科舉勢力有以迫之也。及至學校創辦，仍不離科舉之習，朝廷固明謂「學校之制，其獎勵出身，與科舉無異」。故其教者習者，悉以是爲的，科學課目，與五經四子書同爲記誦之學，備畢業等第之考核而已。彼製造局所譯各書，其讀之而通曉科學者，世不多見，然市儈之徒，改換其面目，變而爲富強叢書、西學時務通攷，西學大成等書供士子場屋之用，蓋不如銷行幾千萬部；而士子之剌取一二，生吞活剝，逗湊鋪張，博得學通中西之名，如格致書院課藝、南菁書院課藝所載者，則其直接受此譯籍之賜也。是科舉之過也。』(1)民國來，科第獎勵制雖然取消，但記講義以求文憑，憑頭銜以謀差事的情形仍然如故。吳稚暉之所謂洋八股，實非過刻之論。

中國當提倡科學教育，恐怕除了謳歌東方精神文明如太戈爾一流人物是不會發生問題的。我們不能在此討論實施的具體方案，其進行的方針有二：一、在積極方面極力鼓吹國人努力創造物質文明，引起其科學研究的要求；二、在消極方面極力打破現在彩票性的官吏惡習，使人民不得自食其力以從事生產的建設，而間接發展科學。（第二項在職業教育思想中曾經詳說過，第一項本書結論中還得再說，故不贅。）

第十六章　非宗教教育思想

1. 五十年來之中國科學頁3

46. 背景

中國社會上雖然有佛教回教道教孔教的名稱，但道孔兩教實在不能算作宗教；回教雖爲一種純粹的宗教，但聚族而居，不與漢人混合，即散居在漢人中者亦不向外傳教；佛教雖通行全國，但其教義經過儒家底詮釋，人民對於牠底信仰亦哲學化了，而不全屬宗教。故中國歷史上無十字軍的宗教問題，宗教與教育更兩不相涉。十一年北京非宗教大同盟謂中國是無教之國，實很近似。

自前清鴉片戰爭而後，列强强迫我訂立不平等條約，於條約中取得內地傳教權，更因傳教而在內地自由設立學校教育中國國民。及光緒二十九年改行新教育制度，教會學校愈加發達，然他們因爲條約上無根據，(1)原擬向官廳立案而當時執政者不知「教育權」之可貴，對於教會學校，不從根本上取締，惟以不給獎勵爲限制的手段，(2)於是教會學校與教堂同時進展。民國而後，因內亂綿延不斷，教育經費長久拖欠，教育事業亦每爲軍閥政客所操縱所干涉，致固有之學校尚不能維持，更說不到發展，而教會學校因不受國內政治影響，乃更乘機推廣。

中國人民在歷史上既少眞正的宗敎信仰，耶敎之在中國傳播又以國際的强權爲背景，其儀式既與國人底習慣不合，（尤其是不敬祖先）其强臨弱的態度更足以引起反感，（光緒十六年，深州、饒陽、武强、安平各州縣廩生不許敎民應試童生，卽其顯例。）敎會學校不過因國勢與內亂的種種機會而得特別發達。但其設立學校底目的，不在爲世界造「人」，也不是爲中國造「國民」，而在爲耶

1. 同治七年中美續約第七款載有『美國人可以在中國按約指准外國人居住地方設立學堂，中國人亦可在美國一體照辦。』此款本義爲允許外人在其居住地設學敎其本國人民，並非自由設學敎育中國人。

2. 光緒三十二年學部通咨外人設學無庸立案文說：『敎育爲富强之基，一國有一國之國民，卽一國有一國之敎育，匪惟民情國俗各有不同，卽敎育宗旨亦實有不能强合之處。現今振興學務，各省地方籌建學堂，責無旁貸，亟應及時增設，俾國民得有嚮學之所。至外國人在內地設立學堂，奏定章程並無允許之文，除已設各學堂暫聽設立無庸立案外，嗣後如外國人呈請在內地開設學堂，亦均無庸立案。所有學生，概不給予獎勵。』

穌造「教民」故對於幼年兒童教以荒誕神話的教會三字經，(1)中等以上學校則特別重視外國語言文字而不注意中國文化。(2)教會學校底內容既與中國底國情民習不合，其能在中國存在數十年者，全靠國際上及中國內政上的特殊機會；國人一旦醒覺，其機會自會消滅，而反對這種教會教育的非宗教教育思想也自然而然要發展的。——非宗教教育底本義原是「非」一切宗教教育的，不過中國眞正施行宗教教育的機關只有基督教的教會學校，故非宗教教育也以基督教教會教育爲唯一的對象。

學校的宗教教育原建築在宗教勢力之上，中國教會學校的宗教教育，則建築在不平等條約之上。歐戰而後，這兩種基礎爲理性主義與民族運動破壞了，所以中國宣傳宗教教育的教會教育也不得不傾倒。關於此問題胡適在今日教會教育的難關中說得很詳明：他說：

『二十五年前，傳教事業的敵人是愚昧的迷信。二十五年後，傳教事業的難關是開明的理性主義。我們現在不怕基督教士挖眼珠子去作藥了；我們現在對於基督教的教義與信條也漸漸明白了。但我們有人要進一步疑問基督教的根本教義能不能成立；我們有人要問上帝究竟有沒有，靈魂究竟有沒有。西洋近代科學思想，輸入中國以後，中國固有的自然主義的哲學逐漸回來，這兩種東西的結合就產生了今日自然主義的運動。這種自然主義對於宗教的態度是：

(1)宇宙及其中一切萬物的運行變化皆是自然的，自己如此的，用不着什麼超自然的主宰或造物者。

(2)生物界的生存競爭的慘酷與浪費，使我們明白那仁愛慈祥的主宰是不會有的。

(3)人不過是動物的一種，死後是要腐爛朽滅的；朽滅是自然的現象，不足使我們煩心。我們則應該努力做我們能做的事業，建造我們人世的樂國，

1. 參閱舒新城著收回教育權運動第三章甲項（中華書局出版）

2. 參閱舒新城教育叢稿第一集收回教會中學問題。

不必去謀死後的淨土天堂

這種新的理性主義的根本態度是懷疑：他要人疑而後信，他的武器是「拿證據來。」在這個「拿證據來」的旗幟之下，就是基督敎的敎義與信條也不免受他的評判與攻擊。』(1)

這是宗敎敎育根本動搖的原因。在中國還更有一種可以使牠動搖的勢力就是新起的民族主義的反動。他又說：

『這幾十年來，中國受西洋人的欺侮總算很夠了；好幾次的反抗，都歸失敗。最後一次的反抗是庚子年的拳匪運動。自從那回之後，中國人知道這種盲目的、無知識的反動是無用了。所以二十世紀頭上的十多年可算是中國人對外不反抗的時期；外國人處處佔優勝，處處佔便宜；中國人怕「干涉」怕「瓜分，」只好含羞忍辱，敢怒而不敢反抗。但是這十幾年來可不同了。辛亥的革命與民國的成立鼓起了中國人的勇氣，喚起了民族的自覺心，干涉與瓜分的噩夢漸漸遠了。到了歐戰發生，歐洲殘破，眞正「戳穿了西洋鏡，中國人對於西洋列强的眞相漸漸有點明白了，怕懼的心理漸漸減低，自覺心理漸漸發展。歐戰期內國際貿易的大變遷，國內產業的發達。列强在遠東的壓迫力的暫時弛緩，歐戰國際形勢的大變遷，俄國的革命，德國奧國的衰敗這些事實都够使中國民族——自覺地或不自覺地——心理起許多大反動。結果就是一種新的民族主義的大反動。……

『他們爲什麼不許外人在中國傳敎辦學呢？因爲他們相信凡帝國主義文化侵掠的唯一方法是布宗敎，開學校。宗敎一方面是帝國主義昏迷殖民地民衆之一種催眠術，另一方面，方面又是帝國主義侵掠殖民地之探險隊，先鋒軍。』（嚮導八十一期）(2)

此外還有兩種原因：第一是德國土耳其於歐戰後不使宗敎混入敎育之中，使國內非宗敎敎育思想獲得實證，而增進其滋長的勢力；第二是十一年而後，共

1. 中華基督敎敎育季刊第一卷第一期頁8—9

2. 同上頁7—8

產主義與國家主義，同時發達：此兩種主義在他方面雖互相衝突，但對於反對教會教育方面則主張相同；他們各就其主脚點鼓吹非宗敎敎育，且努力於實際活動；故非宗敎敎育思想，於十三四年間普及一般國民，且在實際上發生許多效果。

宣傳宗敎敎育的敎會學校數十年來在中國自由發展不生問題，五四以後發生動搖，十三年後幾至於不能存在，其原因在此。非宗敎敎育產生與滋長的原因也在此。

47. 變遷

因爲中國在歷史上可以稱爲「無敎之國」，所以對於宗敎素不重視；甲午而後，號稱識時務者雖競言洋務，但決不言西敎。(1) 而學校中宣傳宗敎尤懸爲厲禁。光緒二十九年張之洞、張百熙、榮慶奏訂學堂章程，即明白規定外國敎員不得講宗敎。原文說：

『……所聘西師即敎師出身，須於合同內訂明：凡講授科學，不得借詞宣講涉及宗敎之語；違者應即辭退。』(2)

這種明令的限制雖然很嚴，但因當時對於教會學校取放任主義，除公立學校須受政府監督外，教會學校仍然無所忌憚地宣傳宗教。民國初元雖然蔡元培於新教育意見中論到宗教與教育的區別，對於宗教略有不滿之詞，但未明言教育應分離而獨立。其時有劉以鍾者論民國教育宜採相對的國家主義，力主教育與宗教分離。他說：

『宗教與教育，應有何等關係，久為學者所爭，最近則分離說大占優勢。所謂倫理教化運動者，發起於英倫，遍及全世界，據其所主張與實驗，則脫離宗教之道德教育倫理正確而收效顯著，現該運動之勢力，日益澎漲，將使十數年之後，學校教育全脫宗教之範圍，是世界之趨勢也。況道德教育，既以國家為中心，所採德目，不能與國定要旨相背馳，故不容宗教混入學校教育，使國民道德失其中心，而根本為所動搖也。本此旨得二種要件如左。

1. 光緒二十二年梁啟超之西學書目表序例卽云教類之書不錄

2. 教育史料第二冊頁19

(一)無論法人私人，或宗教團體所設立之學校，均須受國家之監督，遵照學校規程，不得施宗教教育及其儀式。

(二)凡學校內，(除大學哲學科)不得行違反國定道德要旨之宗教講演。』(1)

此段爲他所主張之國家主義的教育必要條件之一，實爲倡言教育與宗教應分離之最早者。

六年蔡元培在北京神州學會講演以美育代宗教極力攻擊宗教，謂其侈言陰騭，攻擊異派，無補人心，而主張以無人我的純粹美育以替代之。實爲正式倡言非宗教教育之始，但所得的反應甚少。

五四而後，國民底思想大爲解放，對於社會的一切都以懷疑的態度，重新估定其價值。八年七月一日國內青年之有志向上者，組織少年中國學會，方標明其宗旨爲『本科學的精神，爲社會的活動以創造少年中國』；在思想方面每爲國人底先驅。九年該會第二年評議部會議，因巴黎會員的提議議決『以後同人不得介紹任何宗教信仰者爲本會會員，并請已入會而有宗教信仰者尊重此條議決案自請出會』⑵這個議決案其拘束力本只以該會會員爲限，惟他們有專學文藝者，雖然不一定信仰某宗教，但感情很盛，而以此種議案爲不當（如田漢）而發生異議。於是會中執行者乃於九、十年之間，在南北兩京舉行宗教講演問題大會，請國內名教授王星拱、屠孝實、梁漱溟、李石曾、周作人、劉伯明、陸志韋及英國哲學家羅素等講演，於該會機關刊物少年中國月刊第二卷八號、十一號、第三卷一號連出宗教問題專號三期，講演者對於宗教者雖有贊否兩派，但該會會員所發表之文字除田漢外（亦係汎神論與宗教徒有別）其餘大概否定宗教。北京大學哲學研究社亦於九年十二月開宗教問講演會請名人講演。國內學術家在思想上受了這種很廣大精深的激盪，無論平日有無宗教信仰，都把宗教問題當作一個重大的問題看待。非宗教教育的思想至此已植立了很深的根基，只待春風

1. 民國經世文編第三十二冊頁41—2
2. 少年中國二卷四期頁87

到來，便自然而然要特別滋長了。

十一年三月催非宗教教育思想滋長的春風果然到了，這就是世界基督教學生同盟要在北京清華學校開會，其預備提出的問題有「如何宣傳基督教於現代之學生」「學校生活之基督化」「學生在教會中之責任」等，更明白向學校及學生宣傳基督教。於是南北兩京有非基督教大同盟之組織，（少年中國學會會員參加者不少）極力攻擊宗教及基督徒煽惑中國青年。北京同盟非宗教的理由說：

『人類本是進化的，宗教偏說人與萬物是天造地設。人類本是自由平等的，宗教偏要束縛思想，摧殘個性，崇拜偶像，主乎一尊。人類本是酷好和平的，宗教偏要伐異黨同，引起戰爭；反以博愛爲假面具騙人。人類本是好生樂善的，宗教偏要誘之以天堂，懼之以地獄，利用非人的威權道德。宗教本是沒有的，他們偏要無中生有，人造迷信。宗教本是假設的，他們偏要裝假成眞，害人到底。』(1)

他們反對基督教徒煽惑青年學生的理由說：

『中國在世界比較起來是一片乾淨土，算是無教之國。無奈近數十年來，基督教等一天一天的向中國注射傳染。最近幾月，氣燄更張，又有甚麼基督教學生同盟，於光天化日之下，公然要到中國首都的北京來舉行。回想我們人類所受過基督教的毒害，比其他諸教都重大些。他們傳教的方法，比起他教；尤算無微不入。他們最可痛恨的毒計，就是傾全力煽惑青年學生。青年學生原是很純潔的，不易煽惑，他們便使用他們不知怎樣得來的金錢，建築高大華麗的房屋，叫做甚麼基督教青年會。他們始而對青年學生說入會的不必信教，其實既入彀中，一步一步的引人入勝，卒至基督教青年會就是基督教預備學校，就是基督徒養成所。』(2)

其時大同盟底宣言遍登京滬各報。北京大學校長蔡元培原係反對宗教者，

1. 中華教育界十一卷九期頁4
2. 同上頁5

於斯年四月九日在北京非基督教大同盟講演大會發表其對於宗教及非宗教教育的意見說：

『我曾經把複雜的宗教分析過，求得他最後的要素，不過一種信仰心，就是各人對於一種哲學主義的信仰心。各人的哲學程度不同，信仰當然不一樣，一人的哲學思想有進步，信仰當然可以改變，這全是個人精神上的自由，斷不容受外界的干涉。我願意稱他為哲學的信仰，不願意叫做宗教信仰：因為現今各種宗教，都是拘泥着陳腐主義，用詭誕的儀式，誇張的宣傳，引起無知識人盲從的信仰，來維持傳教人的生活。這完全是用外力侵入個人的精神界，可算是侵犯人權的。我所尤反對的，是那些教會的學校同青年會，用種種暗示，來誘惑未成年的學生，去信仰他們的基督教。我的意見，曾屢次發表過了，最近在教育獨立議（著者案：原文見教育獨立思想章，可參閱）中詳說教育事業，不可不超然於各派教會以外的理由，……我的意思是絕對的不願以宗教參入教育的。』(1)

此時非宗教教育思想，在國內固已風動一時，在法國留學之周太玄等更極力反對宗教及宗教教育。他們曾在法集合非宗教的論文十二篇，印成一册題曰無所謂宗教，四處傳播。其中張宗文之教育與宗教一文，則完全從教育上非難宗教。他說：

『教育是一種藝術，是實行理想以適合於眞理；所以極自由極開放，任個人的自動，達個性的本能；以自己的判斷，定眞僞的從違；決不容外界的干涉，受形式的裁判。試問基督教會辦的學校，他們是採用這種教育的眞旨麼？允許學生從科學上尋出論證來推定或反對基督教的謬斷麼？廢除讀神祕的聖經和跪十字架前祈禱的形式麼？學生的思想不受基督主義裁制麼？但在含有基督教會的學校總不超出基督主義的範圍，他們教學生總不離聖經和祈禱，無非維持宗教所欲達的目的和所採的方針，這是可斷言的。所以教會學校爲的是宣傳宗教，不是教育。世人若以教會學校是教育，那麼和尙

1. 中華教育界十一卷十期頁一

尼姑教他們的徒弟念佛經，也是教育了！』(1)

他更爲總括的結論說：

『總而言之教育是由研究啟發人類精神的工具；宗教是强迫信仰壅塞人類智慧的桎梏教育要脫離宗教方能表現他自由發展的眞精神，所以教育與宗教決不能相合。』(2)

在國內則有斯年七月中華教育改進社在濟南開第一屆年會，胡適、丁文江、陶孟和底凡初等學校（包括幼稚園）概不得有宗教的教育（包括理論與儀式）的提案。他們底理由是：

『兒童當此時期，受感力最强而判斷力最弱。教育家不應該利用這個機會，灌輸「宇宙中有神主宰」「上帝創造世界」「鬼神自有的，並且能賞善罰惡的」等等不能證實或未曾證實的傳說；也不應該利用這個機會，用祈禱、禮節、靜坐、咒誦等等儀式來做傳教的工具。總之學校不是傳教的地方。初等學校尤不是傳教的地方。利用兒童的幼弱無知爲傳教的機會，是一

種罪惡』(3)

十二年余家菊李璜兩人將其散見於中華教育界專論國家主義教育的論文，集印爲國家主義的教育四處散佈，並有醒獅週報不時登載非宗教教育的文字鼓吹反對教會學校，而共產黨的機關報如嚮導、中國青年等更常有攻擊教會教育的文字，於是十三、四、五年之間，非宗教教育與收回教育權運動竟蔚成一種全國風動的强有力的輿論。全國教育界人士集合的教育團體如全國教育聯合會、與中華教育改進社開會時無不有關於反對教會教育的議案，少年中國學會、全國學生聯合會有反對教會教育的決議（十三年），中華教育界並出收回教育權運動專號（十四卷八期），各學者以論文發表非宗教教育的理由更多。總括之可分爲下列各項：

1. 無所謂宗教頁38
2. 同上頁44
3. 新教育五卷三期頁457

1. 政治的理由　十三年全國教育聯合會議決之取締外人在國內辦理教育事業案說：

『外人在我國辦理教育事業，流弊甚多，隱患甚大。綜其著者，約有四端：教育爲一國最要之內政，外人自由設學，既不呈報我國政府註册，復不受我國政府之考核，此侵犯我國教育主權者其一。各國教育各有其應具之本義，外人之民族性質及國家情勢，與我國不同，辦理我國教育，自必扞格難合，此違反我國教育本義者其二。況外人之在我國辦理教育事業，情同市儈，跡近殖民；潛移默化，將至受甲國之教育者愛甲，受乙國之教育者愛乙，於丙、於丁、於戊等亦然，獨立精神全被澌滅。此危害我國學生之國家思想者其三。試更就外人在國內所設教育事業之內容考究之，主辦人員非多爲宗教之宣傳；即係有意於政治上之侵畧，教育事業，其附屬品耳。即如學校編制，大抵任意配置，科學課程，未能切符我國應具之標準，此忽視我國學生應有之學科者其四。』(1)

2. 社會的理由　周太玄說：

『教育是爲社會多方的訓練與預備，故對於社會的均衡上，牠有一種實現的普遍性。至於宗教雖係社會的產物，但其傾向乃是在要求社會之一致化。牠與教育底目的既恰相反，所以在牠底一致化實現的時候，社會立刻失其均衡，而入於一種沈悶黑暗的境地，如果這種環境的條件戰勝社會，則社會將漸由衰敗以至於死亡……所以凡是名實相符的教育是決不利於宗教的宣傳，而能同時盡宣傳宗教的職責的教育，必不是眞的教育。所以從社會方面看來，宗教與教育也是不能相得益彰，相輔爲用的。』(2)

3. 倫理的理由　李璜說：

『第一，近今的倫理教育可以從自然說入手，而宗教的倫理教育可以說從超自然說入手。……第二，近今的倫理教育根本是學校式的。……第三，

1. 教育雜誌十六卷十二期教育界消息頁2
2. 中華教育界十四卷八期非宗教教育與教會教育

近今的倫理是含有社會的相對性的。……宗教教育在近今倫理教育上無立脚之餘地，如果讓教士們還在學校裏混，以爲有補於倫理教育，那就錯了。結果不但無益，而且有害。(1)

4. 文化的理由　余家菊說：

『教育本是一種文化事業，其職責在啟發受教育者，使之能够領受已有的文化，此爲教育之保守機能。更以固有的文化爲基礎，使受教育者能够利用之以創造新文化，而對於文化上爲多少的貢獻，此爲教育之促進機能。必能盡此兩種職責，才可叫做眞教育。……宗教之要素爲信仰，凡經典上之所敍述，皆屬天經地義，不可懷疑。……居二十世紀之中，而信怪道爲聖經，既不是愚昧未啟之民，祇得說是理智之痲木了！文化之進步，全賴理智活動之敏銳，故教育以啟發理智爲一大目的；宗教之結果既使理智歸於痲木，其與教育不能兩立，就無待多言』。(2)

5. 宗教的理由　胡適說：

『爲基督徒計。與其得許多幼稚可欺的教徒，還不如得少數晚年入教的信徒。早年受勸誘入教的人，中年智識開發之後，往往要起反感。天才高的也許變爲福爾泰（Voltaire）一類的革命中下的也許放姿流蕩，打破一切教義的拘束。倒是那些中年以後信教的人，信心不易減退，宗旨不易變遷。給他自由思想的機會；他若從經驗中感覺宗教的需要，從經驗裏體合得基督教的意義，那種信徒才是眞信徒，一個可抵千百個。聖奧古斯便是一個有名的先例。』(3)

因爲中國在實際上是一個「無教之國，」所以始終不曾有人提倡過宗教教育，並且在改行新教育制度的時候，就有外國教師不得宣傳宗教的規定。只因當時執政者不明教育權的重要，對於教會學校不加限制，聽其自然發展，遂致二

1. 中華教育界十四卷八期倫理教育與宗教教育頁68—9
2. 國家主義的教育頁154—5
3. 基督教教育季刊第一卷第一期

十年後釀成尾大不掉的現象在此二十餘年中，非宗教教育思想與教會學校爲正比例的發達，其演化的情形可分爲三大時期：第一是潛伏時期，即從光緒二十九年至民國六年。在此時限之中，教育者雖不曾發表關於非宗教教育的言論，但學務綱要所規定的外國教師不得宣傳宗教之精神，却泛存於教育者心意之中，故時機一到，即發爲思潮。第二爲理論時期，自民國元年至十一年。在此期內，首有蔡元培及少年中國學會倡議否定宗教，後有非宗教大同盟之產生，但均在理論上反對宗教及宗教教育，而不及於實際的取締方法。第三爲實行時期，從十一年至今：在此期內，各學者一面以言論反對學校宣傳宗教教育，一面在教育團體中提議取締教會學校的實際方法；政府與社會受其影響，在十五六年之間照案實行者亦不少。

48. 影響

非宗教教育的思想既由政治上新民族主義及思想上的新理性主義爲背景，又有世界潮流與國內政團激盪推闡之，所以牠在實際上所發生的影響很大。

在政府方面，北方有教育部十四年一月十六日公布的外人捐資設立學校請求認可辦法。其後四條（全文共六條）原文說：

『(三)學校之校長須爲中國人，如校長原係外國人者，必須以中國人充任副校長，卽爲請求認可時之代表人。(四)學校設有董事會者，中國人應占董事名額之過半數。(五)學校不得以傳布宗教爲宗旨。(六)學校課程，須遵照部定標準，不得以宗教科目列入必修科。』(1)

此項法令一面注意教育權之收回（如三，四條）一面注意於教育離宗教而獨立。南方國民政府方面，十五年十月由教育行政委員會發布取締私立學校通令，其第八，十，十一三條之用意與上文正同。原文說：

『第八條：私立學校，不得以外國人爲校長，如有特別情形者，得另聘外國人爲顧問。第十條：私立學校，一律不得以宗教科目爲必修科，亦不得在課內作宗教宣傳。第十一條：私立學校如有宗教儀式，不得强迫學生參加。』

1. 收回教育權運動頁79—80

在社會方面，中華教育改進社及全國教育聯合會自十一年後，均有關於取締教會學校的決議案，出版物方面的少年中國、中華教育界、醒獅週報、中國青年、嚮導週報等均常有關於非宗教教育的文字。在教會學校方面，曾於十四年議決採用新學制課程，十五年議決注重中文等議案。而自十三年五月至十四年九月間，教會學校之發生風潮而學生退學者五十餘校。(1)

就過去的事實看來，非宗教教育思想在實際上發生的影響最大。其所以能有這大的影響，是因爲宗教教育在中國民族思想上沒有根深蒂固的基礎，牠底發展，全憑着外力的壓迫與內政的紊亂，其性質原是一片無根的浮萍，所以遇着民族運動與理性主義的暴風，加以世界思潮與國內政團底推波助瀾，便不得不風流雲散了！

第十七章 國家主義教育思想

49. 背景

國家主義教育思想是從政治上的國家主義產生的。政治上的國家主義發軔於斯巴達，復興於十八世紀，盛倡於十九世紀。近世政治上之倡國家主義者前有德意志，後有土耳其，意大利。各國倡此種主義雖然很複雜，但有一種共同的背景，就是外侮底壓迫。

中國因爲自昔幾完全是大一統的國家，雖也有爲他種民族征服的時候，但征服者於握得政權之後，便同化於被征服者，故處敵國外患者的時期很少；加以社會組織又是小農制度，國民惟求個人底安舒而不問政治上的爭端。所以中國民族性素日富於大同思想，在政治上亦無所謂國家主義的設施。

自清代與歐美交通以來，外交無不失敗，甲午而後，受創尤鉅，謀國者莫不以謀國家之自强爲事，雖然不明標國家主義的政綱，但一切設施固從這條路上走。不過因爲大同思想底根基遠深於國家主義，所以於歐戰後國際和平的思想傳到中國之後，便發生根本動搖。但巴黎和會的事實不足以滿我國人底期望，山東問題不得直，不平等條約不能取消，事事仍須受外人底宰制，而國內軍閥土匪底

1. 詳見舒新城著：收回教育權運動第六章（中華）

橫行日甚一日，人民底困苦也日甚一日。蘇俄遂乘此機會竭力在中國宣傳共產主義，以謀消滅中國。因此種種政治上的國家主義乃於十一年後而大倡。國家主義的教育思想亦隨之而盛。余家菊李璜敍其提倡國家主義的教育原因說：

『我國底國勢，眼見得愈趨愈下，雖其原因有在內在外兩種，而結果則不外受外人宰割。考我國廢科舉興學校之唯一動機，無非求所以擺脫外人之支配。故當時救國救種之論忠君尙武之說，如春筍怒發，振作人心之功頗不爲小。及至民國紀元，確定教育宗旨；尤斤斤以軍國民主義垂示國人，發憤圖强之念，蓋未稍衰。元二年以後，內訌迭起，共和之基礎未固；歐戰驟興，殺伐之慘象大暴。於是有識之士，內感國體之飄搖，外應和平之趨勢，遂有廢棄原定教育宗旨，而提議新教育旨趣之事。新教育旨趣爲：「養成健全人格，發展共和精神。」至此而教育思想爲內亂所左右，致忘却吾國在國際上之地位，已昭然若揭。用教育確定國體，是教育中固有之義。然而教育之功用，有更重要於此者，則是用教育以綿延國命。我們審顧內外，懼國民之將斬，特重提十

年來國人因內亂而遺忘之敎育救國論。先後作文以明此義。……』(1)

從上文看來，可知國家主義敎育思想是以內憂外患爲背景，以自立自强爲目的。

50. 變遷

國家主義敎育思想之盛倡，雖然是民國十一年以後的事情，但因爲清末變法自迫於外患而然，所以此思想之發源在學制系統建立以前。光緒二十八年（壬寅）梁啟超論敎育當定宗旨說：

『一國之有公敎育也，所以養成一種特色之國民，使之結爲團體，以自立競存於優勝劣敗之場也。然欲建此目的，決非可以東塗西抹，今日學一種語言，明日設一門學科，苟且敷衍，亂雜無章，而遂可以收其功也。故有志於敎育之業者，先不可不認淸敎育二字之界說，知其爲製造國民之具。』(2)

---

1. 國家主義的敎育序
2. 飲冰室文集卷二十九頁2

又說：

『凡一國之能立於天地，必有其固有之特性，感之於地理，受之於歷史，胎之於思想，播之於風俗，此等特性，有良者焉，有否者焉。良者務保存之，不徒保存之而已，而必採他人之可以補助我者吸爲己有而增殖之；否者務刮去之，不徒刮去之而已，而必求他人之可以匡救我者，勇猛自克而代易之。以故今日各國之教育宗旨，無或有學人者，亦無有不學人者；不學人然後國乃立，學人然後國乃強。要之使其民備有人格，享有人權；能自動而非木偶，能自主而非傀儡，能自治而非土蠻，能自立而非附庸，爲本國之民而非他國之民，爲現今之民而非陳古之民，爲世界之民而非陬谷之民，此則普天下文明國教育宗旨之所同，而吾國亦無以易之者也。』(1)

他雖然不以國家主義的教育爲言，但所謂教育爲製造國民之具，所謂使其民備有人格，享有人權，能自動、自立、自治，固國家主義的精神也。

光緒三十二年學部奏定之教育宗旨，其忠君一項亦言教育要旨在使人人有急公義洗國恥之志，不過因國體關係而以忠君罩籠一切而已。民國改元，教育宗旨有軍國民教育一項，其目的亦在捍衞國家。惟劉以鍾則於其時明白提倡國家主義的教育。他曾著一論文題曰論民國教育宜採相對的國家主義，（原文初發表於何處，現無可考，惟就其最初「近者民國成立，國體變更」二語推斷其發表時期在民國元年；又就其討論之內容，推知其發表在蔡元培新教育意見以後，）他所謂相對的國家主義，義爲調和的，與絕對的國家主義相對待。其要點在不背世界進化原則及不妨個性之發展。他舉學理歷史及國勢、國民性，國體上四種理由述其所以主張民國教育應採相對的國家主義原因。其第三第四兩項理由則完全就中國國情上立言，原文說：

「三、國民性之觀察　我國國民素乏國家思想。其原因雖極複雜，略舉數大端如左：

『國家組織，向未完全，政府對於人民，常取放任態度，其原因一。拒絕世

1. 飲冰室文集卷二十九頁7—8

界之交通，接觸他族之日甚少，其原因二。國家爲一人所有物，與人民關係淺薄，其原因三。革命結果，不外政權之授受與社會組織國民精神無絕大之影響，其原因四。倫理趨向，常偏重個人道德，其原因五。有此五因，遂使我國國民薄於國家觀念，此國民性之大缺點也。夫國民乏國家觀念，則國本易於動搖，我國有史以來，國家基礎之薄弱，正坐此病。民國成立伊始，欲組織完全國家，非使國民富有國家思想不可，此又主張國家主義之一理由也。

『四、國體上之研究　民國合五種人族而成，五族宗教言語風俗習慣，各有異點，當使同化於一文教之中心，企圖精神之統一，然非施以强固嚴肅之國家教育，則萬不足收同化之功而獲統一之效也。』(1)

他更述國家主義教育必要條件有五：第一、教育方針當視國家行政方針爲轉移；因爲當時才力單薄，生計困難，政府行政方針以振興實業爲要圖，故教育方針應注重實利主義；又因國家阽危，軍備缺乏，政府施政以整軍爲要圖，惟軍國民教育與人道主義相背馳，故在教育上主張採其形式方面，卽採軍事訓練之精神養成信守規律。第二、國民道德以國家爲中心，其道德德目爲愛國愛羣，信守規律，勇往進取。第三、教育行政權集於中央，其要項：(1)高等專門及大學由教育部設立管理；(2)省立中等及地方立之中等以下學校由教育部巡視監督而輔助之；(3)外國留學生概由教育部派遣，(4)法定教育機關之組織及權限，悉由教育部規定。第四、小學教育爲國民共同基礎；故主張採用單一制，統一教授要旨。第五、教育與宗教分離，一切學校均須受國家監督，不得施宗教及宗教儀式，除大學哲學科外不得有違反國定道德要旨的宗教講演。

自此而後實用主義教育與職業教育思想當位，歐戰而後，國際和平之聲浪，充滿於國內教育界人士底言論中，國家主義無復有人提倡。及巴黎和會結果，打破國人國際和平的迷夢，於是教育界又漸注意於國家主義。十年十一月徐則陵在南京高師教育研究會講演教育上之國家主義，謂十五世紀以來的戰爭大抵因國性——包括公共思想、遺訓、習慣、風俗以及希望諸端的文化——問題而起，

1. 民國經世文編第三十二冊頁39—40

「至十八世紀國性自覺心大起，各民族羣起爭國性」遂產生下列的兩大原則

『(1)一國文化，卽國性之所寄託，欲保存國性，須將「文化」由少數貴族傳於一般平民。(2)「文化」由民族陶鑄而成，初以「文化」定現存的國性，卽可根據現存的國性改鑄「文化」，爲將來國性所寄託。』(1)

他以爲現實國性的方法惟有教育，並歷舉德法美三國提倡國性教育的情形，而主張中國提倡國性教育說：

『中國興學二十餘年矣，有人人能唱之國歌否乎？除國語外，有提倡聯絡國內感情之工具否乎？課程上有特別注意公共思想企望之養成者否乎？有提倡大同主義者乎？二十年來辦學無廣大的宗旨，無通盤籌畫的計畫，枝枝節節，故有今日之教育現狀。教育無宗旨，故教材教法，都無根據。欲教育改良，須卽定宗旨，以養成吾國「文化」，「文化」爲國性之寄託。同時並提倡大同主義，以救其偏。宗旨定，則選擇教材，遂有標準，如歷史資料之取孔子之大統一主義，岳飛之激昂報國等事實，國文資料取文天祥之正氣歌，鄭所南之心史，史

可法之答清睿親王書等。以地理言，則在在可以搜集此類資料，中國自勝清以來，所有賠款割地租港開商埠等，無不可納之史地範圍，以喚起國民之國性自覺心。但根據此等事施教，有激起學者懷恨之心之流弊，故教者須提倡超出人上之心，以矯正之。工業上、商業上、學術上，如能超出人上，則國勢自强，不必處心積慮以復仇爲事也。此則提倡國性教育者所應三致意者也』(2)

他所講的雖以國性爲總綱，其內含則重在發揚本國文化，故以國家主義爲題。惟於發揚本國文化之中並主張同時提倡大同主義以救濟之，用意與劉以鐘同。此後有鄭宗海，於十三年六月在教育彙刊上發表教育上應有之國家主義一文，其主張亦與此相類。他說：

『……假使教育制度務期盡合國情，教育宗旨與教者教法，務與吾國固有之經驗相聯絡，且期有以養成浸潤於同性之公民因以引起其愛國之

1. 教育彙刊第二集講壇頁6
2. 教育彙刊第二集講壇頁8

心，而同時復示以吾國所處之地位與世界之大勢，則可以成良好之公民，而終得有對世界之相當態度。換言之，可以得國家主義之良好要素而復不悖於世界主義，苟以「主義」二字為足資誤解，則棄其名而存其意，亦未為不可，既當使其成為中國式的教育，亦當使其成為世界內之中國式的教育，戔戔之愚，謂必如是而後可也。』(1)

上述之人，雖曾倡言國家主義的教育，但並不作為一種唯一的信仰竭力宣傳。對此為系統的研究與宣傳的，要首推余家菊與李璜。

自十一年而後，他們曾在中華教育界、少年中國、教育雜誌等處發表關於國家主義教育的論文多篇，但最初不稱為國家主義教育，而曰民族教育，國民教育。十一年法比退還庚子賠款之議起，國內教育界只注意於款項的瓜分而不顧國家底根本大計。余氏恐因庚款而受各國教育侵略，乃於九月在中華教育界（十二卷二期）發表民族性的教育與退款興學問題一文，力言民族性教育之必要；謂民族性的教育，有消極積極兩種意義：在消極方面，教育要根據固有的民族特性，在積極方面要養成顯著民族的意識。李氏於十二年七，九，十三月在同雜誌發表國民教育與國民道德一文，初僅提出國民教育，謂國民教育底重要目的，在溝通一國人的感情，在實施上應當使學生知道國民底責任，更當使之願意去盡國民底天職。次論國民教育要養成祖國觀念，提高國民人格，最後則提出國家主義的教育數字以為標幟，謂家族主義與世界主義都不合乎時代環境底要求，中國人此時『正離家的生活而初入國的生活的時候，……應當講國家主義的教育。』並下國家主義的定義說：『國家主義便是主張國民個人底意識要與國家社會底意識溝通而打成一片。』不過他所注重的，仍在初等教育，所以本文底結論說：

> 『現在總結一句話國民道德的養成大半靠國民學校歷史地理教師的訓練。我們前頭所謂新精神的訓練，一大半是靠歷史地理的知識以溝通國民情感而實現精神上的統一，以共當此日和來日的國家大難。』(2)

1. 教育彙刊二卷二期頁5
2. 中華教育界十三卷三期頁6

他們這兩篇論文中的名詞雖然不同，但其內容均在發揮國家主義的教育，故斯年他們將此兩文與其他五文集爲單行本而題曰國家主義的教育，並於序中申明說：

『再書中所用名詞如民族教育，國民教育等彼此時有出入，但其所表現的主要精神則完全一致。主要精神爲何？就是國家主義之教育而已，我們名此集爲國家主義的教育亦以此故。』(1)

此書列爲少年中國學會叢書之一，由該會散發各處宣傳。而該會會員底個性極强，幾各有其自信的思想和事業，在學術上固然各科都有，在政治思想上亦各不相同：有信國家主義者，有信共產主義者，有信三民主義者，有信無政府主義者。此書發布之後，即引起會員之討論，持反對論調者以惲代英爲代表。他以爲：

『(一)國家主義的教育，不應當從中國民族特性，或東方文化上立說。

『(二)教育方針，宜明定在用以救國，不應仍游移於和諧的或專門化的教育。

說：

『(三)但自同情或自受的教育，不足以救國。』(2)

但他贊成反對教會教育，但主張從經濟獨立上着眼，所以他結論底前兩條

『一、基督教挾經濟優勢以傳教，非中國經濟獨立，不能將基督教根本打倒。

『二、要用教育救中國，須先知中國究要如何纔能得着經濟獨立，——纔能得救。』(3)

惲氏是相信共產主義的，所以他注重經濟獨立問題。但自此而後，辯論極多，中國共產黨則以政見之不同而反對之，教會教育界則以利害關係而反對之。提倡此種教育者則更竭全力以宣傳之十三四年間之教育出版物如中華教育界、

---

1. 國家主義的教育序頁2
2. 少年中國四卷九期讀「國家主義的教育」頁1
3. 同上

教育雜誌、新教育、教育與人生週刊、新教育評論、江蘇小學教育月刊，國家與教育無不有討論研究國家主義教育的文章，中華教育界並於十四年七八兩月出國家主義的教育研究兩厚册。國家與教育爲專研究此種教育之國家教育協會的刊物，中華教育改進社年會並有「請教育部依據國家主義明定教育宗旨的議案」在此時期，國家主義的教育思想已瀰漫全國，雖然因政見問題，不能昂首於國民政府底轄地，但全國教育界無論其爲贊成爲反對，都把這件事當做一個問題。此種教育思想眞可謂盛極一時了。

在十三四年之間，宣傳國家主義的教育之最力者當推余家菊、陳啟天、李璜三人。陳氏爲中華教育界編輯，故能影響教育界一部分的輿論，李氏以社會學的見地從消極方面，說明國家主義的教育與其他主義的教育不同之點，而提醒許多人對於此種教育的趨向，余氏則從教育上建立系統的理論，於十四年輯其十二年以後專論此種教育的論文爲國家主義教育學一册，發揮其整個的主張。故此種教育思想的代表，當推余氏。據他底意見，國家主義的教育底要義如下：

『簡言之，即以國家主義爲依歸之敎育也。其涵義可隨時伸縮。就中國目前言之，則莫急於（一）培養自尊精神以確立國格；（二）發展國華以闡揚國光；（三）陶鑄國魂以確定國基；（四）擁護國權以維國脉矣。蓋自尊精神爲國民昂藏之氣所由出，失此則瀕於奴隸之境矣；國華爲數千歷史所鼓鑄而成，理宜引伸而發揚之；國魂爲全體國民情意之所由融洽，步趨之所由協諧；國權爲民命之所由保，行動之所憑藉也。』(1)

中國底國家主義的敎育既有上述四種急切的需要，故其政策亦與一般言敎育者不同。他曾舉九事爲綱：(1)收回敎育權，主張『（一）非中華國民不得於中華民國國土內(1)創立學校(2)管理學校。(3)並經營其他一切敎育機關。違者得分別封閉並懲戒之，（二）任何敎育活動不得有宣傳宗敎之意味夾雜於其中以確立敎育中立三旨。學校而違反此條，則封閉之；敎師而違反此條，則懲戒之。』(2)敎育宗旨，主張最少須含之事：『（一）曰國民之獨立性，對外能抗强禦暴，不失其大

1. 國家主義敎育學頁4—5

國民之風；(二)曰國民之責任心，對內能奉公守法。克盡其國民之天職；(三)國民之諧和性，彼此相扶相助而發揮其休戚與共之情誼。』而擬定爲『養成健全國民，發揮獨立精神，培植共和思想。』(3)教育機會均等：謂『國家宜確定獎學制度。使無力求學者能領受國家津貼以維持其生活，並取得受教育之必要的費用。在小學更宜設免費膳食之例，供給家貧子弟以膳食而不取資。』(4)蒙藏教育：謂『蒙古、新疆、西藏，爲俄英勾引煽動，必須藉教育與宣傳之力以通其情意培其同心，特設蒙藏師範學校培養教師，於內地學校酌留蒙藏名額或設專校，並由高等教育機關遣人深入蒙藏，以探討其人情風俗，於中小史地教科書，儘量採用有關蒙藏之教材。』(5)僑民教育：謂『首當堅固其眷念祖國之心，發強其抗拒西人之念。一面當示以本國文物之偉大，山河之錦繡，土地之饒沃，物產之豐富，以激起其愛護之心。一方又告以西人統治殖民地之毒辣方法，商場戰爭之傾向策略，以養成其自衛之能力。(6)國史研究：謂『全國應設立一國史學院，專司歷史的研究，自政治學術以迄風俗習尙無不在其研究之列。中小學之歷史亦必鄭重教授。凡語涉輕薄之教本一律擯除』(7)學術獨立之主張。『擇全國適中之地，設立二三研究院，豐富其設備，廣延人材，優其待遇，使之專心致志於研究之業。若慮經費不足，則可逐年減少官費留學名額而移撥其經費於研究院，日積月累，久而久之，其圖書儀器當可應有盡有矣。』(8)教育官制：謂『教育隨政潮而轉移，此最不幸之事也。教育而不超出政潮之外，則各派政黨將競用教育爲政爭的工具。或則用學校中作宣傳機關，或則用學生作攘奪武器，皆足以離散國民之凝結心而戕賊國家之精英也。欲救濟之，則教育行政機關須有獨立之組織。依英國例，教育部設永久次長一人綜理全部事務，不隨總長爲進退。又依法國例，設全國教育會議，議決教育方針與教育政策，不以總長一人之好惡而牽動全國教育。至一般教育官吏，則限定以有教育專門知識者充之，更加以法律之保障，不得無故更調。各省區教育廳之組織亦倣此。』(9)確立教育週：謂『於全年中指定一週間爲教育週。一則以使全國人民皆曉然於教育之重要；二則以使全國教育界皆有若干相同的教育旨趣，如設立愛國日則全國教育界當然一致提倡愛國；三則可以提醒教育界研究實施某種教育之方法，如設立國防日，至是日則教育行政人員與教育實際人員皆當講求國防的教育方法；四則可以提醒教育界實施某種教育，如設立蒙藏教育日，至是日則各教師皆當以開發蒙藏之義訓示學生……教育週各日間所應宣傳、講論、實施之事項而分別定其日名如下：第一日愛國日，第二日教育普及日，第三日教育權收回日，第四日蒙藏教育日，第五日僑民教育日，第六日體育日，第七日國防教育日。』(1)

在訓育方面，他提出四大方針：

『一曰以理性指導情意，使學生有整肅之氣，精進之心；二曰以他律補助自律，使學生有忌憚之情，自愛之心；三曰以紀律範圍自由，使學生於活潑之中恪守秩序；四曰以理想提持習慣，使學生脚踏實地而又知所趨向。』(2)

此四種方針均向愛國方面進行（卽以愛國爲目的）故擬由定理想體系圖如下：

理想的體系概畧

(以愛國爲脊柱)

- 愛國
  - 擁護國權
    - 外抗强權
      - 政治侵略
      - 經濟侵略
      - 文化侵略
      - 之反抗
    - 內除國賊
  - 奠定國本
    - 普及教育
    - 擴張民權
    - 振興實業
  - 發揚國光
    - 探討國學
    - 發皇國民特性
    - 主張遠大的國際政策
    - 創造新學術
  - 燮和國民
    - 養成國民的共同意識
    - 調和國民的利害衝突

1. 國家主義教育學頁32—43

2. 同上頁 49

對於課程他主張自然科學與人本科學並重，在編製上主張均衡原理，以使國民人格之圓滿與國民情意之協和爲目的而視身體之發育與精神之發育有同等之重要。

此外還有兩事爲一般教育學者在教育體系所不講的，就是軍事教育與師資培養。他以戰爭爲人類生活中一大事項歷史上未嘗止息而中國國勢衰弱，外侮相逼至，非整軍武未足以自立，故主張學校實施軍事教育而謂軍事教育之目的有八：1.禦外侮，2.勘內亂，3.守紀律，4.嚴組織，5.壯膽氣，6.强筋骨，7.講軍學，8.習武藝。自後期小學起卽施行相當的軍事訓練。對於師資訓練，他定方針六條，主張1.全國師範方針宜統一；2.使師範生於本國文化有較深的涵潤；3.使敎師明瞭敎育的價值與敎育者在國家中之地位以喚起其責任心；4.培養師範生之精心忍毅諸性格，使其有愛人之品格，治人之能力；5.敎師之發育應爲多方面的；6.師範生應有成熟的導學（敎授）技能與治事習慣。本此六項方針，而主張師範敎育政策應(1)師範敎育應由國家經營，(2)師範學校應當獨立，(3)師範生宜享受公費。

原序說：國家主義教育思想到他始有系統的建設。國家主義教育學一書共十二篇。

『第一釋義篇，示國家之精神的性質，兼明國家主義之基本主張。第二國魂篇，示國於大地。必有與立，而明國民精神之當葆揚也。第三溯源篇，示國家主義之源流，可由是而知其與帝國主義有別。第四五六七皆爲釋疑篇，示國家主義並不擯棄任何健全的主張，惟於偏宕之說如唯物史觀等，則亦不憚駁斥之。第八政策篇明國家所應採行之教育方策也。第九訓育篇，第十課程篇，第十一尚武篇，皆所以示實施的途徑也。第十二師資篇，示師資訓練之準繩，兼以明師範學校與師範大學之理應獨立。』(1)

他底基本思想在利用教育建設國家，其用意固與清末改行新教育時的教育者無多出入，惟其爲系統的組織，以自成一家言之教育學說，則非他們所能想

1. 國家主義教育學自序頁1

像就中國現代教育學術史上看來，此書實有其特殊的價值，不僅代表國家主義的教育思想而已。

51. 影響

國家主義的教育思想自壬寅至今爲時將及三十年，除民國二年至八年之間因實用教育與國際和平的思想當位而被抑伏外，其餘的時間都繼續不斷地顯現於教育界，時間上不可謂短。而中國之改行新教育制度，原在謀國家底獨立自強，此種教育思想在需要上亦不可謂不切。以長久的時間與迫切的需要爲根基，照理當可於實際上發生很大的影響。但事實上却不盡如此！

在民國二年以前，主持教育者，雖人人都知道中國教育的目的，在謀國家底自强與獨立，於無意之間竟成一種國家主義的教育思想，然而大家都無深切的研究，只於皮毛上看到日本之强盛由於變法，於是模倣着變法，究竟中國底缺點何在？外國底優點何在？却不曾加以考慮，惟本一時愛國的衝動而大聲疾呼說：「中國舊東西是不够的，外國許多好處是要學的，」至於外國學問是什麽，應該怎樣學法，』（梁啟超語，見申報最近五十年）却不去管。所以在實際上不獨不能達獨立自强的目的，甚至本國文化既不曾發揚，外國優點亦不曾學得，而造成中國教育日本化美國化，反使社會上擾擾不安，青年無所適從。切實說來，此種思想雖然來源甚長，但在民國二年以前，實際上不曾發生什麼好結果，反因「爲目的不擇手段」（卽極要自强而不知所以自强的方法）之故，而使教育日趨於亡國化。

十一年而後，國家主義的教育復興，倡議者比較有深切的研究，理論亦較完備，雖因教育思想與政治主張混在一起，而受實際政治力底支配，不能得充分的發展，但在消極方面却有兩種很顯著的事實，足以表現其在實際教育上的影響：卽收回教育權與軍事訓練（此兩事自然還有他種原因，如共產黨政綱之類。但此種教育思想要算主因，）在積極方面却也喚起國人底國家觀念不少。不過復興的時間甚暫，尙不能斷定其究竟的影響如何而已。

國家主義的教育思想何以不能生重大的影響？我底試答有下列幾種原因：

第一，中國人在歷史上是富於大同思想的，對於國家的觀念素爲薄弱，對於本國文化更不重視，所以千餘年來相傳的書院制與考試制，可以無條件以工業社會的班級推翻之本國歷史材料可以用外國事蹟替代之（民國來的小學教科書，大半外國材料多於本國材料）所謂富國强兵也不過口頭說說而已，實際上並無人去設法實行。第二、是教會教育的反映：外國教會到中國辦學校，原以傳教爲目的，也以便利外國傳教者爲目的，他們當然不知中國文化，更無研究中國文化之必要，所以教會學校都不注重中國文化。但因爲有國際的優勢與經濟侵略爲後盾，畢業於教會學校者反有相當的出路（郵務、海關、洋行、教堂），國人亦無形受其影響而模倣之，都市中小學校之採用外國教科書卽其明證。第三、爲留學教育之失策，留學之本義，原在研究學術，而中國留學政策則誤將受教育替代研究學術（詳見拙著近代中國留學史末章），遂致操全國教育命脈的東西留學生不明中國國情，極力以其留學國之教育施之中國，而不獨立創造適合國情的中國教育。國內教界化之，於是羣以模倣外國的制度方法爲能事。第四、是教育主義與政治主張混爲一起，（這只屬十一年後的復興期）：教育本是不能離政治而獨立的，教育主張與政治主張混合本沒有什麼壞處。不過實際的政治，其排他性很强，某政黨在握得政權以前，政治主張既不能實現，緣此主張而生的教育主義，當然不能容於政見相異的政府，所以此種教育思想在十一年後，不能如職業教育與平民教育之可以通行南北而在實際上發生效果。

在此四種原因之中，第四種是暫時的，——因爲政黨之政策可以隨時變更，——前三種則係永久的，要實現教育建國的思想，對於前三者的原因還得更爲努力地祛除也。

第十八章　公民教育思想

52. 背景

國人對於國家政治素日是持着「邦有道則庶人不議」「邦無道危行言孫」的態度，對於社會問題則以「各人自掃門前雪，休問他人瓦上霜」的精神應付之。於是「日出而作，日入而息，耕田而食，鑿井而飲，優哉遊哉，帝力與我何有哉！」的思想，便充滿了人民底腦筋之中，所以民國改換招牌十七年了，鄉里人還在望眞命天子出現，軍閥官僚剝盡人民底脂膏以自肥，人民還是「恂恂如也」惟求免禍。所以伍廷芳常說：「民國無民，民國民無國。」

這種「吃飯不管閒事」的生活，自然是數千年歷史上遺傳下來的，在閉關時代，就這樣也不難自存。海通而後，政治既因世界潮流的激盪而有所更張，執政者知非培養國民能力不足言圖强，故淸光緒三十二年學部奏請宣布教育宗旨卽以尙公爲言，且謂此爲中國民性之所最缺者。及民國成立，主權在民，已列入臨時約法之中，國人對於國政應當參與，但因歷史上傳統觀念底勢力太大，一般人民之有公權者還不知道怎樣行使，更說不到公民擔負政治責任。於是國政日紊，國事日非，外有列强的壓迫，內有軍閥土匪的橫行。人民底苦痛日深，所謂教育家亦弄到不能生存。教育界推溯原因，以爲中國之所以如此，國民之無公民常識當爲重要原因。[1] 加以歐戰終了，民治主義大倡，其流波遠到中國，而美國教育哲學家杜威於斯年來中國講演，又極力鼓吹教育的民治主義，留美之習教育者又根據美國敎育情形而極力提倡，於是公民敎育的思想遂一日千里地發展，中小學校的修身科已改爲公民科。至十五年則更以上海基督敎青年會與江蘇敎育會底提倡，新敎育評論之鼓吹而普及全國敎育界，推廣到學校以外了。

總括說來，公民敎育的思想是中國的政治紊亂、與世界的民治主義混合激盪而產生的。

53. 變遷

公民敎育四字雖然十二年始由中華基督敎青年會協會在廣州提出，但公民敎育思想的發源却遠在二十年前。淸光緒三十二年學部奏訂之敎育宗旨尙公篇說：

1. 十四年江蘇敎育會、中華職業敎育社、上海家庭日新會三團體國慶日舉行公民敎育運動通啟說：『我國之所以擾攘，最大原因實在國民對於公民應負之責任，未能澈底明瞭，以致動爲感情所趨使，釀成今日之現象。本此癥結以施敎，則舍公民敎育，實無他法。』（見中華基督敎育刊第一卷第四期）

「所謂尙公者何也？列强競起，人第見其船堅礮利，財富兵雄，以爲悉由英雄豪傑主持之，故國以强盛。而不知英雄豪傑，間世一出，不可常恃也，所恃以立國者，乃全國民之心力，如潮如海，如雷霆而不可遏，相親相恤，相扶助不可解耳；其所以能致此者，皆在上者敎育爲之也。其學堂所誘迪，皆尙信義，重親睦，如修身、倫理、歷史、地理等科，無不啟合校生徒之感情，以養其協同一致之性質。故愛國合羣之理，早植基於蒙養之初，是卽孔子之敎弟子孝弟忠信而進之以汎愛親仁也。惟我國學風日變，古意寖失，修身齊家之事，尙多闕焉不講。至於聚民而成國，聚人而成衆，所以盡忠義親愛之實者，則更不暇過問羣情隔閡，各爲其私。通國之中，不但此省人與彼省人意存畛域，卽一州一縣乃至一鄉一里一家一族之中，亦各分畛域。今欲舉支離渙散者而凝結之，盡自私自利者而滌除之，則必於各種敎科之中，於公德之旨、團體之效，條分縷析，輯爲成書，總以尙公爲一定不移之標準，務使人人皆能視人猶己，愛國如家；蓋道德敎育莫切於此矣。」(1)

這段雖不曾提出公民兩字，但欲『於教科書中將公德之旨、團體之效，條分縷析，以提倡愛國合羣之理，使人人皆能視人爲己，愛國如家』則明明公民教育之標的也。

民國元年教育部公布之教育有道德教育一綱，主之者爲教育部總長蔡元培，他於新教育意見一文中曾詳公民道德底內容，原文說：

「何爲公民道德？曰法蘭西人革命也所標揭者曰自由、平等、親愛，道德之要旨，盡於是矣。孔子曰：「匹夫不可奪志」孟子曰「大丈夫者，富貴不能淫，貧賤不能移，威武不能屈，」自由之謂也；古者蓋謂之「義。」孔子曰：「己所不欲，勿施於人」；子貢曰「我不欲人之加諸我也，吾亦欲毋加諸人」；禮記大學曰：「所毋於前，惡以先後，所惡於後，毋以從前，所惡於右，毋以交於左，所惡於左，毋以交於右；」平等之謂也；古者蓋謂之「恕。」自由者，就主觀而言之也；然我欲自由，則亦當尊人之自由，故通於客觀。平等者就客觀而言之

1. 教育史料二冊頁99

也，然我以平等遇人，則亦不容人之以不平等遇我，故通於主觀二者相對而實相成，要皆由消極一方面言之。苟不進之以積極之道德，則夫吾同胞中固有因生稟之不齊，境遇之所迫，企自由而不遂，求與人平等而不能者，將一切恝置之，而所謂自由若平等之量，仍不能無缺陷。孟子曰：「鰥、寡、孤、獨，天下之窮民而無告者也；」張子曰：「凡天下疲、癃、殘、疾、惸、獨、鰥、寡，皆吾兄弟之顛連而無告者也，」禹謂天下有溺者，由己溺之，稷謂天下有飢者，由己飢之；伊尹思天下之人匹夫匹婦，有不與被堯舜之澤者，若己推而納之溝中，孔子曰：「己欲立而立人，己欲達而達人，」親愛之謂也，古者蓋之「仁」。三者誠一切道德之根源，而公民道德教育之所有事者也。』(1)

他不獨提倡公民兩字，並規定公民道德底內容爲自由平等親愛，公民教育思想至此已經確定範圍。他雖然主張公民道德，但在學校科目中尙未有公民的名目。五年十月修改國民學校令施行細則修身要旨中始有『自第三年起兼授公民須知，示以民國之組織及立法司法行政之大要』的規定，但亦未實行。八年全國教育聯合會以『値此世界大勢日趨改進平民主義澎湃五洲苟非於公民知識、教養有素、勢必盲從輕舉易入歧途關係國家實非淺鮮』之理由議決編訂公民教材案主張由各省區教育會聘請教育專家精選教材按其程度分別編製專爲中小學校授公民科之資料對於通俗教育方面則由教育會搜集材料分別門類製成表解以爲任講演者之參考資料。(2)江浙兩省教育會即本此意編定公民教育專册分爲衞生、道德、法制、經濟四編。

自八年杜威由美國來中國講演極力發揮其民治主義的教育學說而後教育社會化的思潮特盛而因五四運動成功在政治運動上學生竟成爲社會上中堅份子在學生方面固然需要政法各方的知識教育者也以爲公民教育爲訓練學生參與政治的要件於是由公民科的教材問題而擴充及於公民教育問題公民教育之內含亦有人詳爲討論。程湘帆在公民教育之宗旨與目標中說：

1. 教育史料四册頁27
2. 詳見中國教育會聯合會歷屆大會議決案彙編頁108

『歐美學者對於此端（公民教育之意義）大概有兩種主張：一、是狹義的，以公民在政治上不可少之知識、習慣、技能、欣賞、觀念、思想、精神爲準。一、是廣義的，除造就政治上的資格外，並及社會、家庭、人類、職業、與夫個人之修身之類。邇來主張廣意的公民日盛。比如，杜威曾謂「向之訓公民資格者多以狹義；如適當選舉能力和奉行法律之習慣之類。其實兒童將來除爲選舉投票人及服從法律外，亦爲家屬中之一人……將操行有益社會之職業以維持其獨立和尊嚴者；亦將爲所處社會中之一份子，對於所處社會文化之進步，將有所貢獻，」艾施雷（Roscal L. Ashicy）亦謂：「公民資格係社會性質的，非政治性質的；係普通的，非有限制的；係本自然權利的，非人意賜予的；」我國亦有公民國民之分。公民爲享受法律上公權之國民。其實國體既係共和，平民政治之潮流既日見澎湃，自應無公民國民之分，惟當此過渡時代，以種種關係不得不略有此階級之制。然教育普及雖未能一時辦到，却已爲一般人士所注意。平民思想又日漸輸入人心。故教育宜抱「德謨克拉西

主義，造就廣意的公民。』(1)

他既主張取廣意的公民教育，故規定教育宗旨如下：

『……公民教育之宗旨可概括之曰以「德謨克拉西」的原則，造就爲家庭、爲社會、爲國家、爲世界人類忠勇服務的明達公民。』

他並根據此宗旨定公民教育目標四十條，以養成能實現上述之宗旨的習慣、技能、欣賞興趣、知識、精神、思想、態度爲主。

公民教育思想自八年而後，既已盛行一時，故十一年新學制公布後，全國教育聯合會擬定中小學課程標準，即將從前的修身取消而代以公民。改革的理由斯年七月中華教育改進社在濟南開第一屆年會中有修身科宜改稱公民科的議案，說得很詳：

『修身範圍太狹，僅斤斤於個人之修養，務使個人適應社會；公民學則改良社會以適應個人。故修身不適用於共和的社會，此應改之理由一。修身

1. 新教育四卷三號頁 398

注意道德之涵養，缺乏法律的觀念。法治國之人民，以富有法治精神爲最要。其能培養法治精神，鞏固法律觀念者，莫公民學若。本是而言，則修身不適用於法治的國家，此應改之理由二。修身之標準太舊，多從消極方面立言，與公民積極圖謀團體幸福適相反。修身不適用於合作團體，此應改之理由三。』

(1)

就全國教育會新學制課程標準所規定的，公民科底內容及目的如下：

甲、小學公民課程目的：

『使學生了解自己和社會（家庭、學校、社團、地方、國家、國際）的關係，啟發改良社會的思想，養成適於現代生活的習慣。』

其內容卽總括於畢業最低限度的標準之中：

『初級(1)明了個人與學校、職業的關係和服務的責任；(2)明了市、鄉、縣、省的組織，和公共事業性質的大概；(3)有投票、選舉、集會、提案等及關於他方面自治的常識。』

『高級：(1)明了國家的組織、經濟、地位、以及國際的情勢；(2)明了公民對於國家、國際的重要責任。』

乙、初中公民學的目的：

『1.研究人類社會的生活；2.了解憲政的精神；3.培養法律的常識；4.略知經濟學原理；5.略明國際的關係；6.養成公民的道德。』

其內容分六段：

『1.社會生活及其組織；2.憲政原則；3.中華民國的組織；4.經濟問題；5.社會問題；6國際問題。』

這種課程綱要雖曾規定公民科底目的和內容，但公民學底性質尚無說明。十三年中華教育改進社年會各組宣讀論文，馮順伯、金崇如、王仲和三人底初中公民學教本的說明，曾辨明公民學異於政治常識、經濟常識等之所在，他們說：

『有人謂政法常識是公民學，又有人謂衛生道德政治經濟是公民學，

1.新教育五卷三期頁457

又有人謂公民學卽新式的修身。我們覺得果眞公民學卽是上指的種種東西，學校中何不卽設立那些東西的科目，又何必巧立名目標出公民學呢？公民學既經特別設立，自有特殊的性質，特殊的範圍，特殊的目的，遂有獨立成一科目的價值了。公民學可以收集政治常識的材料，卻不是政治常識。因爲不是僅僅造成一種會議投票的公民。公民學可以收集衞生道德政治經濟的智識，卻不是把這四種材料照樣分部提出綱要灌給學生的。公民學教員又何苦替應用生理學、社會學、政治學、經濟學教員，費心血教四部縮影的科學呢？公民學更不是新式的修身：因爲單講個人道德，不涉及社會生活，不了解人生知識，公民還是一種不完全的公民。所以我們覺得公民學所要養成的公民；狹義言之，是中國的理想的國民；廣義言之，是社會的標準人物。公民學爲達到這個目的起見，在初級中學應該採取衆社會科學的健全的結論，以解釋作理想國民做標準人物的事實及方法。可以算是實際應用的人生哲學。這樣，公民學乃今日所需要的公民學。又因爲初級中學學生抽象力正在發達時期，不得不從具體的事體，切近經驗的現象入手訓練，所以初中公民學特別要包括學校訓育了。

『總括一句：初中公民學是社會科學人生哲學學校訓育的結晶品，是這三種原素所搆成的東西。』(1)

中小學校的公民科原由舊有之修身改進而來，修身以德性之修養爲主，公民則兼括有公權之國民所應具的常識，範圍後者較前者爲廣，但在修養方面則不甚注意。故十四年改進社第四屆年會公民教育組劉鵾書提議中等學校宜及時提倡孔道培養國民品性以遏亂源而鞏國基，由該組議決介紹全國學校作爲公民之參考，劉氏以爲中國現在之所以混亂，皆由於孔道不倡所致，故列舉五種學校師生倡明孔道之方法，而尤不滿意於以公民代修身，其辦法之第五條說：

『修身爲我國實行道德之一科，其名詞復見於經傳。告朔餼羊，本不應廢，今既代之以舶來品之公民科，似亦不可拋棄私人道德，偏重公民知識，以

1. 新教育九卷一二期頁303—4

致流弊潛滋，不可窮詰。古來之兼善天下者，皆始於獨善其身，今則自身未修卽倡言服務；不能自治，竟狂言治人。是皆未奉敎於孔子也，而暗受偏激敎科書之害，亦復不淺。有教人之責者，宜共思所以匡救之。』(1)

他這議論在事實與理論兩方面都無充分的實證，當然難以發生實效，但敎育者對於公民科及公民敎育的不滿的思想却可於此見之。

斯年國慶日江蘇省敎育會、中華職業敎育社與上海家庭日新會在上海職工敎育館舉行公民敎育運動，基督敎青年會並於斯日發起全國公民敎育大運動，於學校公民敎育之外，並擴充及於社會方面。十五年五月江蘇敎育會組織委員會製定公民信條，分撥各學校及敎育機關，其條如下：

1. 發展自治能力；2. 養成互助精神；3. 崇尙公平競勝；4. 遵守共公秩序；5. 履行法定義務；6. 尊重公有財產；7. 注意公衆衞生；8. 培養國際同情。

他們並組織公民敎育講習會，聘請專員擔任講師，召集各縣敎育機關人員聽講；復議決每年五月三日至九日爲公民敎育運動週，全省各學校於此期內朝會或其他集會時按照上列信條分日講演。他們對於公民教育底意義及實施方法有如下文：

『至公民教育之意義，則有廣狹二義：狹義者專指選舉、納稅等項而言。廣義者則範圍擴大，不僅止於政治，而兼及職業、家庭、社會、國家諸大端矣。就吾國現狀立論，似無需效法歐美，亦不必模倣東瀛；要以能養成適合現時中國國情，對於家庭、社會國家能忠勇服務之公民爲目標；而以能自實踐狹義的公民義務，次第及於職業、社交、健康及休閒時間之注意爲範圍。括而言之，則第一，當灌輸豐富之公民知識；第二，當養成良好公民之習慣；第三，當鍛鍊健全之公民精神。而實施時，則宜先從家庭入手，次推之於學校，最後乃行之於社會。其處於教育當局者，則應時時注意，勤加倡導，俾國人盡知自小學以至大學，自幼孩以至老死，一以公民修養爲進德之基；並組織公民研究團、公民養成團、公民宣講隊等，普及於一般民衆，實下「知行合一」之功夫；定每

1. 新教育十一卷二期頁269

年五月三日至九日，爲公民教育運動週，俾民衆知所警悟，羣趨於正軌，而使社會日有進步，呈活動之現象。』(1)

由中華教育改進社主持之新教育評論，亦於一卷二十期發刊公民教育專號，按照江蘇教育會所提之公項條目，由高仁山等分條各繫短文以宣傳之。

十四年之間，中國政黨上國家主義與共產主義的爭執甚烈，其時國民黨又在實行容共時期，在國民政府之下言國家者常不幸而列入反革命派中，教育界亦每因倡國家主義者之一部分有政團的組織，而常在「說國家卽會陷入國家主義的政團裏」的「小心」中過生活，所以江蘇省教育會底八條公民教育信條，無論在條文或每條的說明中完全不提「國家」兩字。而主張國家主義的敎育者則以這樣的公民教育不是中國所需要，一面批評上述八條之不當，一面提出其積極的主張。李璜謂：『(一)公民乃善承先人之業而自愛者；(二)公民自安於一身而必時慮其羣；(三)公民能以愛國爲當務而不惜爲國犧牲。公民教育應當是(一)歷史教育的發揮；(二)連帶負責的說明；(三)國家觀念的養成。』(2)余家菊則謂『公民爲人民之有公權者……公民敎育者所以使人民有享用公法上的權利並履行公法上的義務者也。』他更『根據國勢、政情、民習之三者擬定公民敎育目標七條：……1. 發揚民權；2. 擁護國權；3. 奉公服役；4. 竭忱守法；5. 普及敎育；6. 進步思想；7. 科學思想。』(3)

自此而後，北方既忙於復古，南方又忙於實施黨化敎育，公民敎育四字已不常見於敎育刊物，而江蘇省敎育會在十六年因國民革命軍底勢力達到上海時，其本身且不能存在，所倡導的公民敎育週更無從實行了。

從上述的變遷看來：我們可以將公民敎育思想分爲數期。自清光緒三十二年學部奏請宣示敎育宗旨提出尙公的條文至民國元年爲萌芽期，其時只言愛國愛羣的公德而不明言公民。自民國元年改定敎育宗旨由蔡元培說明公民道

1. 小學敎育月刊二卷一期本省敎育要聞
2. 國家與敎育第十三期頁2
3. 醒獅第八十號

德底内容起至八年爲第二期，以自由平等親愛爲德目，以政治知識爲學此科底內容。自八年至十四年爲第三期，因民治主義教育思潮的輸入，公民教育四字連成一詞而爲人所重視，中小學校的修身亦改用公民科，其內容則由衛生道德法制經濟而擴充及於社會問題、人生哲學、學校訓育，惟其間有不以公民科爲然而主張中學宣揚孔道以培養品性者。第四期爲十四年至十五年；此期已由學校公民教育進而及於社會公民教育，在實際上亦曾有廣大的運動。惟理論上頗有衝突，但亦無長時間的爭執，至十六年則完全消沉下去了。

54. 影響

公民教育思想綿延二十餘年，在實際教育上最顯明的影響，第一是十一年新學制的中小學修身課程，一律改用公民科，第二是十四十五兩年基督教青年會、江蘇省教育會底公民教育運動週。

公民教育底含義雖因時代及學者底見解而不盡一致，但大概均以養成奉公守法愛國愛人的德性爲目的。故我們要問公民教育的眞正效用，首當比較民衆此種德性因公民教育思想而增高若干。必民德增高，始可言公民教育思想在實際上的影響，否則課程之改變，社會運動之發起，亦只是形式而已。

民德的比較本不是一件很容易的事情，一二人觀察的結果也不足以爲判斷一切的資料。但就二十餘年來社會的情形看來，我們雖不當效學究先生之唱「世風日下，人心不古」，可是也尋不着足以令人歡忻的實證。民國十七年來政治的擾攘，軍閥底專橫，士風之偸惰無不日甚一日。民德所以不能提高，有三種重大的原因：第一是內亂與外力（資本主義的侵略）相通，國內產業不發達，以致人民生計日蹙。在種種壓迫之下，生活極其困難，故凡遇可以謀生的機會，不惜犧牲一切以赴之；望一般人民於救死不暇的生活中去講道德，未免過於迂闊。第二是中國歷史上不重公民道德傳統思想阻止民德提高，如與生計無關的旅館通宵達旦，不顧他人安寧的吵鬧，就是實例。第三是政治底惡影響：民國以來政務人員之取捨全無標準，事務官以至事務員乃至工丁常以政務官的進退爲進退；職守既無保障，政府亦無官規，從政者爲自求保障其失職後的生活計，自不能不掠取分外之財。而掠取以後，又因其得之甚易而無謂用去，結果生活之窮蹙如故。於是陳陳相因，循環相轉，無論在職去職，莫不以取得意外之財為目的。所謂人民表率的官吏既如此，小民之習而化之自不待言。就是主持學校教育的人竭力想培植學生底公民道德（現在的學校行政人員係由官廳委任，在性質上與官吏無異，在行為上亦常與官吏相似，所謂校長吞款也是常有之事，不過不如行政界——尤其是財政界——之普遍耳）在學校縱有相當的成績，到社會上也敵不住環境底陶鑄；所以公民教育思想發生數十年，在實際上竟毫無結果。

公民教育運動是否再產生，我不能預斷；即使再發生而不在上述的三種原因上求根本解決的方法，也只是徒勞而已。

第十九章　黨化教育思想

55. 背景

黨化教育是中國國民黨於民國十三年後握中國政權的一種名詞。此名詞根據於國民黨「以黨治國」的口號而來。故欲明黨化教育思想的背景，不可不

略述國民黨以黨治國的由來。

中國國民黨最初爲興中會，創於淸光緒二十九年（1894）至三十一年（1905）而改爲同盟會，民國元年（1912）改爲國民黨，三年（1914）改爲中華革命黨，十二年（1923）改爲中國國民黨。該黨創立已三十餘年，雖然常以革命爲言，但在十二年以前並不倡言一黨專政，完全爲一議會政治下的一個政黨，對於教育亦不甚重視。民國六年（1917）俄國十月革命成功，其總理孫文因中國屢次革命不成而大感於俄國革命成功的迅速，乃派蔣中正去俄研究赤衞軍的軍事學，蘇俄亦派代表馬林來見，十一年又派廖仲愷去日本與蘇俄代表越飛會商，於是俄國共產黨的經驗與其一黨專政的理論乃漸侵入國民黨。孫氏鑒於蘇俄共產黨有嚴密的組織和鐵的紀律而成功，乃於十二年在廣東召集該黨全國代表大會，於十三年一月改組而採用蘇俄「以黨治國」的方法⑴首建黨政府（卽國民政府）。政府既受黨的指導，政治上的一切設施均以黨綱爲前提。黨化教育四字卽由此推衍而出。

孫氏在日固不曾明言黨化教育，卽國民黨政綱及其第一二次代表大會宣言亦無黨化教育字樣。此名詞底由來十六年十一月上海特別市市政府教育局發刊之黨化教育運動特刊，有署名研者，撰黨化教育的由來一文，曾略述其來源，茲錄於下：

『我國從事政治活動的人，非到「吾道不行」「退老西河」時，都不很注意教育。因爲大家總圖近功，以爲教育是很迂遠的。革命領袖孫先生，從前亦只在政治上活動，對於教育不很注意。

『革命屢次失敗，大家考察革命所以失敗的緣故，實在因爲民衆太漠視革命了，所以發生「喚起民衆」的口號，定下「扶助農工」的政策。同時在教育方面，也很活動。廣州不必說；上海除上海大學由黨經辦外，其餘的中等以上學校，也秘密施以黨的指導。軍閥輦轂下的北京各大學，黨的活動，也常在幕背後隱現。——這是黨和教育發生關係的起頭。

『可是那時東南大學，因爲一部分教職員，站在養尊處優的特殊地位的緣故，和黨的勢力不很調和，常爲革命黨人所不滿。曹錕、吳佩孚倒敗後，國民黨的勢力居然發展到北方；東南大學易長的風潮，也因之而起。當時擁郭擁胡，顯然分成兩派。雖然不無黨的作用在裏面，但也並非純粹是黨的作用。可是擁郭的却就藉口於「教育應該獨立黨爭之外」的一句話，以相抵制。因此這方面有人著論以黨化教育爲惡名，那方面便有人說明教育黨化的必需，而「黨化教育」也就成了一個流行的新名詞。

56. 變遷

自十四年一月東南大學教受因免郭風潮於其通告全國教育界書提出『傳聞此次郭校長免職之舉，確爲所謂『黨化教育』之一幕』而後，黨化教育四字卽盛行於南北教育界之論壇，國民政府對於其治下的學校教職員之取用，雖

1. 孫氏組織國民案之說明說：「現尚有一事可爲我們模範，卽俄國完全以黨治國，比英美法之政黨握權更進一步。我們現在並無國可治，祇可說以黨建國，待國建好，再去治他。當俄革命時，用獨裁政治諸事均一切不顧。」（見中山全書講演類頁197—8）

以黨員爲必備的資格，但並不以黨化教育爲言。十五年二月廣東組織教育行政委員會，其會員許崇清發表之教育方針草案一文，亦止說本生活教育的原理與革命的一般教育政策而擬定今後的教育方針，應當注意於(1)產業教育的提倡，(2)政治教育的發展。但國民政府之系統的教育方針，要以此義爲始；亦可謂爲黨化教育一種內含。他論產業教育問題說：

『今後的教育方針，當面第一個緊急問題應該就是產業教育問題，這當然不是單獨學校的設置，教法上的講義所能奏效。必定要革命的實際政策，現行經濟秩序裏面展開了新經濟秩序的諸要素，學校教育同時又與這些進步的要素相協動，然後纔能成功。卽使工場農場不能與學校併合，亦當在學校內設置類似的境遇，使生徒在日常學校生活內，能得充分實際活動的機會。然後各學科所養成心的反應，纔能確爲實際社會所要求的反應。這樣在實際環境裏面所施的教育，纔能獲收澈底的效果。

『這個學校的社會化，當然要將現行學校組織，及教育的實際大加變更。至少要將現在的小學校和中學校，加以適當的改造。在小學六年間，至少亦要採用類似實際活動的設備和方法，以教授日常生活所必需的普通學科。在中學校則從第一年起，六學年間依產業教育的見地，逐漸分化其課程。課程分化的程度，一視地方生產事業情形而定，更由援用類似實際活動的設備和方法漸進而與地方實際事業相聯絡。以半日從事實際工作，半日研究其所事工作的理論，總求在這樣的學校畢業後，人人都成爲一個具有實用常識，而且兼備科學知識的生產者。在生產組織底下，都是有機的全體內一個自覺的分子，至於其他學理，則任以實際活動的餘暇，在國家所設極完備的大學或研究所裏面自由研究，一切事業，均須負供給學者研究資料的義務。

『這些設備及方法的變更，必定所費甚鉅。農業工業等學科，課程所應備機械、裝置、說明、材料，及優良教師等所需費用，必定比現在所支出的更多。教育費必定比現在增加數十百倍。但我們的目的既然是在增加教育的效果，發揮其經濟的價值，以協助革命的速成，則費用雖多，亦不應畏縮。

『或者有人會疑惑說，「這是偏重生產而忽略道德文化。」但我們對於這些人現在只說一句話，道德文化都是立在經濟的基礎上面者，我們所以注重生產業，並非忽略了道德文化，正是要建築道德文化的基礎。』(1)

這種議論是以民生主義爲出發點，與民國元年蔡元培新教育意見之以世界觀爲出發點者截然不同。論理想後者自較前者爲高遠，但實際上之效用則前者遠勝於後者。清末改行新教育制度，動機雖在圖强，方法則在使科學八股化，所以三十年來新教育了無成績。所謂『在這樣的學校畢業後，人人都感爲一個具有實用常識，而且兼備科學知識的生產者。』實是現在中國教育當務之急。

他論政治教育問題說：

『其次，就是政治教育問題。這個要求當然不是要將治者的政治意識硬灌注到一般民衆去。我們所主張的學校教育，既然是要與社會的實際事業相結合，以實際活動來長養生徒的創造力，則這個政治教育問題，當然亦應在實際活動裏面求解決。

『本來所謂政治，卽是社會生活的統制，不過在階級對立的社會，政治成了階級支配的用具。中間生出種種傳統種種勢力關係，遂成了一種特殊的機械耳。政治進化淘汰了這些階級支配的歷史的要素，必然仍是一個社會生活的統制，而一般民權的設定，其目的亦不外是要將從來的政治組織化爲一個純粹的社會統制，使民衆得在社會裏面自由發揮其統制力，以期獲收政治上美滿的效果；所以今後的政治教育，必定要是長養這個社會統制力，方足以副革命的要求。然而這個社會統制力的長養，仍是要以社會的經濟的實際活動做基礎，纔能得澈底的成效。我們試看看許多治者，政治所不及的社會單位，民衆自身在這些單位的統制裏面，因應其實際生活條件而發揮的創造力，不特於教育爲無功，反而有害。又次，就是軍事訓練問題。這種訓練，在平時所要求的原不外是絕對地服從命令，和敏捷的履行職務兩事。他的基礎立在權威上面，只是一種機械方法，在教育上價值是極少的。但在目下世界上一切殖民地及半殖民地，都已蓄存着許多發火材料，戰爭革命的爆發，已具有充分的可能性。卽在資本主義極發達的列强，本國革命的氣勢，亦已逐漸緊張。而中國處在如今的形勢底下，爲謀革命事業的發展，對於帝國主義甚麼時候要起軍事上的鬬爭，亦是未可逆料。戰鬬的準備，當爲我民族目下所不容稍懈的一個重大任務。在這樣時勢有了這個民族的動機，軍事訓練在教育上的價值，當比平時更大。』(1)

這段也自然是以民權主義爲根據，然而他知道『社會的經濟的實際活動，在政治教育上確有莫大的功能，』而主張『以實際活動來長養生徒的創造力。』不主張『以治者的政治意識强加灌注，以窒息民衆的創造力』，同時主張『學校實施軍事訓練，以謀與世界帝國主義反抗；』也較後來之以黨教育（後詳）爲黨化教育者之見解高超若干倍。

十六年四月國民政府建都南京，國民黨一面在行動上分共，一面在理論上自求獨立，於是「黨化教育」四字乃見國民政府治下負有指導教育重責的教育行政委員。韋慤者委員之一，於七月一日起在報紙上發表國民政府教育方針草案，明白提出黨化教育的名詞而確定其意義，這草案雖然不曾由政府公布，但『曾經教育行政委員會大致通過』所以也可視爲法人底大體的意見。他說：

『我現在想把黨化教育的意義再爲確定一下：黨化教育是革命化和民衆化的教育，這是大家都公認的。甚麼是革命化的教育呢？我以爲革命化的教育有兩個意義：從前的教育是因襲的教育，這種教育以繼承傳統的思想爲主要的目的，以演繹法爲無上的法門，以灌注觀念爲教育唯一的方法，以記憶爲教育最重要的功能。革命化的教育是反因襲的教育，而以最進步的自然科學和社會科學做基礎的。這是革命化的教育的第一個意義。

『教育是社會和國家的事實，因此教育往往根據社會和國家的組織而轉移，在不平等的社會教育是統治階級維持其統治權和壓迫民衆的工

1. 教育史料補編頁6—7

具。易而言之：這種教育是壓迫階級的保育政策，而專以保存他們的利益爲前提的；革命化的教育是推翻一切社會不平等的組織，而建設一個眞正自由的平等的博愛的社會的原動力。換句話說革命化的教育是完成政治革命和社會革命的工具。這是革命化的教育的第二個意義。

『甚麼是民衆化的教育呢？方才我說在不平等的社會教育是壓迫階級的保育政策而專以保存他們的利益爲前提的，民衆化的教育當然不是這樣。民衆在被壓迫的地位不能完全享受教育的利益，即使得些少教育，也不過是壓迫階級的思想。這是何等可憐呵！民衆化的教育是民衆所有的教育，而且是民衆人人皆能享受的教育。

『因襲的教育養成特殊利益的階級，所製造的人材不過做壓迫階級的工具。試看從前科舉時代的教育，所取錄人材，無非做朝廷奴僕。民國成立後，教育還是製造自私自利的特殊階級，討好於帝國主義者及軍閥以求活。民衆化教育一方面使民衆人人皆能享受教育的利益，另一方面可以養成爲民衆謀幸福的人材。

『民衆的教育還有一個重要的意義，就是我們研究科學是以民衆的利益爲中心的。這一點關於社會科學，較爲重要：因爲社會科學往往爲壓迫階級所利用，將是非顛倒，事實曲解，以辯護他們在社會上的位置。所以資產階級的經濟學都是講資本主義是好的，帝國主義的地理和歷史都是爲帝國主義者歌功頌德的。在民衆教育的裏面，科學自然以事實爲根據，不容有甚麽曲解，而且科學的應用，完全是爲民衆謀幸福的。

『我以爲黨化教育不但要革命化和民衆化，而且要科學化和社會化才行。黨化教育和科學的關係我在前段已經說過，但是我所講的祗關於科學的內容和科學的應用。以我來看，我們要照科學的方法來實施黨化教育，並且要拿最進步的自然科學和社會科學做基礎。這就是黨化教育要科學化的意義。

『教育本來與社會有密切的關係，可惜因襲的教育把教育與社會分離，致教育失却社會的效能。我們的革命策略，是以社會的事實爲中心的，因此我們的教育應該以社會的事實爲根據，而與社會需要適合。換句話說：教育要變成改革社會建設社會的種種活動，那就學校的設備課程活動都要變成社會化了，這就是黨化教育要社會化的意義。』(1)他以革命化、民衆化爲黨化教育的內涵，其見解自然較以在學校宣傳黨義爲黨化教育者爲高，然而亦只是泛泛之談，不如許氏言論之於黨、於中國社會需要均適應也。

自此而後，黨化教育的聲浪，籠罩了長江、珠江兩大流域，並及黃河流域之一部分，教育界所討論者大半爲黨化教育（江浙各縣在暑假中都有黨化教育講習會），出版界亦爭出黨化教育書籍以應國人需要；此時而有人不明黨化教育之用意何在，只能「腹疑」，若將其所疑的理由發爲言論文字，反革命的罪名，大概是可以博得的。這自然革命時代所不得不然，但由此可見政治對於教育思想的勢力。可是這種思想在此時期達到最高點以後，其含義亦至紛歧。

王克仁說：

『黨化教育積極的意義，是教育要革命化、人格化、民衆化、社會化、科學化，不是這樣的教育，就不能救國。不能救國的教育，便不是中國國民黨主張的黨化教育。……在民族主義方面，我們教育最重要的目標是：養成民族的精神，厚結民族的力量，保存民族的思想，恢復民族的地位。……民權主義的教育目標，是在養成國民有奪爭民權的意志，有善用民權的智能，並且能切實了解民權的要素。……民生主義方面的教育目標是：一、在教育民衆，了解產業的演進，二、在了解實際生活的原素，三、在信仰力行解決民生問題的要策。』(2)

陳德徵說：

『黨化教育就是把中國底教育來國民黨化，變爲一種特殊的教育，國

1. 史料補編頁10
2. 王著黨化教育槪論頁14

民黨的教育，以求貫澈我們總理以黨治國的主張；以爲達到本黨以黨治國的目的之預備。』(1)

上海黨化教育委員會說：

『黨化教育當以培養青年爲目的。……革命須先具犧牲精神，然後免權利競爭而能爲民衆謀利益。』(2)

上海特別市教育局說：

『黨化教育就是融化中國國民黨主義和精神的教育……黨化教育的設施離不了新教育；……新教育是以兒童生活爲中心，以社會生活爲目的，意在發展個性，造就人格健全的公民，以服務於社會，同時增進社會效率，使社會造成新的政治和經濟的組織，以福利人羣，達到「公天下」的目的。

周雍能說：

『黨化教育即訓政工作之別名；則黨化教育運動實即訓政工作之運動。』

保君建說：

『黨化教育已成爲今日教育上最重要最急切之一問題。今我國家以「黨治」號召，意在使全國民衆胥爲黨化，咸明瞭黨之主義及政策，然後鼓舞精神，努力建設，以期由訓政而憲政，達於革命成功之時期。故黨化教育之意義，不僅在口頭之宣傳，而在實際之設施。不僅及少數學校之學生，而須普及最大多數之民衆。』(3)

魯繼曾說：

『黨化教育就是教我們怎樣做人的教育。……就是把中國國民黨的根本政策，或三民主義，建國方略，建國大綱和歷次全國代表大會的宣言和議決案作爲方針的教育，因爲只有這種教育才能彀使我們對於個人切身

1. 陳著黨化教育概論頁2
2. 上海黨化教育委員會宣言2
3. 黨化教育運動特刊頁2

的問題、社會的問題、民族的問題、國際的問題，來作極正當極公平的解決。這樣說來我在上文說「黨化教育就是教我們怎樣作人的教育」那句話的意思，到此者也就可以明白了。』(1)

楊宙康說：

『國民黨之所信奉者三民主義，國民黨所致力者國民革命，然則黨化教育之目的其在斯！……國家之於教育各國自有其主張。教育學上之教育，乃對普遍之人類而國家政治中之教育，實爲訓練其國民之教化行爲，安能超出政治環境？歷觀近世各國之政史，各大政治家，莫不各有教育政策，以爲立國御民之根基。至於大思想家之因時列議，挽救時代者，其意見一經民衆之贊許，卽生出絕大勢力而化及於教育矣。國民黨所致者爲國民革命，革命之成功，必須民衆了解其目的。況三民主義之實現，全賴於民衆。故不欲主義之成功，革命之實現則已；若期其然，則黨化教育乃爲必然之現象也。』(2)

以上議論除兩法人外，王著經中央執行委員會宣傳部審定者，陳爲上海特別市黨部宣傳部主任，周、保、魯、楊諸人均爲上海特別市教育局重要職員，同時在該局主持之黨化教育運動特刊（十六年十一月）所發表，均係有權威之言論，而各人意見差別甚大，黨化教育四字底含義也紛歧異常；大之視爲做人的教育，小之視爲訓政的工作。至設施上的主張更不一致，有以灌輸黨義爲重者，以有黨員任教職員爲重者，有以每週舉行黨的儀式爲重者，有以學生參加政治運動爲重者；各種具體的主張，雖亦爲思想之產物，但非正流，故不具論。

黨化教育雖然爲國民黨之教育者所盛倡，但在國民黨之理論中並無根據，所以歧義百出；而且黨化兩字爲通名，可適用於一切政黨，黨化教育在論理上更不能專指國民黨之教育。所以到十七年，國民黨之先覺者覺得這名詞不妥，而議改爲三民主義之教育。首倡者爲吳稚暉，他於十七年二月二十三日在南京民生報上發表談話說：

1. 黨化教育運動特刊頁12—3

2. 同上頁12

「黨化教育四字，說來太覺廣泛，共產黨也是黨，國民黨也是黨，未免弄不清此黨化之黨，應爲共產黨或爲國民黨也。依余之意，最好改爲「三民教育」乃能妥切明顯，而不致爲人所假借利用。」

這是說黨化教育四字含義過於廣泛者。大學委員會及政治教育委員會所提之維持教育救濟青年案則明指此四字無來源，而主張改爲三民主義教育，原文說：

『黨化教育之一名詞，不知從何而起。吾黨主張以黨建國以三民主義化民，故吾黨之教育方針爲「三民主義之國民教育」似無疑義。黨化二字，內容既不確定，出處亦不明瞭，總理著作，大會決議，均無此名，其爲世俗習用無疑，正名定義，宜直稱三民主義教育。在正式公用名詞，不採世俗用語，以杜流弊。』(1)

自此而後，倘使國民政府不再採用「世俗用語」，則黨化教育四字將成爲歷史上的名詞，黨化教育思想亦自此而告一結束了。

57. 影響

黨化教育四字雖然是因有國民黨而產生的，但在國民黨底經典並無根據，不過因「世俗用語」而演成一種思潮。因其爲世俗用語而非出於先覺者之系統的提倡，所以內容不確定，民衆易誤解。此三四年來，因爲政治勢力的驅策，渾沌的黨化教育思想，竟發生許多惡果。這種現象，提倡黨化教育的人也深感到。上海特別市教育局十七年二月發刊之上海教育第一卷第一期，有署名研者，其黨教育一文說得很明白，茲摘述如下：

『我們看見許多學校，尤其是小學校，實施他們所謂的「黨化教育。」他們的方法是：

『(一)課程中儘量採用黨的教材，不但要想把全部的三民主義，灌輸給學生，叫他們生吞活剝。並且國語文中充滿了革命偉人的偉大史傳，常識課中盡裝着國民黨裏的一切政綱，音樂必唱「革命之歌」，形藝也學「革

1. 江蘇大學日刊第十五號

命畫報」……眞把黨的一切，當做日常功課了。

「(二)儀式上竭力摹仿黨的形式，紀念週不消說，就是尋常集會也一定瞻謁總理遺像，恭讀總理遺囑，總理的遺囑，差不多和淸朝八股時代童生們臨考時恭默的「聖諭廣訓」一般。

「(三)牆壁間滿黏着黨的標語，甚麽「打倒帝國主義」「打倒殘餘軍閥」「剷除土豪劣紳」「殺盡共產黨徒」……無話不有；甚至臨時標語，例如「討伐唐生智」「通緝汪精衛」「歡迎五委員」……也鸚鵡學語似的寫着。血淋淋，惡狠狠，殺人放火的掛圖，也常常懸掛在校舍之內。

「(四)學生們奔命於黨的運動，今天甚麽遊行，明天甚麽集會，後天甚麽演講，凡是黨的運動，不單中等以上學校的學生參加，有時小學生亦要參加。並且往往不是志願的，是以罰錢爲强迫的。學生們眞覺有「疲於奔命」之感。

「我們仔細推想，這是黨化教育嗎？或者不過是「黨」而未「化」，並且不合敎育意義的「黨的傳習」吧？我們姑且遷就一點，叫他也是敎育，但只是「黨敎育」，決不可稱爲「黨化敎育」。』

這種敎育的弊端如何他又說：

『黨化敎育，誰也不能反對。但是「黨敎育」，却就有硏究的餘地了。「黨治下的敎育，當然不能離黨而獨立。但是旣稱敎育，總要合乎敎育的意義；決不可把黨的一切傳給學生，化也沒有化，就自以爲是「黨化敎育」了。冒名還是小事，因此枉費了學生們的光陰，斲喪了學生們的心力，並且反易使學生們視黨的一切爲具文，把黨義玩忽得和酒肉和尙玩忽佛旨一般，結果或者造成了藉黨餬口的黨學究，靠黨吃飯的黨棍，這樣不但害學生，並且害黨，那才是大罪過哩。

『我們且不要高談甚麼革命化社會化民衆化科學化的一切設施，單就事論事的把各學校所施的「黨敎育」改變一下，那也就可以算近是黨化敎育吧。』

他這些慨乎言之的話，自然不是提倡黨化教育的人所能料及而願料及，然而實際上却眞有害學生害黨的事情了。

平心說來，中國國民黨既採用蘇俄共產黨的精神，主張以黨治國，本其黨中的三民主義提出中國教育政策以實施之，論理上固極合理，而且是世界上任何政黨執政時所常有的事情。就過去的事實講，許崇清所提出的實業教育政治教育的方針，既不背國民黨底三民主義，也很適合中國現社會的要求。只因該黨當初對於教育無確定的政綱，遂致其意見不生效果，反使「世俗用語」演成思潮；在理論上既引起許多反對，在實際上則更因誤解發生所謂「黨教育」的現象。雖然現在大學委員會有所糾正，然對於兒童及民衆所遺的惡影響，已非短時間所能補救。斯則我們治史的人所深爲嘆惜的！

第二十章　近代中國女子教育思想變遷史

58. 賢母良妻主義

若說中國在女學未列入學制系統以前沒有女子教育誰也不肯承認：因爲

有內則與女誡等書作反證。可是內則女誡上所說的種種，都是些社會遺規，由所謂富貴之家在家庭對女子施以訓導，並非如現在一樣公開地遣女子入學校求學。所以嚴格講來，在那時以前實在無所謂女子教育，——最少當是無女子的學校教育。

自鴉片戰爭而後，國人漸知國之不競由於無學，乃漸言變法自強；及甲午而後，此種思想乃大倡：但謀國者從不言及女子應負何種責任，更不曾言及女子教育。張之洞在清末號稱識時務者，其勸學篇在當時的教育上很發生些影響，外篇論教育制度亦很廣博：農工商鑛兵等學均有專篇，獨無女學；即興學與學制兩篇詳述外國制度本國辦法，亦不言及女學。他不講女學並不講他對於女子有何宿怨，存而不論，乃是男尊女卑數千年來的社會習尙使他不認識女子是有人格的人所致。

然而當時之在野的聞人卻因教會在中國創辦女學與日本因教育發達而強的種種刺激，而竭力提倡女學。梁啟超於光緒二十三年在其主辦之時務報發表變法通議三之六女學章（詳見時務報彙編第二十三册）力主興女學說：

『居今日之中國而與人言婦學，聞者必曰天下之事，其更急於是者不知凡幾。百舉未興而汲汲論此，非知本之言也。然吾推極天下積弱之本，則必自婦人不學始。』

他並舉四種理由以證明非興女學不可。第一爲分利之害：謂『女子二萬萬全屬分利，而無生利者。惟其不能自養而待養於他人也，故男子以犬馬奴隸畜之，於是婦人極苦；惟婦人待養，而男子不能不養之也，故終歲勤動之所入，不足以贍其妻孥，故男子亦極苦。』婦人男子之所以極苦，是由於婦人無業，婦人無業，是因其無學，興女學卽所以富民强國。此爲他對於興女學之經濟的見解。第二義論婦女無才之累，意在養成良妻。他說：

『「婦人無才卽是德」，此韙言也。世之瞀儒執此言也，務欲天下女子不識一字，不讀一書，然後爲貞淑之正宗，此實禍天下之道也。……海內之大，爲人數萬萬，爲戶數千萬，求其家庭內外相處熙睦，形迹言語，終身無間然者萬不得一焉。……家庭之間終日不安，入室則愀，靜居斯歎，此其損人靈魂，短人志氣，有非可以常率推者，故雖有豪傑倜儻之士，苟終日引而置之牀笫筐篋之側，更歷數歲則必志量局瑣，才氣消磨，若是乎婦人之果爲鴆而不可近也。夫與其飲鴆而甘之，則盍於療鴆之術，少留意矣。

其第三義論母敎第四義論胎敎，均爲賢母的條件，其論母敎說：

『西人分敎學童之事爲百課而由母敎者居七十焉。孩提之童，母親於父，其性情嗜好，惟婦人能因勢而利導之，以故母敎善者，其子之成立也易，不善者，其子之成立也難。……故治天下之大本二，一曰正人心，廣人才，而二者之本，必自蒙養始，蒙養之本，必自母敎始，母敎之本，必自婦學始，故婦學實天下存亡强弱之大原也。』

論胎敎說：

『……今之前識之士，憂天下者則有三大事；曰保國、曰保種、曰保敎；國烏乎保？必使其國强而後能保也；種乎烏保？必使其種進而後能保也；進詐而爲忠，進私而爲公，進渙而爲羣，進愚而爲智，進野而爲文，此其道也。教男子居其半，教婦人居其半，而男子之半，其導原亦出於婦人，故婦學爲保種之權輿也。』(1)

在近代中國教育史中正式提出賢母良妻爲女子教育目的者要以他爲始。惟他之提倡女學係爲外侮所激，所以以强國保種爲女學最後的目的。他於同年作倡設女學堂啟，更明示他所以提倡女學之原因說：

『泰西女學，駢闐都鄙，業醫課蒙，專於女師，雖在絕域之俗，邈若先王之遺，女學之功，於時盛矣。彼士來游，憫吾窘溺，倡建義學，求我童蒙，教會所至，女塾接軌。夫他人方拯我之窘溺，而吾人乃自加其梏壓，譬猶有子弗鞠，乃仰哺於鄰室；有田弗芸，乃倚手於比耦。匪惟先民之恫，抑亦中國之羞也！

『甲午受創，漸知興學。學校之議，騰於朝廡；學堂之址，踵於都會，然中朝大議，弗及庶媛；衿纓良規，靡逮巾幗，非曰力有不逮，未遑暇此瑣屑之事邪？無亦守扶陽抑陰之舊習，昧育才善種之遠圖也。

『夫男女平權，美國斯盛。女學布濩，日本以强。興國智民，靡不始此。三代女學之盛，寧必遜於美日哉？遺制綿綿，流風未沫，復前代之遺規，採泰西之美制，儀先聖之明訓，急保種之遠謀。海內魁桀，豈無恫遊民土番之害者歟？傀傀簪溺，寧忍瞠目坐視而不一援手歟？仁而種族，私而子孫，其亦人人之所樂爲有事者也！天下興亡，匹夫有責！昌而明之！推而廣之！烏乎！是在吾黨也矣！』

其女學堂試辦章程立學大意條說：

『學堂之設，悉遵吾儒聖教，堂中亦供奉至聖先師神位。辨理宗旨，欲復三代婦學宏規，爲大開民智張本；必使婦人各得其自有之權，然後風氣可開，名實相副，故堂中一切捐助創始及提調教習，皆取材於閨閣之中，借除內言外梱之戒。』

梁氏在當時號稱新黨領袖，一面以言論鼓吹興女學，一面與康廣仁（戊戌六君子之一）在上海創女學堂爲言。他雖曾言及男女平權，但以風氣未開，辦學

1. 時務報卷二十三頁2下

仍不能不以借除內言外梱之戒爲言，學生仍不收奴婢倡妓。又因纏足爲女子惡習，非解放無從得其自有之權，除初期外，亦不收纏足女子。其時各地聞風響應者很不少。林紓在福建作閩中新樂府，中有興女學一首讚此道：

「興女學，興女學，羣賢海上眞先覺。華人輕女患識字，家常但責油鹽事。夾幕重簾院落深，長年禁錮昏神智。神智昏來足又纏，生男却望全先天。父氣母氣本齊一，母苟蠢頑靈氣失。胎敎之言人不知，兒成無怪爲書癡。陶母歐母世何有，千世一二掛人口。果立女學相觀摩，中西文字同切磋；學成即勿與外事，相夫敎子得已多。西官以才領右職，典籤多出夫人力；不似吾華愛牝雞，內人牽掣成貪墨。華人數金便從師，師因常無在館時，丈夫豈能課幼子，母心靜細疏條理，父母恩齊敎亦齊，成材容易駸駸起。母明大義念國仇，朝暮語兒懷心頭，兒成便蓄報國志，四萬萬人同作氣。女學之興係匪輕，興亞之事當其成。興女學，興女學，羣賢海上眞先覺。」

樂府所說，除放足外，關於女子敎育均以良妻賢母爲目的。賢母良妻的女子教育可稱爲戊戌以前社會先覺者的共同思想。

戊戌政變，新黨失敗，所謂新思潮亦隨着沉沒下去。及庚子之變，外患逼迫更甚，非變法幾不能自存。於是興學之議，洋溢國中。但卻無人注意女學問題，光緒二十八年張百熙奏定學章，對於各級學堂的章程均詳爲擬訂，但無一字提及女子教育。二十九年張之洞、榮慶、張百熙改訂學堂章程亦無女學專章。只因爲要女人幫着教小孩子（男子）以强國，所以有蒙養家教合一一篇，他們說：

『三代以來女子亦皆有教，備見經典所謂教者，教以爲女、爲婦、爲母之道也。惟中國男女之辨甚謹，少年女子斷不宜令其結隊入學，遊行街市，且不宜多讀西書，誤學外國習俗，致開自行擇配之漸，長蔑視父母夫壻之風。故女子只可於家庭教之，或受母教，或受保姆之教，令其能識應用之文字，通解家庭應用之書算物理，及婦職應盡之道，女工應爲之事，足以持家教子而已。其無益文詞，概不必教。其干預外事，妄發關繫重大之議論，更不可教。故女學之無弊者，惟有家庭教育。女學原不僅保育幼兒一事，而此一事爲尤要，使全國

女子無學，則母教必不能善，幼兒身體斷不能强，氣質習染斷不能美。蒙養通乎聖功，實爲國民教育之第一基址。』(1)

這自然比前次學堂章程完全不提女子教育者高超許多；但是這樣的教育與女子本身根本無關係，只是「國民教育第一基址」的工具而已。至此，女子教育乃更由賢母良妻思想而轉到賢母思想。

這種爲母教的女子教育，不僅是在朝者底一種抱殘守缺的見解，實是社會上很流行的思想。光緒二十一年上海科學書局發行一種初等小學女子官話修身教科其第一課論女學原因說：

『女子爲國民的母，所以讀書識字，比男子更覺要緊；因爲要預備將來的姆教，必要有了好母，方有好子。這等說起來，女學豈不是第一件要緊的事嗎！』

在讀者或以爲這幾句話是爲着迎合「在朝者」底心理而寫的，實則此書出版時，學部的女子小學章程還沒公布，教科書也還沒有審定的規制：不過江浙交通地方，有些父兄採用新法爲女子設立學校，這種教科書是供那些學校用的，其言論底內容固爲社會的俗尚所構成，並不受執政者底限制。

此外還有最有力的實例，就是留日女學生對於女子教育也是這種思想。光緒三十二年留日學生在東京發刊中國新女界雜誌，其第二期孫清如女士有論女學一文，從體質、德性、家國、種族五方面引述中國歷代學者論學之要點，而歸根於『興吾女學以端天下之母範』說：

『體質何以强，得其養而已，何以弱，失其養而已。夫養之之豫，孰有踰于母哉，欲母之能豫養其子，舍學奚由。』

『語云少成若天性，習慣成自然。又云敎子嬰孩，德行之賢否，斷斷乎於胎敎及家庭敎育爲始基也。女學不興，將何以敎。』

『善覘家之盛衰者，於其和與不和卜之，而其和與不和，則由於學與不學，未有不學而能相夫敎子，和以成家以致於昌祥者，是故學之爲貴。』

1. 教育史料 II 168—9

『女學莫備於詩，豳風陳稼穡之艱難，而必詳及婦功者何哉？蓋男子力耕，而婦人坐食，不徒風俗薄惡，且必不免於貪匱；故古人言農必及桑，言耕必及織，春則養蠶以爲絲，秋則績麻以爲布，皆婦人之職，而莫不勤也。後世失學廢業，或以婦女爲玩物，爲累贅，而男子困矣。困則衣食不足，而飢寒迫，飢寒迫而盜賊生，大亂之所由起也。書曰：旣富方穀。欲錫民以幸福，必先富之，欲富之，莫如興學以勤其業。圖存者其亦知所從事哉！』

『種族何以有勝敗，勝敗于優劣而已。處競爭劇烈之場，而無眞實能力以與之角，斷不能由僥倖以苟全。今夫一女不學，則一家之母無教，一家之母無教，則一家之子失教；積人成家，積家成國，有學無學，受教失教，優劣相形，勝敗立判矣。』

當時教育行政者因事實的需要（外有女留學生，內有女學校）乃於光緒三十三年正月奏定女子師範及女子小學堂章程，女學在學制系統中始正式佔一地位。女子教育思想則由賢母主義進而爲賢母良妻主義。原摺說：

『竊維中國女學，本於經訓。故周南召南，首言文王后妃之德，一時諸侯夫人大夫妻，莫不恪秉后妃之敎，風化所被，普及民間。江漢諸篇，言之尤備。孔子曰：人而不爲周南召南，其猶正牆面而立也與！蓋言王化始於正家，倘使女敎不立，婦學不修，則是有妻而不能相夫，有母而不能訓子，家庭之敎不講，蒙養之本不端，敎育所關，實非淺鮮，此先聖先王化民成俗所由，必以婦學爲先務也。』

因爲女子敎育的目的在於造成賢母與良妻，所以敎育設施均以此爲依歸。卽平日男子奴視女子之弊風亦不主由女子自求解放，而以男子爲主動以祛除之。女子師範學堂敎育總要第一條說：

『中國女德，歷代崇重。凡爲女、爲婦、爲母之道，徵諸經典史典，先儒著述，歷歷可據。今敎女子師範生，首宜注重於此，務時勉以貞靜、順良、慈淑、端儉諸美德。總期不背中國向來之禮敎，與懿徵之風俗，其一切放縱自由之僻說，（如不謹男女之辨，及自行擇配，或爲政治上之集會演說等事。）務須嚴切屛除，以維風化。（中國男子間有視女子太卑賤，或待之失平允者，此亦一弊風。但須於男子教育中注意矯正改良之。至於女子之對父母夫壻，總以服從爲主。）」

女子教育既在使其服從父母夫壻爲目的，所以修身教材有下列的規定：

「凡教修身之課本，務根據經訓，並薈萃列女傳、女誡、女訓、女孝經、家範、內訓、閨範、溫氏母訓、女教經傳通纂、教女遺規、女學、婦學等書及外國女子修身書之不悖中國風教者，擷其精要，融會編成。……」

當時之所謂女德，其內涵只在服從父母夫壻，而以對於男子之守貞爲尤要，所以修身教材規定爲列女傳、女誡等。而李瑞清任江蘇提學使時，於宣統三年通飭各女學改星期第五日放假，更足以證明所謂禮教、道德，皆以貞潔爲旨歸。他說：

「江漢風行，讀周南而知德化。女師典訓，企班媛而頌徽音。蓋琴瑟在御，靜好先兆於安絃；訟獄無常，夙夜每防其多露。此女學以女教爲先，而名譽以道德爲本也。查寧省女學之盛，頗稱完善。但鸞鳳爲羣，或不禁鴟梟之暗逐，芝蘭既植，亦難免蕭艾之潛滋。故口衆可以鑠金，蟲生多緣腐物，弊宜祛於所忽，法必極於無疏。……今特改寧省女學校星期放假，均限於第五日一律通行，……庶杯蛇市虎之疑，自隱消於不覺，秀柏貞松之節，更相得而益彰。』(1)

自梁啟超倡女學至李瑞清改女學星期第五日放假，概可以賢母良妻主義統之。此時所謂賢母良妻完全從男子底方便上着眼，並非以女子底天稟爲本，故教育主旨重在服從。換句話說：此時教育者對於女子只因其要作男子底妻與母而施以教育，而不認女子本身有與男子對立的人格，只視之爲男子底附屬物。然而這種思想底勢力在實際教育上却很大：光緒三十三年以後之女學固然以此主義爲目的，社會上亦無何種反抗的思潮。民國四年九月，陳獨秀等在上海發刊新青年雜誌，極力攻擊孔子之婦女觀，(2) 於二卷六號特闢女子問題欄，討論女子問題。女子之投稿者每以女子教育爲言，但其言論則大半爲此賢母良妻之傳統

1. 教育史料 II 173—4

2. 詳見新青年第二卷第四號陳獨秀：孔子之道與現代生活

思想所支配。該誌三卷一號梁華蘭論女子教育，一面主張女子教育要與男子教育平等，一面仍主張女子教育應以賢母良妻爲主義。她說：

『……女子者人類之母也。相夫教子，持家處世，其所貢獻於國家者旣多……吾國女子以數千年之壓制，服從旣成爲第二天性，然正利用其服從之性，奉之以良好教育，終成世界第一女子。』

這樣的女子教育，不是與男子平等之旨相悖嗎？她解釋說：

『或謂賢母良妻主義，其所需之教育，養成賢母耳良妻耳。無與於高深，是不與教育平等之義相違背乎？曰未也。夫賢母良妻，乃教育之旨歸，而教育自身，則爲其途術，固未有受高深教育，不能爲賢母良妻者也。且正以受高深教育之故，思想高超，見解精確，益以知賢母良妻爲人類之所急耳。』

她所謂男女教育平等是在形式上受同等的教育（卽男子受高等教育女子亦受高等教育）女子教育底內容仍以服從性的賢母良妻爲主。這種思想可說是數千年賢母良妻的女子教育底產物而於此時結束之。

59. 女國民教育思想

民國以前的女子教育，雖然以賢母良妻爲唯一的目的，但有不少卓犖的女子，受着當時新出版物底濡染，很注意於國家大事，於民國初元而有參政運動及女子北伐隊之組織；男女平等的聲浪也充滿了社會。民國二年，江蘇金一著女界鐘，極力宣傳女子救國的主張，鼓吹女子參政，男女共同統治中國。他痛駡從前的教育爲奴隸的教育，『女子者奴隸之奴也，並奴隸之教育亦不聞』。故極不贊成偏枯於男子之教育說：

『教育者造國民之器械也。女子與男子，各居國民之半部分，是教育當普及，吾未聞有偏枯之教育而國不受其病者也。身體亦然，其左部不仁，則右部亦隨而廢。教育者，又精神之庫也，無精神之教育，是禁人之食穀麥而雜堆雀鼠以爲糧者也。（原書頁三六）』

他以爲女子應當受教育，並當以養成有人格有個性的人爲宗旨。他提出女子教育八項目的如下：

『一、教成高尚純潔完全天賦之人；二、教成擺脫壓制自由自在之人；三、教成思想發達具有男性之人；四、教成改造風氣女界先覺之人；五、教成體質強壯誕育健兒之人；六、教成德性純粹模範國民之人；七、教成熱心公益悲憫衆生之人；八、教成堅貞節烈提倡革命之人。』(1) 他這八項目的雖曾說及母性（誕育健兒），但其主旨却在爲救國。此種教育思想若要用一簡單的名義括之，可稱爲女國民教育思想——不是賢母良妻的教育，也不純粹女子的教育，而是偏重於國民義務的女子教育。

此思想至十四年而復昌：

中國國民黨十三年改組而後，其對內政綱第十二條有『於法律上、教育上、社會上確認男女平等之原則，助進女權之發展』的規定，國民政府治下之女子，在原則上一切權利均與男子平等，對於國家之義務當亦與男子同樣負責。適十四年上海五卅慘案發生，軍事教育的聲浪盈溢教育界中，國民黨中央執行委員會婦女部在廣東發刊的婦女之聲，亦以國民的立場主張女子軍事教育。吳芭蘭論女子軍事教育之影響說：

『現在軍事教育的空氣，已經瀰漫全國；但受訓練的只是男子，女子就沉寂無聞。反問我們的女同胞，是否中國國民的一分子？國家興亡與我們有沒有關係？天生我們是否沒有戰鬪的本能？我們體魄是否不及男子？何以不能受軍事訓練？現在有好多人說，女子性是懦弱慈祥，戰鬪是奮勇殘忍，所以不堪軍事訓練；但這是習慣所致，不是不可移變的。試看看古今中西的歷史，女子從軍的事實，昭著簡册，唐時木蘭，裝成一個男子，代父出征，在外十二年，殺盡胡虜，凱旋榮歸，隨伊出征的伙伴，却不知伊是一個女郎。當英法百年戰役時，法兵大失利，加以英太子英勇無敵，將有蓆捲巴黎之勢，後來有一個農間少女應安特克出來，鼓勵法國兵士，他自己騎一匹馬，衝向前去，風馳電掣。疲敝的兵士，看見他這樣勇敢，也奮不顧身，屢破英兵；歐戰時德意志的男子，通通出赴戰場，國內的治安，就靠保安警察隊，而女子充任保安警察的是極

1. 婦女問題十講頁 251

多數，有些幷赴戰場做警備隊。這樣看來，我們巾幗英雄的本領，却不下於鬚眉的好漢，不過我們沒有訓練罷了。

『兵弱才盡，就是我國的現象，我們女子能忍心來看嗎？我國有四萬萬同胞，女子占了一半，這一半女子是沒有受軍事教育的，豈不是空養了一半殘疾無能的國民？』(1)

她以爲軍事教育對於女子還有四種特殊的利益：⑴生育强健國民；⑵改良風化；⑶鼓勵民衆；⑷禦外侮、剿內亂。當時黃埔軍官學校曾有顧問俄人密投尼羅夫人，而俄國婦女從事於軍事訓練者亦有五千之衆，（均見婦女之聲彙刊頁57，）流風所及，女子從軍的女國民教育思想竟一倡而見諸事實十五年粤桂湘之北伐軍中常有女子服務，十六年南京之中央軍事政治學校，對於女子之待遇與男子完全相同。』(2)

60. 男女平等教育

由新青年於六年討論女子問題，對於舊日女子道德力加攻擊而後，女子底自覺又進一步；對於從前賢母良妻的女子教育乃從理智上加以反抗，而有人主張女子與男子有同等的人格，對於社會國家亦當與男子負同樣的責任。七年九月該誌五卷三號，胡適發表美國的婦人一文，（北京女子師範演講稿）以具體的方法說出他對於女子教育「超賢母良妻主義」的意見道：

『去年冬季，我的朋友陶孟和先生請我吃晚飯，席上的遠客是一位美國女子，代表幾家報館，去到俄國做特別調查員的。同席的是一對英國夫婦，

1. 婦女之聲彙刊頁54—5
2. 此外十四年中華教育改進社年會亦有人提議女子教育宜添設軍事常識案，但係以謀國民健强與自衛爲理由，名義雖同，內容全異。該案原文說：(1)女子爲國民之母，强其子，必先强其母。而軍事訓練，實爲健强身體之最良方法。此爲謀國民健强計，宜有軍事訓練也。(2)歷來女子往往爲暴力男子所蹂躪，皆由於其身體過弱，無力自衛也。要達到女子在社會上與男子處同等之地位，不惟在經濟獨立，還須有自衛之體力，以維護其生命與名譽，此爲女子自衛計，宜有軍事訓練也。

和兩對中國夫婦，我在這個「中西男女合璧」的席上，心中發生一個比較的觀察那兩位中國婦人和那位英國婦人，比了那位美國女士，學問上智識上不見得有什麼大區別，但我總覺得那位美國女子和他們絕不相同。我便問我自己道：他和他們不相同之處在那一點呢？依我看來，這個不同之點，在於他們的「人生觀」有根本的差別。那三位夫人的「人生觀」是一種「良妻賢母」的人生觀；這位美國女子的，是一種「超於良妻賢母」的「人生觀」。我在席上估量這位女子，大概不過三十歲上下，却帶着一種蒼老的狀態，健强的精神。他的一言一動，似乎都表示這種「超於良妻賢母」的人生觀；「似乎都會說道：「做一個良妻賢母何嘗不好？但我是堂堂地一個人，有許多該盡的責任，有許多可做的事業。何必定須做人家的良妻賢母，纔算盡我的天職，纔算做我的事業呢？」這就是「超於良妻賢母」的人生觀。我看一個女子單身走幾萬里的路，不怕辛苦，不怕危險，要想到大亂的俄國去調查俄國革命後內亂的實在情形：——這種精神，便是那「超於良妻賢母」的人生觀的表示；便是美國婦女精神的一種代表。

什麼是超賢母良妻的人生觀？他解釋說：

『這種「超於良妻賢母的人生觀，」換言之便是「自立」的觀念。我並不說美國婦人個個都不屑做良妻賢母；也並不說他們個個都想去俄國調查革命情形。我但說依我所觀察，美國的婦女，無論在何等境遇，無論做何等事業，無論已嫁未嫁，大概都存一個「自立」的心。別國的婦女大概以「良妻賢母」爲目的。美國的婦女大概以「自立」爲目的。「自立」的意義，只是要發展個人的才性，可以不依賴別人，自己能獨立生活，自己能替社會作事。中國古代傳下來的心理，以爲「婦人主中饋」；「男子治外，女子主內」；「婦人稱丈夫爲「外子，」丈夫稱妻子爲「內助。」這種區別，是現代美國婦女所絕對不承認的。他們以爲男女同是「人類，」都該努力做一個自由獨立的「人，」沒有什麼內外的區別的。……男女同有在社會謀自由獨立的生活的天職，這便是美國婦女的一種特別精神。』(1)

他從事實上舉出美國男女在社會上負同等責任的實例，而以爲「這種精神的養成全靠教育」。故最後的結論說：

「如今所講美國婦女特別精神，只在他們的自立心，只在他們那種「超於良妻賢母的人生觀」。這種觀念是我們中國婦女所最缺乏的觀念。我們中國的姊妹們若能把這種「自立」的精神來補助我們「依賴」的性質，若能把那種「超於良妻賢母的人生觀」來補助我們的「良妻賢母」觀念，定可使中國女界有一點「新鮮空氣」，定可使中國產出一些眞能「自立」的女子。這種「自立」的精神，帶有一種傳染的性質。女子「自立」的精神，格外帶有傳染的性質。將來這種「自立」的風氣，像那傳染鼠疫的微生物一般，越傳越遠，漸漸的造成無數「自立」的男女，人人都覺得自己是堂堂地一個「人」，有該盡的義務，有可做的事業。有了這些「自立」的男女，自然產生良善的社會，良善的社會決不是如今這些互相依賴，不能「自立」的男女所能造成的。所以我所說那種「自立」精神，初看去，似乎完全是極端的個人主義，其實是善良社會絕不可少的條件，這就是我提出這個問題的微意了』。

他這篇文章算是新青年對於婦女問題建設的貢獻，其影響很大。

五四而後，婦女問題竟成爲社會問題的中心，新青年、解放與改進、新潮等雜誌常有關於女子教育的論文，少年中國學會之少年中國並於八年十月出婦女號，其少年世界則於九年七八兩月出婦女號兩册，討論女子解放問題，介紹世界關於女子問題的學說，紀載國內外男女同學及女子學校的實況，其中各文每每論及女子教育問題，其思想大體傾重於男女教育平等及經濟獨立諸方面，而主張打破舊日狹隘的賢母良妻主義。

斯時有留日學生馮飛著女性論，對於婦女問題爲系統之研究，於九年由中華書局出版，銷行很廣，亦反對昔日的賢母良妻的女子教育，而主張『培植其（女子）宿具之知能，使其必要知識充足，庶與男子立於對等生活之上不致敗北。

1. 胡適文存卷四頁39—41

』頁(136)不過他不重視普通的或高等的文化教育，以爲不獨要解放女子職業問題，而主張『立於平等人格上用啟能主義，注重女子職業教育以爲未來百事之基礎。』(頁163)

十年婦女雜誌(八卷二號)李光業發表今後的女子教育一文亦主張男女平等教育。他說：

『從前的女子教育，缺乏人格的要素，根本上視爲劣弱，卽所謂女性劣弱觀是。由此觀念，而發表奴隸觀，方便觀，非人格觀。婦人非爲獨立的人格者，而爲男子的奴隸方便，幷爲其子女的奴隸方便。今後的女子教育，對於此等不合理的觀念，當一掃而空，注力於人格的陶冶，圖女子人格思想的充分發達；先認自己人格的存在，有獨立的價值和權威，更進而把「夫」和「子女」也視爲和自己同等的人格者，自行樹立自己的理想，自覺自己的價值。』

又說：

『歷來的女子教育，偏於家庭主義，而於女子同爲社會國家的一員的一點，極其蔑視，實爲一大缺憾。此後當注意於理知的陶冶，以彌補此中的缺憾，使女子具有男子同樣的知識和思想，共同圖國家社會的進步發達。』(1)

十一年奉直戰爭後，有所謂「法統恢復」將由國會制定憲法，其時北京女界有女子參政協進會與女權運動同盟會，前者標明要求參政的三項目的，其第三條卽爲『專打破專治家政的教育制度以求知識平等。』後者提出七條綱領以爲運動進行的目標，其第一條卽爲『全國教育機關一槪爲婦女開放。』而高一涵斯年暑假在武昌暑期學校講演女子參政問題，更從參政問題上主張打破賢母良妻的人生觀，而極力攻擊舊日女子教育偏重家事教育之不合理說：

『我國女子教育制度多偏重家事方面，所以國民學校中所用國文讀本要加入家事要項，女子中學的課程特設家事園藝縫紉各科，女子師範特別加入「以造就蒙養院保姆爲目的」一項。再看各省及中央所辦的女子職業學校，大槪總不外家事、烹調、縫紉、蠶桑、繅絲、編物、刺繡、摘綿、造花……等

1. 婦女問題討論集 I. 172—173

科這種教育機關，簡直可算是「良妻賢母養成所，」所有的職業大半屬於家庭的事業；所學的知識技能大半是操持家政的知識技能。我們天天說男女知識不平等，請問這種教育制度——女子教育與男子教育不同——又怎能造成男女知識職業平等的結果呢？所以女子要想抱着爲社會之一員的人生觀，又非打破這種使女子知識不能與男子平等的教育制度不可。」(1)

十二年中華教育改進社女子教育委員朱其慧、劉吳卓生、楊袁昌英等則從公民資格上主張男女教育平等。她們說：

『在民主國旗之下，男女對於國家，都有應盡之義務、應享之權利。至於義務如何去擔負，權利如何去享受，才能致國家於治平，這是要靠着教育慢慢去做成的。義務非學不會盡，權利非學不會享。一國之人，若有一半不會盡義務，不會享權利，這個國家是斷斷站不穩的。所以要想有一個健全的國家，必先要個個國民——男的，女的——都健全，都有相當之學識，技能，品格，體力，去分挑公共的擔子，發揮特殊的貢獻。照這樣看來，女子教育是建設健全國家的一個要素。我們不談普及教育則已，要談普及教育，必須使女子教育同時普及。』(2)

但是她們主張普及女子教育還有一層更深的理由，就是：

『況且教育的功效是繼續進行世世代代的努力的結果。我們試看一家之中，如只有受過教育之父親，子女容或不受教育；但母親一受過教育，子女是沒有不受教育的。只要一代的女子受教育，子子孫孫的教育，都得了保障了。所以女子教育，不但有普及現代教育的功用，並且有保障後代教育的效力。』(3)

她們以爲女子在教育上所負的責任比男子尤大，女子教育底效用，除本身

1. 現代論文叢刊第一冊婦女頁35—6
2. 新教育六卷二期頁231
3. 新教育六卷二期頁231

具備公民資格外，且能將未來的公民教育好。這實是許多講女子教育的人所未見到的。

上述各種思想雖在小節上有些出入，但大體上都以男女受平等教育爲依歸，故可總括之爲男女平等教育思想。

61. 女子教育

民國以來還有一種綿延不斷的女子教育思想，即可稱爲『女子教育的思想。』這就是說：既不把女子當作男子看待，也不專重她們底國民責任方面，更不視爲男子附屬品的妻與母，只從女子底特質及其對社會應負的責任上施以特殊的教育。

這種教育思想起源於民國二年。當民國元年男女平權思想大盛，女子組織北伐隊之時，教育者有主張女子須與男子受同樣的教育，治同樣的職務。陸費逵於中華教育界發表論女子教育問題一文，力辨其非。他說：

『女子之性質柔弱而優美，限於生理的作用，無可如何。吾豈不欲吾國驟增加倍之政客與軍人。（意謂女子能之則倍於現有之男子也）而必窒過之。無如實際不能；猶之牝鷄不能司晨，無可諱飾也。若天下女子，競爲男子事業，則妻之持家，母之育兒，將令孰任，如激烈者所主張，豈果强令男子爲之，以洩數千年女子之憤耶！豈果捨吾文明而效西藏之陋俗耶！況就生理而論，激烈之政爭，極劇之工作，女子萬不能堪，卽使能之，而一遇胎產，則一年數月之光陰，消於無形，政爭必難持久，工作勢必中止，吾知卽有女政客女軍人女工程家，世亦莫敢用也。』(1)

他則主張：

『第一當養成貞淑之德，和易之風，並授以家政之智能，期可以爲人妻。

第二當養成慈愛之性，高潔之情，並授以育兒教子之技能，期可以爲人母。

第三當設女子師範學校女子裁縫、刺繡、蠶業、圖畫、音樂等學校，期可以

1. 教育文存卷四頁26

習一業以生活。』(1)

五四而後，男女平權之說復盛，他於九年又爲女子教育的急務一文重述其主張說：

『我們現在講女子教育其目的有四：第一、健全女子的人格；第二、養成賢母良妻；第三、在男子能養家的時代從事無害生理無妨家庭的職業。第四、預備充足的實力於必要的時候代男子做國家社會一切的事。』(2)

第四項爲原來所無，他解釋加此項之理由說：

『我所說這四個目的，前三個是通常的，第四個是預備處社會國家之變的。我國現在的情形，穩健的人，大概都只贊成前三個目的，激進的人，要專注重第四個目的，我以爲都是錯的；爲什麼呢？照現在的國情，前三個目的是不錯的，但是兵可百年不用，不可一日不備，這第四個目的是預料將來的國情，一定要到的；與其臨時抱佛脚，多吃多少苦，多受許多累，恐怕還要誤事，何妨早點預備。況且目的懸在這裏，幾時做得到還不曉得呢？大家要知道萬一數十年後，再有大戰，我國捲進漩渦；或者經濟競爭更烈，多數男子無養家的能力，女子不能不爭生存，那時候方才知道我第四個目的要緊咧。』(3)

他雖然極力主張女子教育的女子教育，但其立脚點都本於事實之觀察而來，尚未找出科學上的證據。十年三月，姜琦在浙江省立女子師範講演女子教育問題之研究，則更從女子生理及心理上的特質上主張男女有分教之必需與賢母良妻應爲女子教育重要目的之必要。他說：

『女子生理的天分怎樣？約舉如下：

『一、身體之發達，女子比男子早達成熟期。二、身體之構造孱弱，肢體之運用細緻。三、營養裝置之活力微弱。四、神經作用銳敏，且易於疲勞。五、因生殖作用，在生理上犧牲較大。六、生殖能力之始終期都較早，因之生殖能力之期

1. 教育文存卷四頁29　2. 同上頁9
3. 同上頁9—10

間較短。七、生殖力之喪失期（即老年期）之生活較長。八、有哺乳能力。九、在生殖能力期間，每月生活，必有一次之生理的變化。

『女子之心理的天分怎樣？約舉如下：

一、在智的活動上，發達之型式，較爲早熟，而偏於狹小。二、記憶及想像銳敏，而短於推理和商量。三、感情作用較强，而意志作用不很發達。

『女子之社會的天分怎樣，說明如左：

女子之社會的天分，前已說過了，不外乎同著男子施行分業協力，所謂「兩性協力」就是了。這種「兩性協力」有三層功用：第一、是種族保存，第二、是幼兒養育，第三、是家庭經營。這三層功用之中，第一第二，並非是女子所專有，男子也是有的，不過女子因有以上所舉之生理的天分，所以較男子是直接的，因之其功用也較男子爲大。例如哺乳作用，男子是絕對不能的。……至於第三層家庭經營，從上說之女子之心理的天分上看來，因爲他們性情細密，對於瑣碎的家事，也是他們的特長，男子遠不如的。』(1)

因此他以爲『女子教育是在人類社會上就著女子底特性，使他們自己發揮，或施以一種特殊的影響。』『女子教育的眞目的，是在於養成完全的女子人格（包括良妻、賢母、公民而言）。詳細的說明：是在於使女子成爲眞女子，開發所有的天賦的諸種本分。以遂其圓滿的、調和的發達之一種作用。』故在他方面，他贊成男女同學，而反對男女同敎。

他雖然從女子生理及心理底特質上主張女子敎育應以養成包括良妻賢母及公民的完全的女子人格，但良妻賢母何以當養成，及女子敎育究當注重些什麼，還無具體的說明。陳衡哲底意見適足以補其缺，她說：

『假使一個女子在結婚之後，能把她的心思才力，都放在家庭裏去，把整理家務，敎育子女，作爲她的終身事業，那麼，我以爲卽使她不直接的做生利的事業，她却不能算是社會上的一個分利之人。她對於社會的貢獻雖比不上那少數超類拔萃的男子及女子，但至少總抵得過那大多數平庸無奇

1. 敎育雜誌十三卷五號

的男子對於社會的貢獻了。但劬勞家務是一件犧牲很大的事業，知道的人既少，名譽的報酬也是等於零度。換句話說，做賢母良妻的人，都是一種無名英雄。她們的努力常在暗中，而她們的成績卻又是許多男子努力的一個大憑藉。她們是文化的重要基礎，但正像一個塔或其他建築的基礎一樣，她們承受的壓力是很大的，她們的犧牲是埋藏於地下的，他們不像那塔尖的上矗雲霄，爲萬目所瞻，爲萬口所讚，但她們卻是那座巍巍與天相接者的重要根基。我們明白了這一層，便不致因爲女子從事家務以外職業者的少，卽否認她們在文化上的貢獻了。』(1)

因此她以爲『賢母良妻的責任，不比任何職業爲卑賤，……大多數女子的以家庭爲世界，不但是一件當然的事，並且也是値得保持的社會情形了。』故在教育上她主張女子於人文教育外，應以母職的訓練爲最重要說：

『……我深言女子不做母妻則已，既做了母妻，是必不可不盡力去做一個賢母，一個良妻的。世上豈有自己有子女不能教，反能去教育他人的子女的呢？又豈有不能整理自己的家庭，而能整理社會的人呢？易子而教，是可以的，請一位家庭教師或保姆來分工，也是可以的；但精微的母職，却是無人代替的。兒童的智識，你儘可以請人來代授，而兒童的人格，却是必須由你做模範的。這是我對於賢母一個名辭的解釋。假使一個女子在結婚之後，連這一層也作不到，那麽，我想她還不如把對於其他一切事業的野心都放棄了，乾脆去做一個社會上的裝飾品罷。所以我說，母職是大多數女子的基本職業。』(2)

其次在女子教育上應當注意的就是改良女子的體育，第三是改良幼稚教育及培植保姆人材。她底主要目的雖然在討論女子職業問題，但將「神聖的母職」與社會及人生的關係爲詳備的說明，而主張女子教育特重母職的訓練，則又由生理心理的科學差別觀而進於社會觀及倫理觀。她雖也說賢母良妻，但是女子本位的，是以女子爲主的，與從前以女子爲男子附屬品的賢母良妻主義完

1. 現代評論二週年刊頁62—3

2. 同上頁69

62. 女子教育思想進展的因果

三十餘年來的女子教育思想雖然枝節很多，但大體上總可分爲上面所述的四條主幹。這四種思想之產生者不是偶然的，有共同的原因，也有特殊背景。前者爲社會組織的變更，後者爲家族思想、國家思想、人權思想、科學思想的激盪。茲分別述之。

中國從前不重視女子教育，如陳獨秀所說儒家思想的流弊自然是一種原因，然而最大的原因還是社會組織問題。因爲各種思想之產生，都離不了環境底影響。儒家思想能在中國當位數千年，固然帝王提倡之力居多，然而一經提倡卽能永久站得住脚，却是由於這種思想最適合於中國小農社會組織底需要。在小農社會組織之下，生活的變化很少，人民可以終身不出鄉里而過活自如，既不如工商社會的交通頻繁；對於各種應付事物的新知識的需要，也不如工商社會之切。所以以農立國的國家，其教育普及的程度總要後於工商業國家。中國在歷史上雖然尊師重道至以「君師」並稱，然而教育從未普及過：以家庭爲世界的女子，除了實際生活的訓練外，不需要何種新知識。所以在西洋教育制度未入中國以前，社會上間有女子教育，亦只是富厚之家的裝飾品，決不如現代社會之爲普遍的要求。

前淸自鴉片戰爭而後，世界工商業社會組織的潮流，漸漸傳到中國小農制度的舊社會了，舊的組織漸漸動搖，新的要求漸漸隨各國傳教權與內地通商權而漸漸起來。甲午庚子而後，舊組織之不適於生存更增加了明顯的實證，新的要求也更迫切。於是光緒二十八年有新教育制度之制定，以增高男子的知識；以後國人與列强的交往漸多，列强在國內經濟的勞力漸大，國內交通漸便，社會組織亦逐漸工商業化，要想在都市謀生活的人無論是男是女，都有識字的需要；鄉間的男子亦因中等以上之學校集中都市，初在都市就學，繼在都市謀生，而對女子知識的要求上，發生重大的影響。因爲無論如何女子因生理上的關係，總須有一個時期依賴男子爲生，男子底要求變了，女子的需要，也自然要受其影響而改變；

而況中國是數千年來遺傳下來的男子中心的社會，男子底要求最足影響女子底需要，所以庚子而後中國男子底生活既趨於都市化（不論是實際在都市謀生，或受過都市教育之後而回鄉間去生活。）女子也非有相當的知識不能得到適當的生活，於是女子教育逐漸成爲問題，逐漸被人重視而逐漸發展了。社會生活發生一次大變動，女子教育思想亦隨着變動。

這是近代中國女子教育思想所生產的總原因。

社會組織的變動雖然可以說明中國女子教育思想發生的原因，但何以只有這四種重大的變遷？上面曾經舉出四種副原因，茲分述之。

清末國內的小農制度的社會組織，社會組織雖然因與世界交通而逐漸動搖，但家族制度是中國數千年相傳的遺物，牠在一般人——尤其是所謂知識階級——底心意中有了極深的根基。那時一方面既爲現社會的要求，不能不給女子以教育，他方面又要保持家族制度的遺規，使女子受教育後而於家族仍保持其服從的性習，所以女子教育思想便自然而然趨於狹義的賢母良妻方面。民國成立男女平等的人權思想，固然發了芽，但家族思想底權威猶未盡失，所以參議院衆議院選舉法規定選舉權被選舉權均以有中華民國國籍之男子爲限而不及於女子。但女子之先覺者，既爲男女平權的思想所激盪，對於國家與匹婦有責之義更不輕視，所以有女國民的教育思想；五四而後，男女平權不獨爲一種思想，而且在事實上亦已實現許多，故五卅慘案發生後，國民黨中央婦女部特重女子底國民責任方面，而提倡女子軍事教育。這種女子思想都是以國家思想爲背景的。

女子在五四以前，雖曾有被人認識其爲妻母與爲公民的資格，但「女子是人」的概念不過在民國初元男女平權思想中有一種模糊的印象而已。五四運動，號稱文藝復興，女子解放的思想無不從人權上着眼；她們一面對於舊日男尊女卑的思想與習慣極力攻擊，一面主張男女教育平等：此時之所謂男女教育平等，不止在形式上女子要與男子同等而已，並且要與男子受同樣的教育，從經濟獨立上力謀一切脫離男子底繫絆，而成爲獨立的「人」。「人」(1)所以男女平等教育的女子教育思想是以人權主義爲背景。

女子固然是人，但於人底通性之外，還有女子的特性（男子亦然），此事在以上三種思想中自然亦不是全無見及，但總不如「女子教育的女子教育」思想之深切。這種思想雖發源於民國二年，但只是一種常識的考察，及五四而後，科學思想漸進，女子教育思想亦從科學上着眼而立了較穩固的基礎了。

二十餘年來女子教育思想，既如上述，女子教育的實際又如何？論數量自然遠不及男子（據十二年中華教育改進社統計，女生只百分之六・三二）但就女子教育本身講，女子由全無受教育的機會，而到女子與男子有同等受教育的機會，女學生由三〇六人（光緒三十二年）而到四一七八二〇人，進步不可謂不大。不過要與男子爲同等的發展，仍不可不本科學的女子教育思想方針特別努力。

第二十一章　結論——六十年來中國教育思想總評及今後的途徑

63. 六十年來中國教育無中心思想之原因

六十年中國新教育思想大體已如上述，各種思想對於實際教育的影響，已於各章中分別說及，本章略爲綜合的批評。

著者深信宇宙間一切現象均須受因果律底支配，歷史不能例外，思想史亦不能例外。就數十年過去的事實看來，我們對於近代教育思想之進展可以得兩個基本概念：第一是各種思想之發展與其起伏，均有政治的社會的因果可尋，教育本身不是如一般教育者所想像之獨立的東西。第二是因爲數十年中國社會與政治變動甚劇，影響及於教育思想而不能有直線的發展，只有曲線的進步。這兩個基本概念的實証，第三章以下曾分別說及，這裏只綜合略述之。

中國興學不過六十年，各種教育思想紛然雜呈，無中心思想貫澈一切，在某派的歷史學者看來，以爲這是偶然的現象，但我們則以有顯然的因果。只要屏除意氣，從事實上觀察，便可知此數十年教育上之所以無中心思想，顯然有下列的

1. 少年中國第一卷第四期關於此思想之論文最多，王會吾女士之中國婦女問題——圈套——解放一文尤詳可參閱。

兩種原因：第一是中國在此數十年間因外力之壓迫，社會組織，政治思想發生急劇的變化，教育者事先無深切的研究，只是臨時應付問題；第二是當此新舊交替的過渡的時代，外力逼迫我完全拋棄舊的社會制度，而我因歷史與交通的種種關係，新的組織固不盡合需要，舊的俗尙亦不能一時革除，於是新舊衝突而成爲徘徊歧路的現象。現在且簡單說明之。

中國在歷史上爲小農制度的國家，家族觀念極重，民性偏於保守，故儒家底中庸思想能支配數千年的社會，獨裁的專制政體亦能綿延數千年。因爲小農制度與家族觀念的發展，社會經濟不如資本主義的國家集富於個人，亦不如共產主義的國家集富於國家，而將全國富力分散於社會。所以社會上以家給人足爲其生活的理想，對於國事則以「不在其位不謀其政」的態度出之，而視爲少數君相官吏底事情；而少數號稱治國平天下的士人反在社會上佔了很高的地位，有「食人治人」的特權。故中國舊日的教育制度每具家族制度的精神（師生如父子）教育事業由人民自理，國家只行使監督權（考試）教育方法重內心的修養，不重外力的發展，而以奇技淫巧爲可恥，教育目的以尊崇古訓，保持家族（揚名聲顯父母）爲旨歸；受教育者除最少數之貧困子弟係爲謀日常生活的便利而外，餘則均以做官爲最後的目的，而不事生產的官吏在中國竟是一種最高貴最有利的職業，所謂讀書人均以此爲唯一的出路。這是中國舊社會與舊教育大概的情形。

再看西洋工商業社會的社會生活與教育情形怎樣？自工業革命而後，資本主義逐漸發達，社會生活以個人爲本位，自由競爭制更足以鼓勵個人底上進；而因爲國內工業發達，不得不向國外謀銷場，國際的競爭則非國力爲後盾不可，所以個人與國家發生密切的關係，遂使資本主義與國家主義同時進展。故十九世紀以來，工廠式的領班制逐漸發展而爲列强通行的教育制度，教育事業由國家經營，教育方法重外力的發展（注重物質科學），教育目的在偏重國勢之擴充，受教育者以謀生與爲國爲主要目的。一切恰與中國的情形相反。

若聽這兩方面的教育制度自然發展，二者決不會有趨於一點之日。可是中國自鴉片戰爭而後，在國際上累受鉅創，社會組織因外國經濟勢力的侵入而發生動搖，爲圖國家的生存計，不能不變法，不能不改行新教育制度。當時主張改行新教育制度最力的人如張之洞張百熙等，純然爲舊式官僚，不獨對於教育無確切的研究，卽教育常識亦不敷用，故學制系統之中初不列入女子教育，而宣統間之法令竟將多級誤爲單級。民國改元國民黨執政，亦無確定的教育政策，蔡元培任教育總長時所發表之新教育意見，雖然在教育哲學上有相當的價值，但對於教育行政則全無辦法。自此而後，凡總攬全國教育事務之教育首長無一人對於教育有確切的研究，更無一人有何種特殊的貢獻，乃至欲求合乎教育原理的教育政見亦不可得。在社會方面亦無眞正的教育家，足以表率羣倫，倡導一切。所以學校制度時而倣日，時而倣德，時而倣美，全憑外界的勢力爲轉移；而教育思想則更混亂異常，惟憑少數人底直觀或世俗用語爲標準，（如職業教育黨化教育。）此無他，就是由於數十年的教育者受了數千年傳統思想底陶鑄，其本來的意向，原是尊崇古訓，黜抑西化的；不過爲環境所迫，不得不改行新路爲應付之資。故在形式上力求惟妙惟肖地模倣西洋敎育制度（如中小學敎科用日、英文本之類），而潛意識（Subeconsciousness）則切實回向舊路上走。因此數十年來的種種敎育思想都只在表面上浮沉。其潛在的伏流自始至終不被截斷而且不時招起頭來衝斷浮流。伏流的枝節很多，其大幹有二郎（一）科舉遺毒，（二）復古思想。

64. 舊思想對於新敎育之影響

前面曾經說過，無業的士人階級，在中國社會上歷來便有特殊的地位，士的出路以做官爲唯一的途徑。自唐代改用科舉取士，明清改試八股而後，所謂讀書人者其目的既在做官，其見聞更爲狹隘：當其在寒窗攻苦之時，除四子經義而外，固不知世界還有何等事物，一旦登科出仕，亦本其四子經義的陳說以治天下，人民化之，自然更不知除讀書人所稱的四子經義還有何等事物。故讀書與做官成爲必然聯屬的名詞。清末因國家的壓迫，而不得不改行新敎育制度，但在當時看來，所謂新敎育者不過將書院改爲學堂，將八股改爲敎科而已。敎育底效用，仍與八股無異。所以光緒二十九年張之洞等奏定學堂章程，一面請廢科舉，一面對於學校畢業生仍以科名獎勵。民國以來，科舉獎勵雖然廢止，但此種思想却深入人心；鄉間父兄之送子弟入學校固然以功名相期，子弟之入學校者，亦莫不以得一官半職揚名顯親自期。至於國家遣派國外留學生原以强國爲目的，當今之時欲國家强盛，自非從學術上努力不可，所謂留學生者，消費國家的財力最多，對於振興學術所負的責任最大；但因派遣政策之錯誤（卽以受教育替代研究學術，詳見舒新城著近代中國留學史第十五章）與科舉遺毒的影響，留學生雖然自光緒二十九年而後成千成百的出去，但在國外既以受外國之教育爲目的，於學術上少努力，回國又以求得一官半職爲要務，而不繼續於學術上用功夫。流風所及遂致無業遊民，與教育普及爲正比例的增加。而各種教育思想均無所救正，這是舊思想支配新教育之一例。

又因爲數十年來無表率羣倫的教育專家，對於西洋教育固然無綜合的徹底的研究，而不知其眞正的優點之所在，對於中國固有的教育制度、教育方法亦無確切的了解，而不知何者當棄，何者當取，只憑環境的驅策，效梁啟超之徒然唱

『中國舊東西是不够的，外國許多好處是要學的，』遂致教育上一切常爲囫圇吞棗地模倣，而不合中國社會的需要，社會舊俗尙無適當的替代而不能改革。教育者與一般社會底潛意識，則對於中國的舊文化仍爲無決擇地骸骨迷戀。於是一面趨新，一面復古。復古的教育思想綿延的時間最長：薛福成李鴻章之提倡西學固以復古爲言，張之洞輩之提倡西政亦以提倡古學爲號召（他並在湖北設立存古學堂），乃至民國十四年章士釗長教育部十六年劉哲長京師大學亦莫不以復古爲唯一的要務。所謂名流如唐文治輩，其教育思想更無不如此（詳見舒新城編十五年中國教育指南附錄）所以數十年來新教育不能獲得其應有的結果。這是舊思想支配新教育之又一例。

65. 六十年來教育思想進展之現象

從第三章以下各章所述的思想看來，無處不足以證明教育思想是受政治思想與社會思想底影響而產生、而變化。就各種教育思想底內容考察之，亦未嘗無進步。不過進步不是直線的而是曲線的。例如科學教育思想發軔於同治年間之西學時期，然而光緒戊戌而後西政思想產生，科學教育卽無人過問，直至西政發生流弊，科學教育思想始藉西藝的軀殼而復蘇；乃到民國初元又隱而不現，五四而後又始大倡。以民國的科學教育思想與淸代的西政西藝教育思想較，自然是有很大的進步，然而必得轉幾個灣子，而不一線前進。（其他各種教育思想亦大體如此）其原因就是由於社會思想與政治思想變動的過劇，影響及於教育所致。中國社會的情形最複雜；六十餘年來，無時不爲外患所逼迫，也無時不有內亂相乘（以民國來爲最甚），一方面受世界潮流底激盪，非跟着世界底列强向前走不可，而國內交通不發達，內亂迭興，又不能舉全國而跟他人走。所以國內社會生活顯然型成兩橛：一橛儘量吸收西洋物質文明（如京津滬漢等處之大都市），一橛儘保持古代小農的生活：於是社會上政治上無時不發生衝突，社會思想方面有主張農村立國的，（以章士釗爲代表）有主張均富於社會的，（見前溪著中國新經濟政策，）有主張普產主義的，（胡汝霖所倡，見新國家雜誌，）有倡基爾特主義的（張東蓀等），有倡共產主義的（共產黨，）有倡無政府共產主義的（無政府黨），有倡民生主義的（中國國民黨）；在政治方面，有主張君主立憲的（保皇黨），有主張民主立憲的（同盟會），有主張議會政治的（共和黨，國民黨）有主張一黨專政的（共產黨、中國國民黨）有主張復辟的，有帝制自爲的。教育遂受其影響而發生各種思想：如清末的社會及政治方面均以外侮爲中心，教育思潮雖有種種，但大體一脈相承，以富國强兵爲目的，以模倣日本爲手段。民國來，社會及政治均以內亂爲中心，就教育思想的程度言，雖已不如清末之事事模倣而有自覺性，但因爲社會秩序紊亂政治失去重心，所以起伏不定而且互相衝突無一定線索可尋。故各種思想之進展更爲曲線的。

六十年來教育思想之進展雖爲曲線的，但却有共同的軌路可尋；這軌跡底第一線是由模倣的進而爲自覺心，即由趨步他人（日本）底後塵進爲自己設計解決自己的問題。民國來之各種教育思想，雖然都曾受着外界（國以外）底影響，然而倡導某種思想底目的與其出發點除最少數外均以本國社會底需要爲主（如教育獨立、非宗教教育、科學教育等。）第二線是由特殊階級的進而爲平等的：清末女子不能與男子受同等教育，民國四年有預備學校的命令，五四而後民治主義教育思想大昌，男女的不平等與社會階級完全打破，卽其實例。第三線是由裝飾的進而爲實用的：清末以『製造乃工匠之事，儒者不屑爲之』（見第五章）現在則職業教育四字爲通人所樂道，其明證也。

66. 今後的途徑

從上面所述的種種看來，我們知道中國六十年來教育思想發展的因果及其進步的趨向。今後的途徑如何？著者敢略述個人的意見以供參考。

關於今後教育上的實際設施，將於近代中國教育史詳爲敍述，此處只略述思想上應有的傾向。要定今後中國教育思想的傾向，第一要知道教育是人類活動底一部分，絕不能離其他活動而獨立；社會、政治、經濟、各方面的理想與事實都足以支配教育，故教育的改造絕不只是一個教育的問題，而是社會、政治、經濟各方面的問題。我們在此處雖然以研究教育問題爲中心，但萬不可以相信唯物史觀者相信唯物史觀的態度去相信教育萬能，也不當如唯物史觀者對於他事物的態度去相信教育無效。我們所當注意的，只是教育是人類活動中的一部分的事實，牠雖然不能離他種活動而獨立，但牠底改造，却也影響及於他種活動。因此，我們要指示今後教育的途徑，應當看清社會、政治、經濟各方面的情形，建立一個可以達到目的的康莊。

其次，中國現在的社會情形很特別，世界潮流既然從各方面逼迫她向工商業制度的路上走，而她底舊組織又從各面——交通阻滯、兵匪橫行等——牽制着不許她向那面走。在這過渡的時，既不能保留舊的，也不能全用新的，應得斟酌於二者之間另闢一條新路。

現在中國政治不上軌道，社會兵匪橫行，無秩序、無組織、經濟頻於破產，而兩橛的社會生活現象，仍然如故。中國所以弄到這樣地步，有兩個總因：第一是列強底壓迫，第二是國民對於國事中了「不在其位，不謀其政」的儒家政治思想底毒。要脫離列強底壓迫，非在經濟上能獨立，軍事上能自衛不可；要民衆對於國事有天下興亡匹夫匹婦有責的態度，則非加以民治的政治訓練不可；而要使教育普及於現在交通不便的鄉村，須首將集中都市的現行教育制度打破，除特殊學術教育機關擇地設立外，應在鄉村設立有指導員的圖書館，科學館，體育館，便鄉民有自由受教育的機會；次則勵行考試制度，使在校讀書與受三館指導在家自修者均受同等考試，以爲國家各方用人的標準。這種教育，我暫名之爲導師考試的教育。

因此我們對於今後的教育的途徑，我們可以得下列的結論：

第一要經濟獨立，應提倡生產教育（不是職業教育，職業教育重個人生計，生產教育重國家富力）。

第二要求在國際自衞，應提倡軍事教育。

第三要民衆對於國事負責，應提倡民治教育。

第四要使現在中國的教育普及，應提倡導師考試制的教育。

十七年，三月。南京

本書參考書目表

舒新城：近代中國教育史料，全書共四冊，八十萬言；從清同治以來公私教育文獻中選輯而來，分三十一類，六十年來教育上之重要材料大體略具於此，故本書以此爲主要參考書。（中華書局發行）
舒新城：近代中國留學史（同上）
舒新城：收回教育權運動（同上）
舒新城：教育叢稿（同上）
舒新城：民國十四年、十五年中國教育指南（商務印書館發行，兩册）
梁啟超：新民叢報（壬寅、癸卯）
梁啟超：乙丑重編飲冰室文集（中華）
梁啟超：時務報
梁啟超：西學書目表
梁超啟：清議報全編

梁啟超：清代學術概論（商務）

康有爲：公車上書記（光緒乙未上海古香閣石印本）

康有爲：不忍雜誌彙編

嚴　復：原强

嚴　復：救亡決論

嚴　復：上皇帝萬言書，（此三文初發表於天津國聞報，光緒壬寅由上海書局與勸學篇石印爲嚴氏叢刊）

薛福成：籌洋芻議（光緒戊戌上海書局石印本）

王之春：通商始末記（光緒乙未寶善書局石印本）

曾紀澤：曾惠敏公全集

李鴻章：李文忠公奏議

張之洞：勸學篇

蔡元培：蔡孑民先生言行錄（北京大學新潮社）.

吳稚暉：吳稚暉先生全集（羣衆圖書公司）
孫　文：中山全書（中山書局）
余家菊：國家主義教育學（中華）
余家菊李璜：國家主義的教育（同上）
陳啓天：建國政策發端
周邦道：科學發達史（中華）
胡　適：陳寶泉孟祿的中國教育討論（中華）
胡　適：胡適文存（亞東）
陳獨秀：獨秀文存（同上）
李石岑：論文集（商務）
李石岑：講演集（同上）
任鴻雋：科學通論（科學社）
陸費逵：教育文存（中華）

常乃悳：全民敎育論發凡（商務）

梁漱溟：東西文化及其哲學（商務）

梁漱溟：漱溟卅前文集（同上）

蔣冀振：繙譯學通論

陳寶泉：中國近代學制變遷史（北京文化書社）

章錫琛：婦女問題十講（開明書局）

馮　飛：女性論（中華）

陳德徵：黨化敎育概論（光華書局）

王克仁：黨化敎育概論（民智書局）

倭　仁：倭文端公遺書

丁汝昌：丁文誠公奏議

中華敎育改進社：Bulletins on Chinese Education, 1923.（商務）

蔣夢麟：A Study in Chinese Principle of Education（同上）

莊澤宣：Tendencies towards a Democratic System of Education in China,（同上）

Twiss, G. R. Scince and Education in Chnia（同上）

欽定學校章程（張百熙奏訂者）

奏定學堂章程（張之洞，榮慶與張百熙奏訂者）

學部奏咨輯要（共三厚册自學部成立至宣統三年中央教育法規均錄其中）

變法自强奏議（專錄戊戌前後之奏議）

光緒政要（此書收光緒變法的要件甚多）

約章成案滙覽（其中第三十二卷收宣統以前之留學文獻最多）

京師同文館學友會報告（抄本，對於同文館設立之原委，述之甚詳）

全國教育聯合會議決案彙編（至民國九年止，江蘇教育會印行）

新青年（前五卷）

新教育（全部）

教育雜誌（全部）

中華教育界（全部）
教育與人生（申報，十四年停刊，共出六十期）
教育與職業（全部）
少年中國（全部）
少年世界（婦女號）
教育彙刊（南高，全部）
教育叢刊（北高，全部）
中等教育（全部）
初等教育（全部）
新教育評論（全部）
平民教育（北高）
江蘇小學教育月刊（全部）
江蘇教育公報（十四年，十五年）

國家與教育（全部）
基督教教育季刊（全部）
基督教教師叢刊（全部）
敷教（東大教育科）
改造（全部）
解放與改造（全部）
新女性（全部）
晨報副刊（十一年後）
現代評論（全部）
醒獅（十四，十五年）
中國青年（十三，十四，十五年）
嚮導（十三，十四年）
第十屆全國教育會聯合會日刊

學燈（上海時事新報副刊，十一至十五年）
覺悟（上海民國日報副刊，十六年）
民鐸雜誌（第四卷以後）
上海教育（第一期）
黨化教育運動特刊（上海市教育局）
中國國民黨第四次大會宣言
南京民生報（十七年二月）
江蘇大學日刊（十七年二月）
最近之五十年（申報）
民國經世文編
中國基督教教育（商務）
中國基督教年鑑（上海青年會協會，十四年）
無所謂宗教（法國印行，以周太玄爲主）

婦女之聲彙刊（十四年，廣東刊行）

中國新女界雜誌（光緒三十二年，日本刊行）

近代中國教育思想史普通名詞索引

近代中國教育思想史人名索引

民國十八年四月印刷
民國十八年四月發行

近代中國教育思想史（全一冊）

定價銀一元四角
（外埠另加郵匯費）

編者　舒新城
發行者　中華書局
印刷者　中華書局
印刷所　上海靜安寺路二七七號　中華書局
總發行所　上海棋盤街中華書局
分發行所　北平 天津 張家口 邢台 保定 濟南 青島 太原 開封 西安 蘭州 成都 重慶 長沙 常德 衡州 漢口 沙市 南昌 九江 安慶 蕪湖 南京 徐州 杭州 蘭谿 福州 廈門 廣州 汕頭 潮州 梧州 雲南 貴陽 遼寧 吉林 長春 新加坡　中華書局

（五二四九）